国際化する人民元

求められるマクロ・プルーデンス管理

中国人民大学国際通貨研究所 著

野村ちひろ 訳

JN222769

グローバル科学文化出版

目次

序論 ··9

第1章　人民元国際化指数 ···14

1.1　人民元の国際化指数および変動の要因···14
　1.1.1　人民元国際化指数の現状 ··14
　1.1.2　人民元国際化の主な原動力 ··15
　　コラム1—1　人民元レート基準値形成メカニズム改革の重要な意義················18
　1.1.3　人民元国際化が直面する課題 ··19

1.2　人民元国際化指数変動の構造分析···20
　1.2.1　人民元の国際貿易決済機能のさらなる地固め ·····························20
　1.2.2　人民元の国際金融決済機能が大幅に拡大 ··································22
　　コラム1—2　CIPS正式始動：クロスボーダー人民元取引の更なる安全と利便化 ···25
　1.2.3　人民元の外貨準備機能の強化 ··26

1.3　主要通貨の国際化指数比較···27
　1.3.1　ドル国際化指数の変動分析 ··27
　1.3.2　ユーロ国際化指数の変動分析 ··28
　　コラム1—3　ドル利上げによる世界資本市場の撹乱·····························29
　1.3.3　円国際化指数の変動分析 ··30
　1.3.4　ポンド国際化指数の変動分析 ··31
　　コラム1—4　欧州の難民危機による欧州景気回復への影響 ····················34

第2章　人民元国際化の現状 ···33

2.1　クロスボーダー貿易の人民元決済···33
　　コラム2—1　「一帯一路」諸国の人民元使用への意思増強 ·······················34

2.2　人民元の金融取引 ·································· 35
　2.2.1　人民元の直接投資 ······················· 35
　　コラム2—2　国際生産能力協力による中国国外直接投資の急速な増加 ·········· 36
　2.2.2　人民元の証券投資 ······················· 37
　　コラム2—3　交通銀行の国際化戦略と海外営業の拡大 ················ 41
　2.2.3　人民元海外信用貸付 ····················· 45
　2.2.4　人民元の外貨取引 ······················· 46

2.3　世界の外貨準備高に占める人民元の割合 ··············· 47
　2.3.1　中央銀行レベルで通貨金融協力を強化する ········· 47
　2.3.2　国際準備通貨の多元化 ···················· 48
　　コラム2—4　人民元資産の国際的な吸引力の増加 ··············· 48

2.4　人民元の為替レートと中国資本口座の開放 ··············· 50
　2.4.1　人民元レート制度改革 ···················· 50
　2.4.2　人民元レート水準 ······················· 51
　　コラム2—5　CFETS人民元レート指数の発表 ················ 54
　2.4.3　中国資本勘定開放度合いの測定 ·············· 55
　2.4.4　資本項目の開放度合いの変化 ··············· 56

第3章　年度話題：人民元のSDR構成通貨入り ··············· 66

3.1　世界と中国にとって両方に利益のある結果 ··············· 66
　3.1.1　特別引出権の代表性と吸引力の強化にプラスになる ····· 66
　3.1.2　人民元の国際化に対してマイルストーンの意味がある ········· 69

3.2　中国の資本口座が完全に開放されたわけではない ··············· 76
　3.2.1　通貨の国際化と資本口座開放の関係を正しく理解する ········· 76
　3.2.2　名目開放度も実質開放度も重視しなければならない ········· 77
　　コラム3—1　アメリカ現行の外国投資管理制度 ················ 81

3.3 人民元の国際化目標の実現に等しくない ……………………………83
　3.3.1 SDR 加入後の円が「一時の繁栄」であった原因研究 …………83
　3.3.2 人民元と円の国際化度合いの比較 ……………………………92
　3.3.3 次の段階で重点的に解決しなければならないいくつかの問題 ……96

第4章　人民元国際化のマクロ金融リスク ……………………………100

4.1 国際通貨発行国のマクロ金融政策の選択 ……………………………101
　4.1.1 開かれた経済の経典理論と政策選択策……………………………101
　4.1.2 ドイツと日本の歴史的経験と示唆……………………………103

4.2 マクロ金融リスクの挑戦に直面する人民元の国際化 ………………109
　4.2.1 現段階では、為替変動と為替管理に集中する……………………109
　4.2.2 将来は主要なクロスボーダー資本流動とシステミック・リスク…111

4.3 国家戦略の視点に基づくマクロ・ブルーデンス管理 ………………114
　4.3.1 人民元国際化の最終目標を実現するために
　　　　根本的な保障を提供する……………………………………………114
　4.3.2 金融リスク管理の中核としてマクロ・ブルーデンス管理
　　　　の枠組みを構築する………………………………………………116

第5章　人民元レート：形成のメカニズムと政策の目標……………120

5.1 人民元レートの形成メカニズムが絶えず完備している ……………120
　5.1.1 為替市場化改革のプロセス ………………………………………120
　5.1.2 通貨の両替が為替レートの形成メカニズムに及ぼす影響 ………122
　5.1.3 人民元の為替レートはより柔軟に ………………………………124
　5.1.4 為替改革と資本口座開放がかみ合って …………………………126
5.2 人民元為替レート政策の目標 ………………………………………128
　5.2.1 為替相場の変動による実体経済への影響 ………………………128
　5.2.2 為替変動によるクロスボーダー資本移動への影響 ……………130
　　コラム 5―1　人民元為替レートと資本移動 ………………………133

5.2.3　人民元為替レート伝導メカニズムの新たな特徴　………………134
　　5.2.4　人民元レート政策目標の見直し　……………………………137

　5.3　人民元為替レート管理の強化　………………………………………138
　　5.3.1　為替制度の選択　………………………………………………138
　　5.3.2　為替変動の管理　………………………………………………140
　　5.3.3　国際通貨政策の協調　…………………………………………141

第6章　人民元基礎資産価格の連動とリスク伝染………………144

　6.1　金融市場リスク及び伝染メカニズム　………………………………144
　　6.1.1　金融市場リスク要因の変遷　…………………………………144
　　　コラム6—1　金融市場リスクの評価と管理………………………146
　　6.1.2　金融リスクの感染メカニズム　………………………………147
　　6.1.3　中国金融市場の脆弱性と感染しやすい性　…………………148

　6.2　中国金融市場は既に複雑な連動関係になっている　………………149
　　6.2.1　金融改革は市場連動制度の基礎を定める　…………………149
　　6.2.2　市場連動性の具体的な表現　…………………………………153

　6.3　クロスボーダー資本移動は市場の連動性と波動性を増大させる　…157

第7章　銀行の国際化とリスク防止　………………………………160

　7.1　人民元国際化の現状と発展のチャンス　……………………………160
　　7.1.1　国際化マネジメントが勢いに乗る　…………………………160
　　7.1.2　金融商品と金融サービスの多角化　…………………………161
　　7.1.3　海外進出と機構の配置　………………………………………165
　　7.1.4　人民元の国際化は新しいチャンスをもたらす　……………166
　　　コラム7—1　人民元がSDRに加入した後、
　　　　　　　　　中国系銀行が直面するチャンスと挑戦　……………167

7.2 国際化プロセスにおけるリスクと挑戦 ……………………………170
　7.2.1 資産のグローバル配置の加速がもたらした信用リスク ………170
　7.2.2 資本の頻繁な流れがもたらす流動性リスク …………………172
　7.2.3 為替レートの変動がもたらした市場リスク ………………173
　7.2.4 海外機関の拡張がもたらすリスクの管理 …………………173

7.3 依然として中国国内のリスクを防ぐ必要がある ………………175
　7.3.1 銀行資産の質低下リスク …………………………………175
　7.3.2 銀行利益減少のリスク ……………………………………175
　7.3.3 利子市場化のリスク ………………………………………177
　7.3.4 シャドウバンクリスク ……………………………………177
　　コラム7—2 商業銀行のクロスボーダー人民元業務
　　のコンプライアンスリスク管理…………………………………179

第8章 供給側の改革による人民元国際化の地盤固め ……………181

8.1 実体経済は人民元国際化の堅実な基礎である …………………181
　　コラム8—1 中所得のわなを乗り越えるには欠かせない要因 …………183

8.2 中国経済の持続可能な発展を脅かす主なリスク ………………184
　8.2.1 伝統的な経済モデルによる構造的障害 ……………………185
　8.2.2 複雑な国際環境と外部の衝撃 ……………………………190
　8.2.3 資本の流れが経済の安定性に脅威をもたらす ……………192

8.3 供給側改革の手がかり ………………………………………196
　8.3.1 主な矛盾を捉え、
　　　　過剰生産能力・不動産在庫・レバレッジの削減 …………197
　8.3.2 内外を並べて、技術とブランドの短い板を補う …………199
　8.3.3 金融サービス実体経済機能の強化 ………………………202

8.4　人民元の国際化は中国経済のモデル転換にプラスになる　………205
　　8.4.1　人民元の国際化が直接投資と産業のアップグレード
　　　　　を促進する　……………………………………………205
　　8.4.2　人民元の国際化は国際生産能力の協力を促進する　…………206
　　8.4.3　人民元の国際化は大口商品の物資の供給を安定させる　………208

第9章　システミック・リスクの防止とマクロ・プルーデンスの枠組　………210

9.1　マクロ・プルーデンスの枠組みを構築する必要性　………………210
9.2　システミック・リスクの識別と評価　…………………………212
　　9.2.1　定義と分析　………………………………………………212
　　9.2.2　金融システムと実体経済の相互視角に基づく成因分析　………213
　　コラム9―1　金融危機の起源と拡散──例えばアメリカと日本　…………221
　　9.2.3　中国のシステミック・リスク評価　………………………223

9.3　マクロ・プルーデンス政策枠組みの主な内容と運営システム………229
　　9.3.1　マクロ・プルーデンス管理ツールの選択　……………………229
　　9.3.2　マクロ・プルーデンス管理とマクロ経済政策の協調を実現　…230

9.4　中国の実際に合ったマクロ・プルーデンス政策の枠組みを構築　…233

第10章　結論と政策提案　………………………………………241

10.1　主な研究結果……………………………………………………241
10.2　政策提案……………………………………………………………249

序論

　2015 年は穏やかではない年だった。米 FRB が金利引き上げのプロセスを本格的に開始した後に、ドル指数は絶えず上昇し、ドル資産が人気を集めていた。クロスボーダー資本流動が大規模な調整を行い、中国の資本流出の圧力が急激に増大する結果になった。難民危機はヨーロッパの景気回復を遅らせ、イギリスの「EU 離脱」リスクが先行きの不確実性を増大させ、欧州中央銀行はマイナス金利政策を実施すると発表した。EU は中国最大の貿易パートナーであるため、ユーロの大幅な下落は中国の輸出貿易に打撃を与えた。このように国際体制の転換が困難な中国経済にとっては泣きっ面に蜂の状態である。一方で、生産能力が過剰になり、民間投資の下落、銀行不良資産の上昇などの問題が日増しに目立っている。もう一方で中国国内の金融市場は不安定で、上半期には高レバレッジと「中国株暴落」が発生し、市場時価は 20 万億元あまり蒸発した。下半期の外国為替市場は、あわただしい動きを見せた。オフシュア市場の人民元流動も急激に萎縮し、国内外で中国経済の成長と金融安定に対する自信は揺らいだ。

　人民元の国際化が良好な発展情勢を保持し続けていた。2015 年末までに、人民元の国際的な使用度合いを示す総合指標 RII が 3.6 に達し、5 年間で 10 倍以上増加した。中国の対外貿易に占める人民元決済のシェアが 30% 近くに達し、世界貿易決済の人民元シェアを 3.38% に高めた。人民元建ての対外直接投資は 7362 億元に達し、前年比 294.53% 増加した。また、国際信用貸付や国際債券、手形取引での人民元シェアも急上昇し、国際金融取引の人民元シェアが 5.9% までに浮上させた。中国人民銀行が締結した通貨スワップの残高は 3 兆 3100 億元に達した。

　2015 年 11 月 30 日、国際通貨基金（IMF）が人民元を SDR 構成通貨に編入することを発表した。これは中国経済が世界金融システムに溶け込む重要な一里塚であり、世界と中国の双方にメリットがある結果となった。人民元は自由に使える通貨として公的に認められたが、公的な身分から国際通貨の市場地位が生まれるとは限らない。SDR 構成通貨入りは人民元国際化の目標が実現したことを意味しているわけではない。最終目標は中国経済と貿易地位に見合った通貨地位を獲

得することである。これには長い歴史のプロセスを経験する必要がある。人民元が主要国際通貨の１つになるかどうかは、国際市場の使用と保有実態にかかっている。

　一般的に言えば、主要な国際通貨の発行国は次の幾つかの面で一定の条件を満たすべきである——総合的な経済力、貿易地位、通貨価値の安定、資本の自由な流動性及びマクロ管理能力。実際の状況を見ると、人民元の国際化を支えるいくつかの要素は良い表現がある。しかし長期的にはマクロ管理が短所を形成する可能性がある。マクロ管理能力は、通貨の安定と資本の自由な移動などの他の要素に影響を与えるため、この方面の学習と向上を特に重視する必要があり、これによって人民元に対する国際社会の長期的な自信を得ることができる。

　本書のテーマは「通貨の国際化とマクロ・ブルーデンス管理」で、マクロ管理の問題に焦点を合わせ、人民元の国際化が新たな段階に入った後のマクロ金融政策調整とそのプロセスにおいて誘発される可能性のあるシステミック・リスクについて深く研究する。本書は、国家戦略の視点に基づいてマクロ・ブルーデンス管理の枠組みを構築し、システミック・リスクを効果的に防止し、実体経済の安定的な成長、人民元国際化の最終目標の実現に根本的な保障を提供すべきだと提起している。

　国際金融経典理論では、開かれた経済体の通貨当局は通貨政策の独立性、固定為替制度、資本の完全な自由移動などのマクロ金融政策目標のうち、３者がその２を選択するしかないとみなしている。ドイツと日本の歴史的経験は、通貨の国際化度合いを低から高に変化するプロセスで、通貨当局は必ずクロスボーダー資本の流動と為替制度の重大な変化に直面し、政策目標の組み合わせに対して相応した調整を行う必要があること、を示している。ドイツと日本の通貨国際化の出発点は似ているが、それぞれ選択した政策調整の経路が異なり、国内経済と金融運営に大きな影響を及ぼしたため、両国の通貨国際化の成果は大きく異なった。

　ドイツでは、通貨国際化の初期に、為替レートの安定目標を重要な位置に置き、そのために資本規制を再開し、金融市場の発展と外貨準備市場に介入し、ドイツの貿易優位を維持しながら工業生産競争力を高め、国内の実体経済発展を強化するために有利な外部条件を創造した。さらにドイツ・マルク為替レートの長期安定の為に力を入れ、支えた。日本はあまりにも急進的で、自国の実体経済が為替レート上昇の衝撃に対応する能力を高く評価し、円相場の安定をうまく保っていなかった。さらに、マクロ経済政策の失敗で日本の実体経済が根本的に損なわれ、円の

国際化度合いは「線香花火」の後、急落した。

　近年、人民元の国際化度合いが着実に向上し、SDR 構成通貨に加入した後、新たな発展段階を始めた。これはマクロ管理方面で、中国は既に政策調整の敏感期に入っていることを表す。日独両国の政策調整における差別処理とそれが通貨の国際化に与えた異なる影響は、中国にとって歴史の参考になり得る。両国の経験は、政策の調整が急がれることなく、実体経済、金融市場、管理部門が十分な準備をしてから、為替レートと資本アカウントを開放できるようにしなければならないということを我々に思い出させてくれる。したがって、現在の「通貨政策の部分的独立＋管理された変動為替＋有限資本開放」というマクロ金融政策の組み合わせから、「通貨政策の独立＋変動為替＋資本の自由な移動」に移行するプロセスで、中国は為替変動による国内経済・金融運営への衝撃をうまく処理しなければならない。また、クロスボーダー資本の流動による国内金融市場、金融機関及び実体経済に及ぼす新たな作用メカニズムに速やかに適応し、特にシステミック・リスクの防止と管理を重視する必要がある。

　これらの市場の関心が高い、人民元国際化のプロセスに影響する重要な問題に対して、歴史研究、文献研究、理論研究、実証研究と政策研究などをもとにして、本書では、マクロ・ブルーデンス管理の枠組みを制度の保障とすべきで、為替管理をシステミック・リスク管理の主要な切り口とし、資本流動の管理をシステミック・リスク管理の鍵とし、システミック・リスクの防止と解消に全力を尽くし、人民元国際化戦略目標の実現を確保すべきである。

　具体的には、私たちは以下の結論と意見を得た。

　まず、人民元レート制度とレート管理の問題である。人民元レートの決定要因は明らかに変化し、長期レートはファンダメンタルズで決定し、短期レートの変動は主にクロスボーダー資本流動の衝撃とその他の国の政策のオーバーフロー効果の影响を受けるが、市場の利食う行為はレートを長期的な均衡レベルに戻すことを促すことができる。為替レートの柔軟性が増大するにつれて、経済成長の安定に及ぼす為替変動性の影響が高まっている。

　為替市場化改革を更に推進し、人民元の為替制度を改善し、管理された変動から次第に自由変動へ移行する。為替政策目標の実現方式は直接的な介入から間接的な介入を主とし、市場予期の管理を強め、長期的な為替レートの均衡水準の基本的な安定を保つ。政策での溢れる効果を重視し、国際政策のコミュニケーションと協調を強め、最適的な通貨政策目標に相応しいマクロ政策目標を追求する。

次に、クロスボーダー資本流動と国内金融市場に関して、機構や実体経済健全性の関係問題である。資本口座の開放は為替制度改革との互いの協力が必要であり、「漸進的、コントロール可能、調和」の原則を堅持し、中国経済・金融の発展を国際経済形勢の変化に順応させる。

　研究によると、中国「8.11」の新たな為替制度に変更以降、中国の資本市場価格とレバレッジレートとクロスボーダー資本純流入間の関係が、従来の一方向駆動関係から循環式の相互作用関係に変わり、短期資本流動のインパクトが資本市場の価格とレバレッジの度合いに影響を与えることが明らかになった。国内各金融サブ市場間、内外の金融市場間における資産価格の連動性と金融リスクの伝染性が著しく高まり、クロスボーダー資本流動の衝撃により敏感になっている。資本口座の大規模な開放をせず、全方位で資本流動への監視を強化する必要がある。

　中国系銀行は資本口座の開放プロセスにおいて、より大きな国際化発展空間を獲得したが、国内外で二重のリスクの試練に耐え、市場拡大とリスクコントロールの間のバランスを求めることがより困難である。システム上重要な金融機関（SIFIs）はチャンスを捉えて国際的な経営を拡大し、同時にリスク管理メカニズムを健全にして、外部からの衝撃のアンプやシステミック・リスクの引き金にならないようにしなければならない。

　資本移動の衝撃は以前より複雑で頻繁になり、実体経済の波動性を悪化させた。供給側改革の突破口を明確にし、技術の進歩を推進し、金融が実体経済に奉仕することを維持し、バブル化を防止し、中国経済が直面するモデルの不適応、イノベーション能力の遅れ、貿易は強くなく、民間投資の萎縮などの問題を解決し、実体経済のリスクを低減させる。人民元の国際化は直接投資、技術の進歩、貿易のアップグレードなどの方面で供給側の改革と良性の相互作用を形成することができ、危機をチャンスに、中国経済の構造調整とモデル転換・アップグレードの推進を共に推進することができる。

　最後に、人民元の国際化プロセスにおけるマクロ・ブルーデンス管理の問題について、金融安定は人民元国際化戦略の最終目標を実現するために必要な前提であり、それによって、より全面的かつ緻密なマクロ・ブルーデンス管理の枠組みを構築することは、通貨当局がマクロ金融管理を強化する核心的任務である。

　クロスボーダー資本移動など外部の衝撃は、国内金融市場リスク、機構リスク、実体経済リスクなどと相互にインターリーブされ、互いに伝染し、単一市場または局所的なリスクが連鎖的なインパクトを引き起こしてシステミック・リスクが

発生する確率が絶えず上昇している。中国版システミック・リスク指数を作成し、システミック・リスクの評価とモニタリングを強化する必要がある。中国の実際に合致するマクロ・ブルーデンス管理の枠組みを構築し、システミック・リスクに対する防止と管理を体制メカニズムのレベルで実現する。

　現在、多数の監督部門が存在する「政令は多くの部門から出される」、「職権が重なり合う」、責任不明、厳格不確かさなどの問題については、国際経験を十分に参考にし、中国の金融監督管理改革の原則を明確にし、中国の実際にふさわしいマクロ・ブルーデンス管理の枠組みを構築し、システミック・リスクの管理を強化するために制度の保障を提供する。具体的に見ると、現在の金融監督管理の枠組みの中に「マクロ・ブルーデンス」次元を増やし、マクロ・ブルーデンス管理の具体的な実施部門を明確にしなければならない。通貨安定の維持に加え、中央銀行は金融安定の保障と金融監督管理機能の強化により多くの機能を与えられるべきである。機能とメカニズムから通貨政策、マクロ・ブルーデンス管理、ミクロ・ブルーデンス管理、行為の監督管理という４者間の関係を明確し、お互いのコーディネートを高める。金融データの取得と正確性を全面的に高め、システミック・リスクの監視、分析と評価のために全面的でタイムリーな情報を提供する。同時に効果的な危機管理システムを構築し、金融消費者に対する保護を強化する。

　人民元の国際化は中国の利益・主張の実現と国際通貨システムの改革という二重の使命を背負っている。これは中国が21世紀の新興大国として提起した重要な計画の１つである。そのため、国家戦略の高度に立ってマクロ・ブルーデンス管理をしっかりとやり遂げ、通貨当局のマクロ管理能力を向上させ、人民元の国際化をサポートしなければならない。

　国際通貨の多元化はダイナミックな発展のプロセスである。国際貿易構造の変化と国際金融市場の変動は、いずれも国際通貨構造の調整につながる可能性がある。国際経済の金融情勢が複雑に変化しているときこそ、我々は自分自身を安定させ、政策調整とマクロブルーデンス管理に対応し、システミック・リスクが発生しないレッドラインを守らなければならない。人民元の国際化度合いが着実に向上していることは、すべての疑問の声に対しての最大の応えである。

第 1 章
人民元国際化指数

　2015 年、世界経済は曲折を経ながらも回復した。金融市場は激しく変動し、中国経済も新常態（ニューノーマル）に入った。ドル高や人民元為替レートの下落、資本流出など度重なる障害に直面したものの、人民元の国際化プロセスは全体的に好転し、人民元クロスボーダー業務政策はさらに完備され、人民元クロスボーダー決済システム（CIPS）第 1 期がオンラインでの運用を始めた。「一帯一路」戦略は着実に進展している。特筆すべきは、2015 年 11 月、人民元は IMF 理事会の審議を経て SDR 構成通貨に加入され、人民元国際化の一里塚になった。ここ 5 年で人民元国際化指数（RII）は 10 倍以上に増加し、国際貿易、金融取引および国際準備の機能が全面的に拡大し、人民元国際化は大きく前進した。

1.1　人民元の国際化指数及び変動の原因

1.1.1　人民元国際化指数の現状

　2015 年、世界経済情勢は低迷し、米 FRB の利上げ、ドル高が世界の金融市場を混乱させた。中国経済もだんだん新常態に入り、成長を保ち、構造調整の任務を遂行することは極めて困難だった。中国「8・11」為替改革以降、人民元レート下落の圧力と変動幅は増大し、人民元の国際使用に対して一定のマイナス影響を与えた。しかし、短期的な変動は長期の趨勢を覆うに及ばず、2015 年の人民元国際化は総体的に好転し、また一連の際立った進展を獲得した。人民元クロスボーダー業務政策はさらに改善され、CIPS がオンラインでの運用を始め、「一帯一路」戦略は系統的に推進された。さらに、11 月に人民元は IMF 理事会の審議を経て、ドル、ユーロ、円、ポンドに次いで 5 番目の SDR 構成通貨となり、人民元国際化

第1章 人民元国際化指数

の新しい1章を切り開いた。2015年、人民元は国際通貨として支払い決済、金融取引、国際準備の機能が全面的に拡大し、RIIも増加し続けていた。2015年第3四半期のRIIは3.87に達し、前年同期比83.9%増加した。第4四半期のRIIは3.60で同42.9%増加した。短期的な障害によりある程度下落したも、全体的な増加の勢いを止めるには及ばず、ここ5年でRIIは10倍以上増加した。

2015年のRIIは四半期ごとにそれぞれ、2.48、2.76、3.78、3.60である。人民元の国際化プロセスは次第に緩やかに拡大する段階に入っていた。2015年下半期は障害因子が増え、RIIの増加速度は全体的に下向きとなり、四半期平均が前年比37.8%まで下がっていた。

1.1.2 人民元国際化の主な原動力

2015年、国際金融情勢の動揺が加速し、中国経済の下向き圧力が増大した。複雑かつ厳しい経済情勢の中で、人民元国際化指数の増加スピードはある程度低下したが、全体的には良い増加状態を保ったままである。2015年のRIIを過去最大にした5大動力を紹介する。

第1に、中国経済を穏やかに運行させ、金融改革を秩序正しく推進させた。2015年、中国経済は大きな下向き圧力に直面したにもかかわらず、依然として世界で最も穏健な経済体の1つであり、人民元国際化の堅固な基礎を打ち立てた。新興市場のリーダーとして、中国のGDPは年間で6.9%増加し、世界のトップに位置していた。中国国内では改革の強化に力を入れていた。通貨政策は全面的に穏健で、経済・金融システムはリスクの中でも粘り強さをみせ、人民元の国際使用に持続的な原動力を与えている。経常収支の黒字は2932億ドルで、前年同期比33.5%増、対外直接投資は同14.7%増となった。国際収支は基本的にバランスを保っており、クロスボーダー資金流出も次第に収束していた。金融改革では、中国は時期を見計らい、商業銀行や農村協力金融機関などに対して預金金利の上限を設定せず、基本的に金利管理制度を廃止した。人民元の基準値形成メカニズムを整備し、更に為替市場化の度合いを高め、基準値と市場価格、CIF価格とFOB価格の偏差を効果的に是正した。人民元レート指数の発表、中央銀行の外国為替市場管理、海外の空売りへのダメージなどが、市場CFETSの理性回帰を導くのに役立った。試験的にイノベーションを促進し、全国での普及を展開し、資本勘定における人民元両替自由化を着実に推進している。人民元がSDR構成通貨に加入したの

15

も、国際社会が中国の通貨金融改革の成果を十分に認めたものである。

　第2に、資本勘定の人民元クロスボーダー業務政策をさらに完備させた。内外の金融企業の変動は激しく、資本流出の圧力も大きくなっているにもかかわらず、資本勘定の人民元クロスボーダー業務政策は依然として突出した進展を見せており、海外人民元の投資還流チャネルの拡大、企業資金の運営、管理の最適化、実体経済発展の支持のために積極的な役割を引き出していた。2015年、中国は企業の外債発行への規制を更に緩和し、クロスボーダー双方向人民元資金池業務を緩和し、企業のクロスボーダー融資の自主性と利便化を向上させた。国外中央銀行（通貨当局）とその他準備資産管理機構、国際金融組織、ソブリン・ウェルス・ファンドを法に則り合理的に中国銀行間の為替市場に参加することを認めた。さらに即日、先物、スワップ、オプションなどの外国為替取引を展開し、人民元為替レートの代表性を高め、人民元の国際準備機能を強化した。深センで適格投資者の海外投資（QDIE）試験機関が発足し、「滬港通」が開通したことにより、資産運用の多様化が進んだ。同時に、中国（上海）自由貿易区が人民元資本項目の兌換自由化を先に行ない、全国での複製・普及を推し進め、高成長とリスク防止並行して進める形をとり、人民元資本項目の兌換自由化を着実に推進させた。

　第3に、人民元国際化のインフラを整備し、関連する付帯システムを国際基準に合わせた。2015年、中国はグローバルな金融システムと管理の枠組みの中に溶け込み、金融インフラと付属システムの整備が完善され、人民元の国際使用においてハード面とソフト面の支えとなった。2015年10月、戦略的金融インフラ施設として、クロスボーダー人民元決済システム第1期（CIPS）がオンラインでの運営をはじめ、国内外の金融機構の人民元クロスボーダーとオフショアのために資金清算と決済サービスを提供し、アメリカ以外の主要な金融センターをほぼカバーし、人民元の現代化決済システムの整備に大きな進展を遂げた。同時に、中国は統計管理などを積極的に国際基準に合わせ、IMF特別データ公表基準（SDDS）を採用し、IMSの証券投資残高調査（CPIS）、BISの国際資金銀行業統計（IBS）、及び外貨準備構成通貨調査に加入し、全面的に国際収支マニュアル第6版（BPM6）を適用した。これにより統計方法、申告制度、確認制度が整備され、経済金融統計の標準性と透明性を高めた。このほかに、CFETSの人民元為替レート指数、中国銀行の国内外債券投融資比較指数と人民元債券取引指数、UBS国際銀行需要指数、星展人民元動力指数などが次から次へと発表され、いずれも全世界の投資家が人民元を理解し、使用するために有益な参考になった。

第1章　人民元国際化指数

　第4に、「一帯一路」戦略が秩序立って推進され、中国・ヨーロッパ経済金融協力がブームを巻き起こした。一方で「一帯一路」戦略を始動させて以来、中国は31の国と地域と相次いで一連の協力文書と覚書に調印し、多くの重点建設プロジェクトに着工し、地域の経済貿易交流を深めた。アジアインフラ投資銀行が運営を設立し、沿線諸国での人民元使用のために、堅固なキャリアを構築した。2015年、中国はオーストラリア、韓国と自由貿易協定を本格的に実施し、10余りの国家と国際産業協働協定を調印した。スリナム、アルメニア、南アフリカ共和国、チリ、タジキスタン5か国の通貨当局と相次いで通貨スワップ協定を調印し、国内の自由貿易区、金融試験区を急速に建設し、人民元の支払決済と投融資の機能を固めた。

　もう一方で、国交樹立40周年に当たって、中国・ヨーロッパの金融協力は大きな前進を見せた。EUはすでに中国最大の貿易相手国であり、最大の技術導入の供給地と重要な投資協力の相手国でもある。2015年に中国・ヨーロッパの商業協力は1692億ドルに達し、中国・EUの指導者が相互訪問し、経済・財政・金融の対話は、EUのオフショア人民元市場整備を支持し、市場参入、クロスボーダー管理、投資プラットフォーム、関連施設などで協力を深めていた。同時に、人民元は中央・東ヨーロッパにも進出し、11月の第4回中国—中央・東ヨーロッパ諸国首脳会議で16+1金融会社の設立を提唱し、人民元の中国—中央・東ヨーロッパ協力基金の設立を検討した。中央・東ヨーロッパ諸国の人民元決済メカニズムの確立を支持し、中央・東ヨーロッパのオフショア人民元市場のために良好な外部政策環境を提供した。

　第5に、金融市場の動揺、ドル高を背景に、大口商品分野における人民元の評価使用の度合いが増加した。国際原油価格の低下に加え、オイルダラーの緊縮によって、中東地区の人民元使用度合いが上昇している中、2015年、カタールに人民元決済センターを設立し、アラブ首長国連邦中央銀行と覚書に調印した。人民元はアラブ首長国連邦、カタールと中国内地・香港地区間での決済常用通貨となり、決済比率がそれぞれ74%、60%に達し、前年比でそれぞれ52%、247%の増加となっていた。セルビアでも人民元プログラムが始動し、人民元に対するロシアの受け入れ度は絶えず高まり、人民元はドル、ユーロに次ぐ顧客の人気を博した第3大の通貨となり、モスクワ取引所も人民元のルーブル先物取引を発表した。ロンドン金属取引所は人民元を質権通貨として受け取って、7月に中国（上海）自由貿易区でクロスボーダー人民元のコモディティ商品現物取引がスタートし、人民元は

17

（コラム1―1）　　人民元レート基準値形成メカニズム改革の重要な意義

　2015年8月11日、中国人民銀行が人民元の対ドル基準値の算出方法を同日から変更することを発表し、合わせて後続の3取引日内に基準値と市場の為替レートとの差の校正を完成させた。レート改革後の規定で、マーケットメーカーは毎日のインターバンク外貨市場オープン前に、前日の終値を参考にし、外貨の供給状況及び国際主要外貨の為替レートの変化を総合的に考慮し、中国外貨取引センターに基準値を発表している。元来の基準値形成構造と比べ、前日の終値と外貨市場の供給関係を参考にすることで、基準値と市場レートの偏差、CIF価格とFOB価格偏差、人民元の対米ドル為替レートと人民元有効為替レートの偏差現状の改善に役立っている。さらに、人民元レート基準値形成の透明性と市場化レベルを強調し、市場基準としての参考性を高めている。

　市場の反応から見て、一度限りの校正の下、人民元の下落傾向を確認し、市場は人民元下落予想を強化した。それにより予想の自己実現を引き起こし、人民元為替レートの下降圧力が増大、世界のマクロ経済、資本移動等に一定のダメージを与えた。しかし、今回の人民元下落はある程度人民元為替レートの修正によるものであり、為替レート整備過程の段階的なものである。長期的な目で見れば、人民元は依然として国際通貨であり、下落傾向が続く要素はない。短期的な下落圧力は存在するため、段階的な切り下げが起きる可能性がある。人民元為替レートを発表する新制度は経済金融の不均衡問題を調整し、多少の変動を引き起こした。しかし全体的には許容範囲内であり、短期的なすり合わせの時期が過ぎてしまえば、人民元為替レートは次第に回復してくる。

　人民元為替レートを発表する構造への調整は、人民元国際化に対してポジティブな意義を持っている。今回の調整は人民元為替レート市場化の重要な一歩であり、市場が為替レートを決定し、中国人民銀行は常態の干渉から離れた。

　一方で、この構造は為替レートがそのまま市場の供給に反映され、長期発展の中で積み重なった問題を取り除き、取引価格と基準値の差を狭め、人民元国際化の基本制度建設を整備している。もう一方で、この調整はCIFとFOBの人民元為替の差を狭め、資金の歪みや異常な通貨スワップを減少させ、人民元のオフショア市場の健全な発展を促進している。FOB価格がCIF価格に近付き、中国の人民元定価権をさらに強化することで、国家金融の安全を保障している。同時に人民元はSDRシステム定義審査の重要期を迎え、整備された為替レート構造は人民元がSDR通貨バスケットに加入するための重要な条件である。今回の構造調整で人民元為替レートの変化をさらに市場化させ、国際慣例に合わせた形となった。それにより、長期的にさらに多くの市場の承認の得ることができ、市場の持つ人民元の信頼を高めた。

コモディティ商品領域でのプライシング機能が大幅に強化した。

1.1.3 人民元国際化が直面する課題

2015年、RIIの増加スピードが明らかに低下し、オフショア人民元預金、金融商品の発行規模がやや縮小した。人民元の国際化は短期的に一定の障害を受け、以下の3つの課題に直面した。

第一に、人民元の為替レートは段階的に切り下げられ、国際的な保有と使用自信に影響を与えた。米FRBのデノミネーションに伴い、中国「8・11」の人民元為替レート改革以来、人民元為替レートの一方的な上昇傾向が変わり、段階的な切り下げの圧力が高まり、通年では米ドルに対し4.5%の切り下げが行われた。資本流出、海外での空売りの動きは、為替レートの変動を一層加速させ、人民元の国際化と資本アカウントの開放プロセスなどに一定の衝撃を与えた。居住者は資産負債計画を調整し、期限前に米ドル債務を返済し、非居住者が国内の人民元資産を売り越しすることにより、オフショア人民元預金、人民元債券の発行規模ともにそれぞれで衰退を見せた。2015年の香港人民元預金は8511.1億ドルまで縮小し、前年比で15.2%減少した。香港の点心債（香港で発行される人民元債券）の発行量は1265.08億ドルまで減少し、前年比で42.8%まで下がった。為替レートの変動により、人民元の支払い決済、投融資機能にマイナス影響を及ぼし、海外で貸出金利が預金金利を下回り、人民元の海外使用がより一層抑制されてしまったのである。外国為替市場や製品システム、市場主体の為替リスク管理意識、通貨当局の金融管理能力とツールボックスなどに補完と向上の余地がある。

第2に、中国経済の下向き圧力が増し、下落観測の国際世論がさらに高まった。2015年、中国の構造改革は厳しい局面を迎えた。過剰生産能力と高レバレッジの解消、在庫削減の圧力は増大したことにより、経済成長の下向き圧力が際立ち、通年GDPの伸びは6.9%にとどまり、前年比で0.4%下げ、25年ぶりの低水準だった。経済・社会発展の新・旧原動力の転換期に金融リスクのガス抜きが加速し、従来型銀行の不良債権、国内債務問題、インターネット金融、株式市場の変動、資本流出などの問題が続出し、貿易と投資が相対的に低迷した。人口高齢化、金融資産投資取引の増大、供給側の構造的な矛盾、及び生産力の増加スピードが下降により、経済持続の活力に影響を与えており、人民元の国際化プロセスにマイナスの効果を生んでいた。同時に、国際情勢は複雑で厳しく、各種の摩擦が増え、中国相場が下落されるとの海外観測が再度高まった。経済・金融の変動、通貨戦争

などを中国のせいにし、ひいては中国の為替レートや債務の問題を大げさに歪曲
させ、市場の予想や資本の流れを誤導した。これらが人民元資産の魅力を下げて
しまった。

第 3 に、ドル回復の動きが強まり、人民元国際化の障害を大きくしていた。国
際通貨システムのバランス調整はシーソーゲームのようなもので、通貨の国際地
位を高める一方で、通貨地位の低下も伴ってしまう。2008 年金融危機以来、ド
ルの力が弱まり、人民元国際化を推し進める絶好の時期となった。2015 年、米
FRB の金融引き締め政策、金利引き上げプロセスの実施により、ドルは強さを取
り戻した。その後、国際市場を動かし、全世界の資産配置と資本流出を先導した。
2015 年、新興市場通貨が 1997 年以来、最長の下落期間を迎え、投資家はリス
ク回避のムードに陥り、資金が純流出したのは 7350 億ドルに達した。新興市場
通貨の代表として、人民元の国際化環境は更に複雑で厳しく、使用自信がやや低
下した。支払い決済、投資・融資、外国為替取引及び国際準備高などの多方面で、
米ドルシェアの回復は顕著で、人民元の国際機能の開拓に課題をもたらした。

1.2 人民元国際化指数変動の構造分析

人民元国際化指数の計算方法によると、人民元が貿易決済、金融評価値、国際
外貨準備高で占める割合の変化は、いずれも RII 指標に影響を与える。人民元国際
化の初期段階では、RII の上升を駆動するのは主に人民元の貿易決済である。人民
元国際化プロセスの進展に伴い、RII の駆動モードは貿易決済と金融取引決済の併
行駆動に移行した。2015 年、RII の変動こそあったが、依然として上昇しており、
人民元金融取引決済は RII 上昇への貢献度で貿易決済を上回り、RII 変動に影響を
与える最も重要な要素となると同時に、人民元外貨準備指標の占める割合が緩ん
だ。貿易決済と金融取引決済は依然として RII 増加の 2 大動力であり、人民元建て
外貨準備高の影響はなお引き上げが必要で、人民元が国際準備通貨となるにはま
だ時間がかかるだろう。

1.2.1 人民元の国際貿易決済機能のさらなる地固め

クロスボーダー人民元決済は、人民元国際化の起点であり、人民元国際化の礎

でもある。2015年、クロスボーダー人民元収支金額の合計は12.1兆元で、前年から22%増加していた。そのうち、実収入は6.19兆元、実支出が5.91兆元で、為替の変動、市場利食うなどの影響で、人民元のレジレートはほぼ同じ1:0.96で、前年の1:1.4と比べると逆転現象が起きていた。通年の経常収支における人民元の決済規模は7兆2300億元に上る。そのうち、もの取引収支金額は6.39兆元で、前年から8.31%増加した。サービス貿易・その他の経常収支の決済額は8億322千万元で、前年同期比で29.73%増加した。2015年末、クロスボーダー貿易の人民元決済規模は世界の3.38%を占め、前年比110.4%の増加であり、2010年末の水準と比べると5倍近くも高くなっていた。

　総合的に見て、クロスボーダー取引の人民元決済規模が上がり続ける主な原動力は以下の通りである。

　中国の貿易は相対的に良好で、地域貿易協力のプロセスが加速し、自由貿易区戦略が絶えず実行を推進している。2015年、世界貿易需要の低迷、初級商品価格の下落など多くの要素の影響を受け、中国の輸出入額は39586億ドルで、前年同期比8%減となったが、全体的に世界の主要経済体より良いで、国際市場シェアは加えって増加し、対外貿易の質と効率は向上していた。

　近年では、中国とASEAN、シンガポール、パキスタン、ニュージーランド、チリ、ペルー、コスタリカ、アイスランド、スイスなどと自由貿易協定を調印し、2015年12月20日『中国・オーストラリア自由貿易協定』、『中国・韓国自由貿易協定』を正式に実施し、地域経済貿易協力は22もの経済体に及び、アジア、ラテンアメリカ、オセアニア、ヨーロッパなどと広く展開しており、中国貿易規模の増加と構造改善のために良好な環境を創造した。

　同時に、自由貿易区の整備と発展の度合いがさらに良くなり、「一帯一路」戦略の実施を推し進め、「トップレベルデザイン」と地域経済貿易の往来を強めていた。人民元のクロスボーダー取引決済での割合は日増しに高まっている。

　もう一方は、人民元のクロスボーダー取引での決済及びそれに関するサービスはさらに便利に、高効率になっていることである。中国（上海）自由貿易勘定（分離記帳勘定ユニット）は、自由貿易区域とオフショア市場間の経路をさらに開拓した。中国企業の海外市場への参入、実体経済の貿易決済とクロスボーダー投融資の為替両替のために、より効果的な方法を提供した。2015年10月、クロスボーダー人民元決済システム（CIPS）第1期のオンライン運営が成功し、クロスボーダー貨物貿易・サービス貿易決済、クロスボーダー直接投資、クロスボーダー融資、

クロスボーダー個人送金などの業務処理をサポートしている。そのほかに、人民元金融取引機能を強化し、クロスボーダー取引における人民元使用の度合いを間接的に促進させ、貿易、実業投資、金融投資の正しい循環を実現している。

1.2.2 人民元の国際金融決済機能が大幅に拡大

人民元の国際金融決済機能が大幅に拡大し、国際信用、直接投資及び国際債券及び手形取引において、人民元の使用規模は引き続き拡大し、高い成長傾向を維持した。2015 年末の時点で、人民元の国際金融取引決済は総合で 5.9%、前年同期比で 107.3%増加し、2010 年末と比べて 50 倍近く上昇した。総合的に見ると、人民元建ての直接投資は国際金融決済総合指標の上昇を後押しする最も重要な原動力となっている。

1、人民元国際信用貸付

2015 年、人民元国際信用貸付規模は全体的に安定していた。2015 年第 2 四半期までで、人民元国際信用貸付は世界シェアの 0.66%を占め、2010 年に比べ 5 倍近く上昇した。第 3 四半期、第 4 四半期にはやや落ち込んだが、依然として過去最大に位置していた（図 1 － 3 参照）。人民元国際信用貸付規模の変動は、主にオフショア人民元建て信用貸付供与量と人民元建てクロスボーダー信用貸付の試行範囲の影響を受けた。不完全な統計によると、2015 年 12 月末の時点で、中国香港、中国台湾、中国マカオ、シンガポール及び韓国の 5 カ国・地域でオフショア人民元預金規模の総計が 1 兆 4971 億元に達していた。その中で、中国香港人民元預金（預金証は含めない）規模は 8511 億元で、前年と比べ 15.2%減少した。中国台湾銀行業の人民元預金規模は 3195 億元で、前年と比べ 5.7%増加していた。韓国の人民元預金規模は 46.8 億元、11 月末のマカオ地区の人民元預金規模は 710億元、9 月末のシンガポール人民元預金規模は 2250 億元に達していた。為替レート変動などの影響で、オフショア人民元預金は一定の衰退を見せたが、海外人民元資産の分布範囲はさらに広がり、人民元製品及び市場でのグローバルな発展を遂げていた。一方で、人民元クロスボーダーローンの試行範囲はさらに拡大した。

同年 7 月、中国・南沙横琴自由貿易新区での人民元クロスボーダー預金試行が正式に始まり、中国大陸と香港、マカオ間のクロスボーダー投資・融資が利便化された。中国・泉州金融改革試験区、アモイで人民元クロスボーダー融資試行が始動したことで、中国大陸の対台湾の貸出融資業務を促進し、台湾地区への人民

第 1 章　人民元国際化指数

元クロスボーダー投資と投資還流チャネルが拡大し、人民元オフショア市場の発
展が推し進められている。

2、人民元建て直接投資

人民元建て直接投資は人民元建て対外直接投資と外商の人民元建て直接投資の 2
つの部分から構成されている。中国の「走出去（積極的な海外進出）」戦略と国際
生産能力協力の深化に伴い、人民元建て直接投資規模は急速に増大している。

2015 年、銀行は 232 兆元の人民元建てクロスボーダー直接投資決済業務を処
理し、前年と比べ 121.6%増加した。2015 年末、人民元建て直接投資規模のシェ
アは世界の 16.56%に達していた。

2015 年、中国経済の下向き圧力が増したが、GDP の増加スピード、資産収益率
などは依然として世界のトップに位置し、外資を引きつける魅力は衰えていない。
外商投資制限項目の緩和、外資の審査認可制から登録制への転換及び自由貿易区
戦略の推進に伴い、2015 年の外商直接投資が 6.4%増加し、実際使用の外商直接
投資規模は 1262 億ドルに達していた。その中で人民元 FDI 規模は 1 兆 5871 億
元で、前年と比べ 84.1%増加し、2011 年以降の人民元 FDI は累計 3 兆 2758 億元
に達した。一方で、対外直接投資は歩みを早めており、「一帯一路」戦略の実施に
より、沿線諸国の相互投資と貿易取引が強化され、対外直接投資に利便性を与え
ていた。同時に、中国の経済成長モデルチェンジは中国企業の「走出去」を推進し、
中国企業の海外買収がブームとなっていた。不完全な統計によると、2015 年に中
国企業は海外買収を 593 件実施し、累計の取引金額は 401 億ドルに達し、中国経
済の全分野に影響を与えていたと言ってよい。中国投資者の非金融分野の年間対
外直接投資額は 1180.2 億ドルで、前年と比べ 14.7%増加した。その内、人民元建
て対外直接投資（overseas direct investment,ODI）規模は 7362 億元で、前年と比
べ 294.6%増加し、2011 年以降の ODI 累計は 1 兆 683 億元に達した。中国の「十三・
五」計画は、中国企業の海外投資を支援し、設備・技術・標準・サービスなどの
「走出去」を推し進め、世界の産業チェーン、価格チェーン、物流チェーンに深く
入り込み、いくつかの大口取引商品の海外生産基地を建設することにより、グロー
バル企業を育てており、中国は人民元建て対外投資の新時代に入った。

3、人民元建て国際債券と手形

債券市場は、国際金融市場の重要な構成部分であり、国際債券市場のシェアは
一国通貨の国際使用レベルを評価する重要な指標の 1 つである。2015 年、人民元
建て国際債券と手形の残高は 1247.9 億ドルで、前年と比べ 30.8%増加し、世界に

23

占めるシェアは 2010 年末の 0.08%から 0.59%ほどにまで増加していた。国際債券市場での人民元の使用規模は急速に拡大していたが、世界シェアは依然として低いままで、影響力にも限界がある。

　2015 年、人民元建て国際債券と手形の発行規模は主に以下の 3 方面によって急速に増加していた。

　第 1 に、中国内外の金利差の変化が市場主体の自主選択を駆り立て、オンショア・オフショア人民元債券市場が互いの発展を支えている。上半期、中国国内の利率水準は海外より高く、多くの機構が海外融資のコストを抑える選択をし、点心債（香港で発行される人民元債券）などオフショア人民元債券市場の発展に大きく貢献していた。また、中国人民銀行が幾度か預金準備率を引き下げたことにより、米ドルは利上げし始め、中国国内外の金利差が縮小、ひいては収益率が逆転し、パンダ債（外国企業による中国本土での人民元建て債券）が市場で注目され、発行量を急速に伸ばしていた。このように、オフショア・オンショア人民元債券市場は相互に補いながら変動し、中国実体経済の発展、人民元の投資・融資機能の強化に積極的な意義をもたらした。中国経済の成長と人民元国際化の推進につれて、人民元建て国際債券発行総量も上昇態勢を示し、長期的で大きな増加が期待できる。

　第 2 に、人民元債券市場のインフラと関連指標が整備された。人民元建て国際債券市場の発展に伴い、関連インフラ指標が徐々に整備されている。2015 年、韓国は人民元債券のリアルタイムでの決済システムを始動させ、中国台湾は宝島債（中国本土の企業が台湾で発行する人民元建て債券）の収益率曲線などを公布し始め、韓国、中国台湾地区でのオフショア人民元市場インフラ整備の推進に積極的な意義をもたらした。中国銀行国内外投資融資比較指数、人民元債券取引指数など市場指数も相次いで発表され、オフショア・オンショア人民元債券市場の収益率差とその変動状況への反映に効果が見られた。それにより、市場主体の融資選択に量的基準を提供した。

　第 3 に、人民元建て債券発行の制限が緩和され、市場がさらに開放された。2015 年、中国は市場の参入基準を緩和した。4 月、匯豊銀行、モルガン・スタンレー、フランス・パリ銀行など 30 余りの海外金融機構が銀行間市場への参入許可を得ることができ、2015 年末の時点で既に国外中央銀行主権財務基金などの 292 もの国外機構が銀行間市場に参入していた。6 月、中国人民銀行は、国外人民元業務クリアリングバンク、国外参加銀行が行う銀行間債券市場の債券レポ取引を許可し、

24

第1章 人民元国際化指数

（コラム 1—2）

CIPS 正式始動：クロスボーダー人民元取引の更なる安全と利便化

2015 年 10 月 8 日、中国人民銀行が開発した人民元クロスボーダー決済システム
CIPS（1 期）が正式に運用され、中国の決済システムの中で国際決済システム発展の
重要な一里塚となり、人民元の国際化プロセスに磐石の礎を築いた。第 1 期では、工
商銀行、農業銀行、中国銀行、建設銀行、交通銀行など中国国内の中外資銀行を含む
19 行の直接参加を認められ、全国各地 176 の国内外銀行が間接参加者としてこのシ
ステムと同期している。運用初日、45 分間に 336 件の業務、計 6.76 億元の資金がこ
のシステムにより決算された。

ここ数年、中国の輸出入貿易は発展を続け、資本勘定開放プロセスがもたらした
国際資本流通はさらに頻繁なものとなり、人民元の国際的地位は高くなった。これ
らの様々な要素が作用し、人民元クロスボーダー決済の需要は日に日に拡大してい
る。人民元クロスボーダーとオフショア清算決済で使用している元々の決算システム
（CNAPS）は審査効率の低さ、基準の不統一、運行時間のカバー不全、システムの安全
性の低さ等の問題を抱えており、日に日に増す人民元クロスボーダー決済の需要に対
応するのが難しくなっている。このような背景に呼応する形で CIPS が生まれたのであ
る。現在運行している CIPS（1 期）はリアルタイムでの全額決済方式と、直接、間接
参入者の上から下までのピラミッド型管理構造をしており、顧客と金融機関にクロス
ボーダーでの貨物サービス貿易、クロスボーダー投融資、クロスボーダーでの個人送
金等の業務清算、決済サービスを提供している。クロスボーダー銀行間の決済（上海）
有限責任会社が CIPS（1 期）のシステム運営、参入者サービス、業務開拓等の仕事を
請負、法律で決められた労働日の 9:00—20:00 の業務時間内で処理している。直接参
入者はシステム内シリアルナンバーを採用し、CIPS が開設した口座を通して直接業務
を行う。間接参入者は多くの直接参入者を経由して人民元クロスボーダー決算業務を
行っている。中国人民銀行と運営機構は制度（「人民元クロスボーダー支払システム業
務暫定規則」、「人民元クロスボーダー支払システム参入者サービス協議」、「人民元ク
ロスボーダー支払システム業務オペレーションガイドライン」、「人民元クロスボーダー
支払システム業務運行規則」及び「人民元クロスボーダー支払システム技術マニュア
ル」）制定を担い、CIPS の監督、管理を行っている。中国人民銀行の計画に基づいて、
CIPS は未来の第 2 期システムへ動き出しており、さらにロスの少ない流動性の混合決
算方式と直通式処理を採用し、業務効率を高めると同時に、直接・間接参入者の規模
も拡大することで、業務の利便性も強化している。

> 人民元クロスボーダー決算のインフラとして、CIPS の直接の意義は現有の人民元クロスボーダー清算決算モデルの整備にあり、ピラミッド型参入者構造を通してサービスカバー範囲の拡大、中国語処理レベルの整備を行っている。電文転換効率を加速させ、さらに多くの世界の標準時区をカバーすることで、資源統合効率を高めている。さらに掘り下げてみると、中国中央銀行が主導で成立させた CIPS は SWIFT システムの過度な依存を防止でき、人民元クロスボーダー決清算の安全性を高め、国家金融安全を保証し、人民元国際化プロセスへの橋渡しの役割を担っている。

ある程度でオンショア・オフショア市場を開通させることで、国外機構の国外債券市場への参入を集め、その債券投資と流動性管理の需要を拡大させた。もう一方で、政策管理でさらに緩和が進められた。9 月、企業が発行する外債枠審査を撤廃し、備案登記制管理を採用した。これにより、借用外債規模のマクロ管理を実現、人民元建て国際債券規模の増長を後押ししていた。

1.2.3　人民元の外貨準備機能の強化

　中国経済実力の増大と国際地位の上昇に伴い、人民元は国際準備通貨としての国際的な認可範囲が拡大している。2015 年、中国人民銀行はスリナム、アルメニア、南アフリカ、チリ、タジキスタンの 5 カ国通貨当局と相次いで通貨スワップ協定を結び、さらにオーストラリア、マレーシア、ベラルーシ、ウクライナ、イングランド、トルコ、アラブ首長国連邦の 7 カ国の中央銀行との通貨スワップ協定を更新した。2015 年末の時点で、中国人民銀行は 33 もの国と地域の通貨当局と通貨スワップ協定を結び、3 兆 2800 億元を融通した。それにより現有通貨体系の欠陥を補い、世界、特に新興国経済に緩衝材としての保証を提供することで、人民元の流動性に対する市場の信頼をさらに強めている。IMF の統計によると、2010 —2014 年の人民元建て外貨準備高は世界の 1.1%を占め、ドルの 65.3%との差は大きいが、人民元の国際準備通貨としての地位は急速に上昇していた。2015 年11 月 30 日、人民元は IMF 理事会の審議を経て、ドル、ユーロ、ポンド、円に続いて SDR 構成通貨に加入し、ドルとユーロに次ぐ、全体の 10.92%を占めた。SDR 構成通貨に加入したことで、人民元は国際通貨の一員となり、IMF の人民元に対する国際裏書で、市場の自信を大いに高め、人民元が世界中央銀行の外貨準備通

貨の重要なオプションの1つになっている。人民元はますます多くの国から認可を得ており、2015年11月、カナダ・ブリティッシュコロンビア州が中国銀行間の債券市場で初めてパンダ債60億元を発行し、外国政府が発行する初めてのパンダ債となった。同12月、韓国政府は30億元のパンダ債発行資格を獲得した。。ロシアなどの国と地域は、人民元の基軸通貨への編入を検討していると明らかにした。

1.3 主要通貨の国際化指数比較

　国際通貨の多元化は1つの動態的な発展プロセスで、国際貿易の構造、国際金融市場の変化が一方の通貨の国際使用度合いを引き上げ、もう一方の通貨の国際使用度合いを引き下げる。このように国際通貨構造が相応した調整を引き起こしている。国際通貨構造の発展・変化を客観的に評価するため、人民元と主要通貨の国際化度合いとの間の差を動的に反映させ、本書ではRII編成と同じ方法をとり、ドル、ユーロ、円、ポンドの国際化指数（表1―1）を編成していた。2015年、アメリカ経済は強力な回復傾向を保ち、FRBは金利引き上げプロセスを開始し、ドルが大幅に上昇し、米ドルの国際化指数が前年の54.17から54.97に上昇し、ドルの国際通貨地位が再び上昇した。ユーロ圏は穏やかに回復したものの、各加盟国経済の乱れ、ギリシャ問題、難民危機などがヨーロッパの将来に厳しい情勢をもたらしている。ユーロは下落を続け、国際信用が失われつつあり、ユーロ国際化指数は23.71まで下降し、短期的な好転の気配すらない状態である。世界経済の低迷、需要不足は日本経済の弱含みをもたらしたが、円は避険通貨としての特徴をよりいっそう強化し、円の国際化指数は4.29と安定している。イギリス経済は予想を上回る好景気をみせ、貿易と投資が急速に増加しているが、EU離脱国民投票が近づくに連れて、イギリス政治と経済形勢の先行きは不透明になるばかりである。ポンドの為替レートは低迷を続け、ポンド国際化指数は初年度の4.79から4.53に下降していた。

1.3.1　ドル国際化指数の変動分析
　2015年、アメリカの経済は穏やかに拡大し、GDPの増加率は2.4%で、失業率は年初の5.7%から5%に下がり、7年半ぶりに過去最低となった。インフレ率の上

表1－1　　　　　　　　　　　　世界主要通貨の国際化指数

	2014Q1	2014Q2	2014Q3	2014Q4	2015Q1	2015Q2	2015Q3	2015Q4
米ドル	53.58	53.47	54.78	54.17	55.66	55.91	54.56	54.97
ユーロ	26.57	25.00	24.30	24.69	24.09	22.39	24.68	23.71
円	4.44	4.40	4.11	4.33	4.12	4.08	4.10	4.29
英ポンド	5.58	4.56	4.54	4.25	4.79	4.74	4.83	4.53
総計	90.17	87.44	87.74	87.44	88.66	87.12	88.17	87.49

昇見通しも比較的楽観的である。2015年12月16日、アメリカのFRBが基準金利を0.25%引き上げ、正式に利上げプロセスを始動し、量的緩和政策の幕を下ろした。アメリカ主導の「環太平洋パートナーシップ協定」（TPP）は2015年10月に協定合意を達成し、アメリカ、日本、オーストラリアなどの12カ国が参加した。TPP加盟国の経済規模は世界経済総量の40%を占め、アメリカの貿易と経済成長に大きな自信を与えた。しかし、アメリカ経済の見通しは順風満帆とはいかず、12月の製造業活動指数は48まで下がり、製造業の弱含みは経済回復に不安を与えた。FRBの利上げ、米ドル高の傾向は世界経済・金融の波動を激化させ、「スピルバック効果」を生み、アメリカ経済の見通しを悪くした。

　アメリカ経済の回復に支えられ、2015年の世界市場はドルの利上げ予想を消化し続け、ドルが大幅に強くなった。ドル指数は年初の90.3から100.47に上昇し、世界の資金は米国市場への回流を加速させ、ドルが世界最高の通貨となった。2015年第2四半期、ドル建ての国際債券と手形残高は世界で43.73%に達し、公的な外貨準備高のうちドルのシェアも63.38%に大幅に上昇した。2015年のドルの国際化指数は54.97で、前年同期比1.47%増加し、2010年末の51.53と比べ6.68%増加し、ドルの世界一の国際通貨地位をさらに固めた。

1.3.2　ユーロ国際化指数の変動分析

　2015年のヨーロッパ経済は回復の兆しが見え、インフレ率も回復し、年間のユーロGDP増加率は1.6%となった。しかし、ユーロ経済回復の基礎は脆弱で、各加盟国の状況も統一されておらず、依然として不透明な要素が多い。特に難民危機は

第1章　人民元国際化指数

（コラム 1―3）　　　　　　ドル利上げによる世界資本市場の撹乱

　アメリカ連邦準備理事会が 2013 年に量的緩和（QE）の縮小準備を提出して以来、
ドル利上げに関する予測はますます激化しており、特に 2014 年 10 月 30 日にアメ
リカ連邦準備理事会が QE の終了を宣言した後、市場に向け利上げ計画を伝達し続け、
国際資本流動に改めてアメリカへ流れるよう刺激し、アメリカ市場の投資活力と吸引
力を上昇させた。2015 年、アメリカ経済の回復と米ドルの利上げ予測ブームに伴い、
ドル指数はうなぎ登りに上昇し、2105 年 12 月 2 日ここ 12 年で最高の 100.412 を
記録した。各方面からアメリカ連邦準備理事会の通貨政策傾向に高い関心が向けられ、
ドル利上げの判断に関しても様々な意見が挙げられ、大きな市場の波を引き起こして
いる。世界の商品市場と金融市場の変動が大きく、コモディティ商品価格、主要国家
の株式市場、国際通貨の為替レートがそれぞれ影響を受けた。
　最終的に、アメリカ連邦準備理事会は 2015 年 12 月 16 日に連邦基金利率を 0.25%
引き上げることを宣言、合わせて低利率水準を長期維持していくことを言明し、今後
の経済データをもとに利上げプロセスを決定した。今回のドル利上げは、ここ 10 年
で初めて連邦基準利率を引き上げ、政府利率の 84 ヵ月のゼロ水準徘徊の局面を打ち
破った。ドル利上げ決議の公布後、ドル指数は短期的に 99.2898 まで上昇した。世界
金融市場は早くからすでにこの事を予測し、利上げ予測を前借りしていたが、主要発
展国家の株式市場、債券市場、為替市場に大きな影響はなく、かえって新興国市場の
反応が激しく、アルゼンチン・ペソが 30% を超える下落、ロシア・ルーブル、ブラジ
ル・レアル、南アフリカ・ランドがそれぞれ下落を起こした。人民元でさえ 10 日間
の下落を記録した。
　短期的に見ると、ドルの利上げはかつてのアメリカ量的緩和とアメリカへの湧き出
た資本の流入を引き起こし、世界の通貨政策に対し引き締め圧力をもたらした。これ
により資本流出、為替レート、貿易の 3 つのルートを通じて、世界主要経済体にマイ
ナスの影響が生まれた。まずは、通貨とドル連動の経済体は香港のように自動で利率
を上昇調整するである。次は、コモディティ商品価格下落の影響を受けた経済体、ア
ルゼンチン、ブラジル、ロシア、南アフリカ等の国、及び負債率が高く、いくつかの
南ヨーロッパの国のような国際収支赤字の経済体は、上げられた利率を採用せざるを
得ず、通貨下落或いは資本管制等の措置で対応するしかないことである。また、これ
らは、実体経済の信頼と活力にさらにダメージを与えてしまう。最後は、EU、日本等
は、経済低迷中の発展経済体の通貨緩和空間に制限を受けなければならず、進んだ緩
和政策は、高収益を求めてさらに多くの資金をアメリカへ流出してしまう可能性があ
り、それにより緩和効果を弱めてしまうことである。

29

ヨーロッパ経済社会に大きな混乱を招いていた。大量の難民が各国政府の財政負担を圧迫し、ヨーロッパの安全状況と社会の秩序に不安をもたらし、ユーロ経済回復の基礎を弱めている。欧州中央銀行は、量的緩和政策を続け、ユーロは下落し続けていた。近い将来、イギリスの EU 離脱のリスクが高まり、ひとたびイギリスが脱退してしまえば、EU が近年、経済危機や政治的危機に直面している気まずい局面に油を撒き、連鎖的な反応を引き起こし、ユーロやユーロ圏の金融市場の先行きを暗くし、投資家はひとまず様子を眺め、ヨーロッパ経済回復の動力が失われてしまうのである。

　ヨーロッパ経済回復の脆弱性と持続的な量的緩和通貨政策が同時に起きたことで、ユーロは底値をつき、金融危機以来の歴史的低位まで下落し、国際資本の大規模撤退を引き起こした。ユーロが伝統的な優位性を占めている国際債券市場では、2015 年第 4 四半期のユーロ国際債券および手形の残高比は 38.48%で、前年同期と比べ 7.21%下がった。同期間、政府の外貨準備高におけるユーロ保有率も 19.91%に低下した。クロスボーダー貿易でのユーロ決算比率も、緩やかな減少傾向にある。2015 年第 4 四半期、ユーロ国際化指数は 23.71 で、2010 年末の 27.71 に比べ 14.43%減となり、ユーロの国際地位に大きなダメージを与えた。

1.3.3　円国際化指数の変動分析

　消費の弱含み及び世界経済緩和がもたらした外需下降などの影響を受け、2015 年の日本経済回復能力は乏しく、不安定な状態であった。企業の収益増加がもたらした資本支出増加と住宅投資成長の利益を受け、第 1 四半期の実質 GDP は前期比で増加率が 1%に達し、穏やかに回復する経済体勢を見せていた。しかし、予測を上回る資本支出の下降により、第 2 四半期の実質 GDP は前期比で 0.3%下降し、経済の見通しをやや悪くしていた。第 3 四半期の実質 GDP は前期比 0.3%成長し、資本支出の増加が主な理由である。第 4 四半期の実質 GDP は需要弱気の影響を受け、前期と比べ 0.4%減少した。2015 年の日本の失業率は 3.3%を上下し、低水準を維持し、雇用情勢は良好である。原油価格の下落が引き起こした輸入額減少と、円の下落がもたらした輸出額の増加によって、日本の貿易収支赤字が大幅に縮小した。2014 年の 12 兆 7800 億円が 2 兆 8300 億円まで下降し、国際収支がある程度改善された。しかし、5 年も続く貿易赤字は逆転せず、決して楽観視できない輸出の見通しも、対外貿易が好転するか否かの質疑を引き起こしていた。

第 1 章　人民元国際化指数

　2015 年、日本銀行はゆとりの通貨政策を維持し、名目の利回りはアンダリンと同時に日本のインフレ予想が強まり、円の実質収益率は圧縮された。しかし外国為替市場の激しい変動環境の下、円の「リスク回避通貨」としての特徴が浮き彫りになり、全体的に円が良い形で現れた。2015 年第 4 四半期、国際債券と手形残高のうち、円は 1.91%で前年同期比 4.02%減だった。同期間、政府の外貨準備高に占める円のシェアがやや増加し、4.08%となった。円の国際化指数は 4.29 で、前年同期よりやや下落した。

1.3.4　ポンド国際化指数の変動分析

　2015 年、イギリスの経済成長率は 2.2%の伸びとなり、ここ 3 年間の経済成長率の最低水準を記録した。失業率は引き続き低下し、第 4 四半期までに失業率は 5.1%まで下がったが、賃金の増加と失業金の申請は予想を下回った。2015 年のインフレ率はセロで、イギリスは利上げの立場を放棄した。年間イギリスの貿易赤字は 6 年ぶりに最大の 1 億 250.28 万ポンドを記録し、マクロ経済の成長にマイナスの影響を及ぼしていた。経済大国であるイギリスの経済成長鈍化、EU 離脱の見通し、利上げの遅延などの要因は、市場下落観測の情緒と投資家の懸念を高め、資本の流れは衝撃を受け、ポンド下落の勢いがはっきりしていた。しかし、イギリス経済は主要先進国の中で相対的に良好で、2015 年第 4 四半期、ポンド建て国際債と手形残高は世界の 9.55%を占め、前年同期比 3.02%上昇した。2015 年第 4 四半期のポンド国際化指数は 4.53 で、前年同期と比べ 6.59%増加し、ポンドの国際的地位を強めた。

（コラム 1―4）　　　**欧州の難民危機による欧州経済回復への影響**

　ここ数年、西アジア・北アフリカ地域情勢が混乱している。各宗教派閥と部族内部の衝突が発生し続け、テロ組織もチャンスに乗じて頻繁に事件を起こして、この地区の人々が路頭に迷い、大規模な難民危機を引き起こしている。ヨーロッパの難民開放政策とヨーロッパ近隣の地縁関係によって、ますます多くの難民が地中海と陸路を通ってヨーロッパに入り込んでいる。国連難民署の最新データによると、2015 年 12 月 29 日までに、地中海と陸路を通ってヨーロッパ国家に避難を求めた難民の数は 100 万人を突破し、2014 年の 21.9 万人をはるかに上回り、ヨーロッパ難民問題はさらに

重大さを増している。数百万人の難民は群れをなして、ヨーロッパ国家の脆弱な国境に突撃し、ある国では既に国境が制御できない事態となっていた。しかし、西アジア・北アフリカ地域の緊張状態は短期間内に緩和する見通しは無く、今後、瞬く間にヨーロッパに入り込む難民の数は増え続け、EU は 2016 年末に 300 万人を突破すると予測している。難民危機はヨーロッパ経済回復にいくつかの不確定要素をもたらし、ヨーロッパ各国の経済社会は大きな試練に面している。

　依然として回復能力の欠けるヨーロッパに対し、難民危機は経済の大きな圧力となるに違いない。難民の大量増加は、ヨーロッパ国家の財政負担を増やし、公共財政生産に不利な影響を及ぼしてしまう。EU はこの 2 年で 92 億ユーロを難民危機対策に当てたが、ヨーロッパ大陸の面した苦境に対応するのは難しいだろう。関連機関の推算によると、ドイツ政府の難民に当てるコストは 210 億ユーロに迫る可能性があり、これは GDP の約 0.7%にあたる。ギリシャの難民コストは 40 億ユーロに達する見込みで、GDP の 2%に相当する。同時に、難民危機の発生はヨーロッパ社会の不安定性をより一層強め、ヨーロッパの投資環境にまで影響を与えた。これは、地域経済の活性化を切に求めているヨーロッパにとって、良いニュースではない。さらに、新たに入ってくる難民は元から緊迫していた雇用に割り込む可能性があり、雇用問題の悪化を引き起こし、自国国民の社会公共福祉を脅かしている。経済の軟化・不振に伴う人口激増は非常に危険な状態で、持続するヨーロッパの難民危機は、EU 経済の回復にダメージを与えるだけでなく、地域の安全形勢、社会安定などに課題をもたらし、投資者の EU 経済環境に対するパニックを引き起こしている。さらにヨーロッパ国際経済貿易の往来にダメージを与え、ユーロ下落の圧力が高まり、ユーロの国際地位を弱め、もし適切な措置が取られなければ加盟国間の対立がより激化し、分裂を生みかねない。

　もう一方で、難民の到来がヨーロッパ経済にもたらしたプラスの効果も無視できない。研究の結果、政府による難民事務の財政支出は国内の需要を刺激し、難民の到来はヨーロッパ国家の経済発展に活性化効果がでていることが分かった。2017 年の国内生産総価値が 0.1%増加する見込みで、難民の比較的多いオーストリア（＋ 0.5%）、スウェーデン（＋ 0.4%）、ドイツ（0.3%）がさらに多くの利益を得ている。同時に、現地の国民と難民は異なった雇用領域に携わったことで、大きな競争や衝突を生むこともなかった。IFM は最近、1 つの研究を表明し、難民危機はヨーロッパ経済発展、雇用市場と国家財政に与える影響には限りがあり、難民流入がヨーロッパ経済の中長期発展への影響は、難民をいかに迅速に雇用市場溶け込ませるかで決まるとした。これにより、各国が一連の流入サポート措置の採用を提案し、賃金コストのため補助、最低賃金水準の一時的な下降、個人経営者の負担の減少、人口流動制限の緩和、住居と教育方面のサポート等も含まれている。

第 2 章
人民元国際化の現状

　2015 年、人民元の国際化プロセスは加速していた。クロスボーダー取引での人民元の使用範囲と規模が大幅に増加し、人民元オフショア市場が勢いよく発展している。中国の国際金融協力は絶えず深化し、人民元レート形成メカニズムの改革は着実に推進され、中国経済の新常態（ニューノーマル）の下で、構造調整と制度改革が秩序的に展開され、資金価格の市場化改革は人民元の国際化のためにメカニズムの障壁をさらに取り除いている。2015 年 11 月 30 日、IMF は人民元の SDR 構成通貨入りを宣言し、人民元国際化の新たな道のりが始まった。

2.1　クロスボーダー貿易の人民元決済

　1、規模の緩やかな拡大、決済比率の小幅変動
　2015 年、クロスボーダー貿易の人民元決済規模は着実に拡大し、通年のクロスボーダー貿易人民元決済業務の累計発生額は 7 兆 2300 億元で、2014 年より 6800 億元、10.38%増加した。クロスボーダー貿易の人民元決済は中国の輸出入総額の 29.36%を占め、2014 年より 4.6 %増加した。
　世界経済の回復が鈍く、中国経済が下向き圧力に直面し、中国の輸出入は 2009 年以来初めての「双降」（ダブルの引き下げ）の局面となった。外部環境が非常に厳しいにもかかわらず、人民元が決済通貨として 2015 年には全体的に増加傾向を維持し、増加幅が明らかに緩み、かつ決済の占める割合が年中波動の特徴を持っていた。クロスボーダー貿易の人民元決済規模は、2014 年第 4 四半期の 3.04%から 2015 年第 4 四半期の 3.38%へと増加し、伸び率は 11.18%へと減速した。
　ドル高のサイクルに突入したことで、人民元の対ドル安が続いた。特に、人民

元レート制度の改革後、第3四半期に人民元建ての貿易決済規模が大幅に減少し、貿易総額で占める割合は10%下落した。。第4四半期の輸出入の貿易額の拡大に伴い、人民元レートが安定を取り戻し、人民元決済の割合が9月の水準に急速に回復した。第3四半期の人民元決済の世界シェアは過去最高の4.06%となった。

2、モノ取引の決済が主となり、サービス貿易の決済規模は小幅に増加した。

構造上から見て、モノ貿易は人民元のクロスボーダー決済の主流である。2015年、人民元で決済したクロスボーダーモノ取引の累計発生額は6兆39億元で、クロスボーダー貿易人民元決済の88.34%を占めた。人民元で決済したサービス貿易およびその他の経常貿易の累計発生額は8432億元で、クロスボーダー取引人

コラム 2—1　　　　　　　　**「一帯一路」諸国の人民元使用への意思増強**

貿易の円滑化は「一帯一路」構想の主要目標の1つである。2015年、中国と「一帯一路」沿線諸国との間の協力意思の深化及び実務協力の推進に伴い、「一帯一路」沿線国家の対中国貿易規模を大幅に拡大した。

中国商務部の統計によると、2015年、中国と「一帯一路」沿線国家の相互貿易総額は9955億ドルで、同時期の中国輸出入総額の25.1%を占めている。対中国貿易の依存度が比較的高い国にはモンゴル、ラオス、イエメン共和国などが含まれる。同時に、貿易増加を促進させるため、2015年、中国企業は「一帯一路」に関係する49か国と総計148.2億ドルの直接投資を進め、前年比で18.2%増加した。主な投資先は、シンガポール、カザフスタン、ラオス等の国である。対中貿易規模が拡大するにつれて、「一帯一路」沿線国家の人民元決済使用の意向がさらに強くなっている。2015年に中国銀行が行った「一帯一路」沿線国家企業の人民元使用意識調査では、参加した企業の73%が、人民元は重要な国際通貨になったという考えを示した。2014年にはこのような企業が64%しかいなかった。44%の企業が、人民元の国際的な地位が米ドルやユーロに近付いてきているという考えを示し、2014年と比べ、11%増加した。そして72%の企業が、対中貿易で人民元決済を使用すると答えた。中国は「一帯一路」沿線の大多数国家最大の貿易相手であるため、沿線国家にとって、中国との貿易、投資などの経済協力を強めることは、中方の資金と技術の導入が可能となり、さらに大きな貿易利益を獲得することができ、収入レベルを高めることができる。もしも企業が対中貿易の中でさらに多くの人民元または非第3通貨で決済を行った場合、価格安定は企業の対中国輸出額を増加させることを助け、さらに第3通貨がもたらす為替レートのリスクも回避することができる。これにより、さらに多くの国外企業が人民元使用を支持するようになった。

民元決済の 11.66%を占めた。人民元で決済したサービス取引は、小幅ではあるが緩やかに増加し、第 4 四半期の増加幅が比較的大きい。世界経済低迷の環境の下、2015 年 10―11 月の輸入出総額は明らかに減少し、クロスボーダー取引決済規模の縮小を引き起こしていた。クロスボーダーモノ取引の減少幅がサービス取引を大きく上回る中、サービス取引の人民元決済比率はわずかに増加していた。12 月、クロスボーダーモノ取引額とサービス取引額がいずれも回復した。

3、収支関係の初めての逆転、輸出人民元決済増加の加速

2015 年末、クロスボーダー取引の人民元決済業務の実際収入は 6 兆 1900 億元で、2014 年と比較して 3 兆 4600 億元、126.74%増加し、実際支出は 5 兆 9100 億元で、2014 年と比較して 2 兆 900 億元、54.71%増加していた。決済収支比は 2014 の 1.4 から 0.96 まで下降し、人民元の国際化が始まって以来、初めてクロスボーダー取引の人民元実際収入が支出を下回る局面となった。これは、海外企業の中国経済と通貨価値が中長期安定した人民元への信頼を反映しており、人民元国際化がより一歩前進したと言える。

2.2 人民元の金融取引

2.2.1 人民元の直接投資

1、人民元国外直接投資

2015 年、中国の海外投資規模と人民元の海外投資額は著しく増加した。商務部の統計によると、2015 年に中国国内の投資家は全世界 155 カ国・地域の 6532 の海外企業に対し直接投資を行い、非金融系の直接投資は累計 7350.8 億人民元（1180.2 億ドルに換算）を実現し、2014 年と比較して 16.3%増加した。その中で、人民元決済の対外直接投資額は 7362 億元で、2014 年と比べ 5496 億元、294.53%の増加となった。

中国経済は産業構造の調整と供給側の改革を行っている最中であり、国内外資源の合理的な配置が必要であり、国際生産能力の協力を強め続けなければならない。2015 年、対外の投資とは活発であり、対外直接投資の人民元決済規模も過去最高を更新した。2015 年、人民元決済の対外直接投資規模及びその割合は V 字に

上向いている。1―8月間の人民元対外直接投資規模とその割合は緩やかに上昇し、8―9月、人民元レートの中間価格形成メカニズムの改革の影響を受け、人民元の切り下げ幅が急速に拡大し、多くの企業が世界的な資産配置のペースを加速させた。さらに、人民元が直面する為替リスクを下げるために努力し、これにより、人民元の対外直接投資を851億元から2078億元に急増し、人民元国際化が始まった以来のピークに達した。人民元決済の対外直接投資の占める割合はそれに応じて急激に上昇した。9月以降、人民元の切り下げ予想が下火になり、人民元の対外直接投資額も徐々に減少した。さらに、中国の対外投資が回復し始めたことで、人民元決済の占める割合が減速した。

2、人民元外商直接投資

2015年、中国が実際に使用した外国人直接投資額は122億5000万ドルで、

コラム2―2　　　**国際生産能力協力による中国国外直接投資の急速な増加**

　経済グローバリゼーションと市場競争が日増しに激化する国際情勢の中で、「一帯一路」沿線の多くの途上国は、経済発展の差し迫った需要があるものの、後れているインフラ設備や技術条件の制約を受け、思い通りに発展することができていない。2015年3月、中国政府は『シルクロード経済ベルトと21世紀の海上シルクロード共同建設促進のビジョンとアクション』を発表し、周辺国家と全方位のコネクティビティ協力構想を打ち出した。同年5月、中国政府は『生産能力・設備製造分野における国際協力の推進に関する指導意見』を打ち出し、国際生産能力協力を国家戦略レベルにまで引き上げた。中国政府と沿線国家政府の実務協力を強め、生産能力協力基金を設立し、ブラジル、ペルーなどの10余りの国々と共同で生産能力計画を制定した。間違いなく、「一帯一路」沿線国家は現段階で中国が進める国際生産能力協力の重点である。商務部の統計によると、2015年中国非金融系の対外直接投資の総計は1180.2億ドルで、前年より14.7%増加し、国際生産能力協力の成果は目を見張るものがある。中国企業はシンガポール、カザフスタン、ラオス、インドネシア、ロシア、タイなど「一帯一路」沿線の49か国に直接投資を行い、投資額の総計は148.2億ドルで、前年より18.2%増加した。同時に「一帯一路」に関係している60か国と3987件の対外工事請負項目契約を新しく結び、契約総額は926.4億ドル、同時期の対外工事請負新契約額の44.1%を占め、前年と比べ7.4%増加した。実現した売上額は692.6億ドルで、同時期総額の45%を占め、前年より7.6%増加した。

　比較優位と現地の市場供給に基づき展開した国際生産能力協力は、相互に利益をもたらし、共に発展していった。中国と協力する国家の技術発展とビジネス環境の改善に役立ち、経済成長の加速を実現した。

2014 年より 66 億 9200 万ドル増加し、増加幅は 5.6%であった。外国人直接投資の主な源は、中国の香港・台湾、シンガポール、日本などの国や地域で、製造業、不動産業、金融業、卸・小売業に集中している。オフショア人民元市場の整備と拡大に伴い、人民元決済の外国人直接投資は 2015 年に著しく増加し、累計で 15871 億元に達した。これは、2014 年と比較して 7251 億元、84.11%の増加である。8 月の人民元レート形成メカニズム改革の影響を受け、外商はレート変動のリスクを避けるため、直接投資に人民元決済を大規模採用し、9 月の人民元外商直接投資額をピーク値まで上昇させた。

2.2.2 人民元の証券投資

1、国際債券と手形市場

　人民元国際化の推進と資本市場開放度の向上に伴い、パンダ債市場は 10 年以降初めての発行高潮期を迎えている。2015 年、中国銀行間債券市場でパンダ債を発行する国内外機構が全部で 6 行あり、発行総額は 155 億人民元で、過去最高を記録した。

　2015 年 9 月、中国政府は『企業の外債発行に係る備案登記制管理改革の推進に関する国家発展及び改革委員会の通知』を発表し、企業の海外債券発行条件を緩和し、企業の発行する外債の金額審査を撤廃し、備案登記制管理を実行した。利率の低い国外市場での企業の融資を奨励し、国内外での資金自由使用を許可し、重点領域と産業モデルチェンジ、グレードアップを支援している。外債管理制度改革はオフショア債券発行規模拡大に有利に働き、資本項目の兌換自由化が拡大していた。

　2015 年、人民元国際債券と手形資産が緩やかに増加した。2015 年末までで、人民元国際債券と手形資産は 1247.92 億ドルで、2014 年末と比べて 294.09 億ドル、30.8%増加した。人民元の国際債券と手形資産のシェアも 0.59%まで増加した。国際債券は国際資本市場の最も重要な構成部分であり、人民元国際債券と手形資産の緩やかな増加が、人民元の金融取引機能の着実な実現を表している。

　人民元の国際化プロセスは 2009 年の始動以来、驚異的な成果を上げたが、金融市場では強いネットワーク効果の影響を受け、現在、主流の国際通貨とは大きな差がある。2015 年末の時点で、世界の国際債券と手形残高のうち、ドルのシェアは 43.73%、ユーロのシェアは 38.48%、ポンドのシェアは 9.55%、日本円のシェ

アは 1.91%だった。人民元国際化の責任は重く道ははるか遠い、不断の開拓、整備が必要である。

　オフショア市場は人民元の国際債券発行の主要な場所である。2015 年には世界の多くの国際金融センターがオフショア人民元業務を展開した。オフショア人民元の預金規模は急速に拡大し、人民元建て国際債券発行のために良好な条件を作り出した。香港のほか、シンガポール、ロンドン、台北、ソウル、フランクフルト、ルクセンブルクなどの人民元オフショア市場への参加主体、製品はより多角化している。市場規模の拡大も顕著である。当然、香港も依然として最大の人民元オフショア市場であり、2015 年の香港地区の人民元建て債券の保有高は 2014 年末の 3860.87 億元から 3971.16 億元へと、2.86%増加した。このうち最も変化が目立ったのは金融債の保有高で、2014 年の 1112.27 億元から 2015 年の 1203.24 億元にまで増加し、市場シェアは 5 ポイント上昇した（表 2―1 参照）。

　ヨーロッパ現地の投資者の点心債発行量は全体発行量の 47%を占め、アメリカ 14%、中国 5%、その他の地域から 34%を占めた。アジア市場の外では、ルクセンブルクがすでに点心債発行の第 1 のオフショアセンターとなっている。2015 年に

表 2 ― 1　　　　　　　　　　2015 年香港人民元建て債券製品の規模と構成

類別	資産総額（億元）	シェア（%）	債権数（通）	シェア（%）
企業債	1761.22	44.35	154	43.88
国債	934.00	23.52	37	10.55
金融債	1203.24	30.30	152	43.31
転換社債	72.70	1.83	8	2.28
合計	3971.16	100.00	351	100.00

　資料出所：調査会社 Wind

発行された点心債は 31 通で、総規模は 110 億元である。発行債券数は 2014 年と比べ 34.78%上昇した。

　2、株券市場

　中国の金融構造は経済構造の調整に対応し、融資方式は間接融資から直接融資へと転換し、資本市場の融資機能は若干強化された。2015 年末の株券時価総額(A、

B株）は合計 53.1 兆元で 2014 年末と比べ 15.9 兆元、42.74%増加した。2015
年末の株式市場流通時価は 41.8 兆元で、2014 年末と比べて 10.2 兆元、32.27%
の増加となった。株価の全体水準の大幅な上昇は取引をさらに活発にさせ、出来
高が最高記録を更新した。2015 年上海・深圳両株式市場の累計取引高が 255.1 兆
元で、2014 年と比べ 180.7 兆元増加し、増加幅は 242.87%となった。1 日当た
りの取引高は 1 兆 453.03 億元で、2014 年と比べ 7416.65 億元増加し、増加幅
は 244.87%となった。

　2015 年、中国株式市場は非理性的な巨大な変動を起こした。高配当資産及び証
券信用取引のレバレッジが拡大し続け、市場に立ち込めた楽観感情が株式相場の
上昇を促進し、2015 年 6 月 12 日、上海総合指数が年内最高の 5178.19 点に達した。
中国証券監督管理委員会が場外配資および融資融券活動を規範した後、証券市場
は急速に下落し、上海総合指数が 2015 年 8 月 26 日に、年間最低の 2850.71 点
を記録し、わずか 2 か月の間に 44.9%も下落し、出来高も大幅に収縮した。

　2015 年に 219 社の会社が新規上場し、そのうち上証主板 （メーンボード）上
場企業は 89 社、深証中小板上場企業は 44 社、創業板上場企業は 86 社だった。
新上場企業は株式市場から 1 兆 766 億元の融資を受けた。すでに上場している会
社の第 3 者割当増資金額は、2014 年と比較して大幅に増加し、通期の増加額は
6709.48 億元に達し、増加幅は 66.43%となった（表 2―2 参照）。資本市場の融
資機能が強化されていた。

表 2 ― 2 　　　　　　　　中国株式市場調達資金金額

時間	初回発行金額			再調達資金金額					
	A株 （億元）	B株 （億ドル）	H株 （億ドル）	A株 (億元)				B株 （億ドル）	H株 （億ドル）
				公開発行	株式割 当発行	見做し配当	新株引受権 権利行使		
2013	0	0	113.17	80.42	2246.59	475.75	0	0	59.51
2014	668.89	0	128.72	18.26	4031.30	137.98	0	0	212.90
2015	1766.91	0	236.19	0	6709.48	42.33	0	0	227.12

資料出所：中国証券監督管理委員会

2015 年 11 月 18 日、上海証券取引所、ドイツ取引所グループ及び中国金融先物取引所がそれぞれ 40%、40%、20%の割合で合弁で設立した中欧国際取引所がフランクフルトにオープンし、人民元の金融商品を取引した。製品には、人民元ベースの中国 A 株指数を基にした ETF 制品と、中国銀行が発行する人民元金融債が含まれる。すでにドイツ証券取引所で取引されている 12 の中国市場関連 ETF や約 180 の人民元建て債券も、中欧国際取引所の取引プラットフォームに移転された。

　3、マーチャンダイズ市場

　2015 年第 4 四半期までに、世界金利マーチャンダイズ OTC 市場の未返済残高は 384 億ドルに達した。最も主要な通貨であるドル、ユーロ、円、ポンド、この 4 通貨の比率はそれぞれ 36.19%、30.69%、10.05%、9.93%である。前年の同時期と比べて、ドルと円の未返済残高と市場価格は明白に増加し、ユーロはかえって大幅に下落していた。ポンドの市場価格の比率増加幅は最も大きいが、未返済残高は減少していた。

　中国のマーチャンダイズ金融市場発展が停滞し、規模が縮小、先進国との差は依然として大きく、人民元マーチャンダイズは、未だに国際清算銀行で単独統計されておらず、その他通貨の枠組みに入れられている。

　表 2―3 が示すように、2014 年と比較した、2015 年世界金利マーチャンダイズ OTC 市場の発展の趨勢は、その他通貨の未返済残高と市場価値平均が明らかに上昇していた。その他通貨金利マーチャンダイズ OTC 市場の未返済残高比率は

表 2―3　　　　世界金利マーチャンダイズ OTC 市場通貨別構成（%）

通貨	金利マーチャンダイズ OTC 市場 未返済残高比率		金利マーチャンダイズ OTC 市場 市場価値比率	
	2014Q4	2015Q4	2014Q4	2015Q4
カナダドル	2.00	1.91	1.05	1.60
ユーロ	33.09	30.69	52.44	46.78
日本円	9.13	10.05	5.11	6.36
ポンド	11.28	9.93	11.71	13.66
スイスフラン	0.94	0.98	0.82	0.94
ドル	34.14	36.19	23.07	24.04
その他	9.42	10.25	5.80	6.63

　資料出所：国際清算銀行

第 2 章　人民元国際化の現状

コラム 2—3　　　　　　交通銀行の国際化戦略と海外営業の拡大

一、交通銀行の国際化戦略

1908 年に設立された交通銀行は、国際化を試みた中国国内の都市銀行の 1 つだ。創設当時から海外へ目を向け、1909 年にサイゴン代理店、香港支店、1910 年にシンガポール支店、ヤンゴン支店、1918 年に在日経理処、1939 年にランソン通信所、フィリピン支店、1941 年にカルカッタ支店を設立し、各国外支店機構はそれぞれ現地で良い評価を得ていた。

2009 年に再編・上場した交通銀行は「国際化・総合化の道を歩み、富の管理に特色を置く一流株式制度商業銀行グループをを建設する」の発展戦略（「両化一行」戦略）を確立し、海外業務体制を整備し続け、クロスボーダー金融サービス能力を強化し続けている。グローバル金融サービスプラットフォーム、越境資産管理プラットフォーム及び決済、清算及び融資センターを構築し、国際化発展が安定・高速に推進され、国内外が連動して越境人民元などの主力業務の競争優位性が明らかになり、「アジア太平洋を主体、アメリカ・ヨーロッパを両翼とした世界構造開拓」の国外機構ネット建設は良好な発展を遂げている。

2015 年末までに、交通銀行は香港、ニューヨーク、東京、シンガポール、ソウル、フランクフルト、マカオ、ホーチミン市、ロンドン、シドニー、サンフランシスコ、台北、トロント、ブリスベーン、ルクセンブルクに計 15 行の国外銀行機構を設立し、その中には 14 行の国外支店と 1 行の駐在員事務所が含まれる。国外経営ネットワーク拠点は 56 行に達している（駐在員事務所は含まない）。2015 年 5 月、交通銀行はブラジル BBM 銀行と BBM 銀行株券譲渡協議を結び、交通銀行の買収方式により設立された第一の海外機構となった。交通銀行の経営ネットワークはすでにアジア、北アメリカ、ヨーロッパ、オセアニア、ラテンアメリカにまで伸びている。現在、交通銀行は香港、ヨーロッパ、北アメリカ等の地域に機関設立を積極的に推し進めており、アフリカ、中東、東ヨーロッパなどの「一帯一路」沿線国家の規格研究に力を入れ、「一体両翼、世界開拓」の国際構造への整備を日々進めている。

二、交通銀行海外業務開拓

（1）「一帯一路」戦略への積極的な結合。交通銀行は、「一帯一路」戦略と密接に関係する国外機関の配置を進めた。自らの強みから、目標取引先、目標プロジェクトを明確にし、相応の製品システムとサービス能力等の強みを作り、十分に発揮している。交通銀行はリスク管理を重視し、プロジェクトに対し逐一リスク検査をするだけでなく、各国ごとにリスクの判別を行い、全面的に信頼のおける安全対策を提供している。安全制御の基板上、「一帯一路」戦略の各類金融需要に確実に答えている。

（2）取引先とともにあり続ける戦略。交通銀行は、国内の「走出去」企業の取引先と国外の優れた取引先、大型企業と中小企業、基礎企業とハイエンド企業、これら全てともに重視する原則を持ち続けており、「走出去、引進来」を勝ち取ろうとする取引先と、取引先の金融サー

ビス機会を重視している。また、グローバル化する取引先の発展戦略と、対国外取引先の開拓と擁護を結びつけ、現地市場開拓の正しい切り口を見つけ、現地業務資産シェアを拡大させた。さらに国外同業取引先の協力往来に力を入れている。「一帯一路」戦略をめぐる、国家開発銀行、中国輸出入銀行、中国輸出信用保険会社等との政策性金融機構の協力往来に力を入れ、金塊国家との新開発銀行の合作機会を積極的に探索している。

　（3）国内外連動を紐帯として、集団全体協力効果を発揮する。交通銀行は「1つの交通銀行、1つのクライアント」の理念を持ち、国内外機構を通して集団ネットワーク資源、クライアント資源、ルート資源、ブランド資源を共有することで、強大な協力効果を発揮し、クライアントに国内外、国内外通貨、オフショア、ニアショア、全方面一体化サービスを提供している。

　（4）人民元国際化のチャンスをつかむ。クロスボーダー取引分野で、交通銀行は国内外両方の市場を活用し、クライアントの周りに全取引チェーンの総合サービス方法を提供することで、クロスボーダー人民元資金の集中運用サービスを広く展開している。クロスボーダー投融資領域では、人民元資本業務領域の契機を把握し、人民元の項目融資中の運用を推し進めている。また、区域性金融の新しい政策を利用して、企業が展開したクロスボーダー人民元及び国内外貸付等の業務を後押ししている。金融市場領域では、内外部形勢と国外業務の実態を密接に結びつけることで、効果と規模、共通性業務と差別化業務、全方位連動と現地化経営、業務発展とリスク管理をそれぞれ結びつけることを原則とし、国際化戦略を着実に推し進めている。

8.47％から 10.25％に増加し、市場価値も 5.06％から 6.63％に上昇していた。これは、主な国際準備通貨のほかに、その他通貨のリスク回避ツールもさらに運用するべきことを表している。

　2015 年、人民元金利市場化改革は基本的に完成した。人民元レート形成メカニズムはますます市場化し、人民元金利とレートの変動幅の拡大が顕著である。人民元の為替リスクを回避する市場の切実なニーズに応えるため、オフショア人民元市場のマーチャンダイズのイノベーションが絶えず出現していた。例えば、2015 年 3 月 17 日、モスクワ取引所は人民元／ルーブル先物取引を発表した。7月 20 日、7 月 20 日、台湾先物取引所は 2 つの人民元レート先物商品を上場し、それぞれ、契約規模 2 万ドルの「小型ドル対人民元レート予先物」、及び契約規模10 万ドルの「ドル対人民元レート先物」である。

　現在、香港で取引されている人民元マーチャンダイズには 2 種類あり、ドル対人民元先物と中華 120 インデックス先物である。2015 年、ドル対人民元先物の取引総計は 262,433 枚で、2014 年と比べ 67,384 枚、34.55％増加し、中華 120インデックス先物の 2015 年取引総計は 27,427 枚で、四半期ごとの取引量は減少傾向にある（表 2―4 参照）。

第 2 章　人民元国際化の現状

表 2 ― 4　　ドル対人民元先物と中華 120 インデックス先物取引情況まとめ　　単位：枚

	2014 年				2015 年			
	第 1 四半期	第 2 四半期	第 3 四半期	第 4 四半期	第 1 四半期	第 2 四半期	第 3 四半期	第 4 四半期
ドル対 人民元先物	75498	33359	42843	53349	58303	34390	86580	83160
中華 120 イン デックス先物	9824	8678	10935	10756	14375	9403	3363	286

資料出処：香港連合取引所

　資金市場で、2015 年、人民元金利スワップ市場は活性化し続けており、更に取
引熱も上昇し続けていた。金利スワップ取引金額は 8.22 兆元に達し、2014 年と
比べ 4.18 兆元増加し、増加幅は 104％となった（表 2―5 参照）。

表 2 ― 5　　　　　　　　　　銀行間市場金利スワップ取引額　　　　　　単位：億元

	2014 年				2015 年			
	第 1 四半期	第 2 四半期	第 3 四半期	第 4 四半期	第 1 四半期	第 2 四半期	第 3 四半期	第 4 四半期
金利ス ワップ	8044.5	8908.5	39577.68	13786.59	16597.79	19319.37	22519.47	23721.98

資料出処：中国外貨取引中心

　2015 年、深セン 300 株価指数先物取引額は急速に増加し、取引総額は 439.67
兆元で、2014 年と比べ 276.54 兆元増加し、増加幅は 169.52％に達した。深セ
ン株価指数先物取引金額と深セン 300 指数の変動間に高い同時性を保っているこ
とから、深セン 300 株価指数先物が金利リスクの方面にプラスの効果を発揮し
ていることがわかる。国債は国外機関の投資者の主な投資先であるため、金利市
場化の完成後、金利リスクヘッジ機能を備える国債先物が市場の好評を得られ、
2015 年の国債先物取引額は 4.36 兆元となり、前年比で 396％増加した（表 2―6
参照）。

43

表 2 ― 6　　　　　　　　　　　　株価指数先物、国債先物取引情況　　　　　　　単位：億元

| | 2014 年 | | | | 2015 年 | | | |
	第 1 四半期	第 2 四半期	第 3 四半期	第 4 四半期	第 1 四半期	第 2 四半期	第 3 四半期	第 4 四半期
深セン 300 株 価指数先物	272821	275356	348607	734601	882766	1546583	977621	989717
国債先物	1083.95	1078.99	1322.63	5299.58	6778.97	7167.55	4334 .30	25314.17

資料出処：中国金融先物取引所

4、非居住者投資人民元金融資産

中国金融市場の段階的な開放に伴い、非居住者の株券と債券への投資熱が高まり、投資規模が徐々に拡大していた。現在、非居住者の人民元株券への投資には、適格海外機関投資家（QFII）、人民元適格海外機関投資家（RQFII）、滬港通（上海香港ストックコネクト）の 3 種のチャンネルがある。前の 2 種は機関投資家の使用に適しており、3 種目は個人投資家に適している。

2015 年、QFII と RQFII が急速に増加した。新しく増えた QFII は 20 件で、2014 年と比べ 7.27%増加し、総計は 295 件に達した。新しく増えた RQFII は 68 件で、2014 年と比べて 57.63%増加し、総数は 186 件に達した。

2015 年末までに、中国銀行間の債券市場へ参入した機関には、40 件の適格海外機関投資家、131 件の人民元適格海外機関投資家、84 件の海外銀行、16 件の海外保険会社も含まれていた。

2015 年、外資機関の参入した銀行間債券市場の現物取引総数は 177,625 件で、総計 15 兆 9316.55 億元である。

2015 年の株式市場の激しい変動と人民元の下落予測の影響を受け、非居住者投資の中国株券規模は激減し、中国居住者の投資海外市場規模は激増した。香港連合取引所のデータによると、2015 年 12 月、滬港通の取引金額は 625.27 億元となり、2014 年 12 月と比べ 46%減少した。2015 年 12 月、滬港通取引金額は 452.35 億香港ドルで、2014 年 12 月と比べ 145%の増加となった。

全体的に見て、人民元金融資産の持つ国際的魅力はますます大きくなっている。2015 年、海外機関と個人の持つ中国国内人民元金融資産数量は、ほぼ変化がなく、2015 年上半期、中国株価上昇の利益を得て、海外機構と個人の持つ海外株券、債券、

貸付などすべてが、ある程度増加していた。2015年下半期は、株価と人民元レートの下落により、海外機構と個人の持つ国内株券と預金がある程度減少した（表2―7参照）。

表2―7　　　　海外機構と個人の持つ国内人民元金融資産情況　　　　単位：億元

項目	2014Q1	2014Q2	2014Q3	2014Q4	2015Q1	2015Q2	2015Q3	2015Q4
株券	9790.76	10426.99	13332.98	15313.38	20121.46	24325.43	16782.28	16513.76
債券	14003.20	16295.90	17979.59	19600.92	21345.98	22478.36	23402.83	22718.63
貸付	21299.51	24945.63	26129.73	24900.87	26174.44	26899.73	28661.28	26942.65
預金	55576.06	60215.43	65126.38	70538.32	63386.11	63844.34	54574.54	46635.06

注：株券市場価格残高は、非居住者が滬港通を通して所有する株券市場価格残高を取り入れて統計を取っている。

2.2.3 人民元の海外信用貸付

2015年末までに、中国国内金融機関の人民元海外信用貸付残高が3153.47億元に達し、2014年と比べて58.49%増加した。新しく貸付した金額は139.74億元で、2014年と比べて27.84億元増加した。金融機関貸付の中で、人民元海外信用貸付が占める割合は0.34%で、2014年よりも増加速度が上がっていた。人民元の海外信用貸付が大幅に増加した背景に、中国国外の人民元金利が下がり、人民元の切り下げ予測があり、企業は融資コストを下げるため、人民元の海外借款需要を増やした。この傾向は8月の人民元為替レート改革後に特に顕著に現れ、海外の人民元融資規模を大幅に推進し、人民元融資が総融資に占める割合が上昇した。

クロスボーダー人民元借款には中国国内の金融機関が発行する域外の融資が含まれるだけでなく、海外金融機関が中国国内企業に発行する人民元の融資も含まれる。中国国外での人民元金利は中国国内より低いため、中国国内の企業はクロスボーダー人民元融資を強く希望していた。2013年、中国人民銀行は、すでに上海自由貿易区、深セン前海及び昆山試験区の3つの地域内の企業が海外の金融機関から人民元融資を行うことを承認した。この措置は、2014年に新たな展開を見せ、天津、広州、雲南の部分試験区の企業が、東南アジア及びその他人民元オフ

ショア市場で、クロスボーダー人民元貸付を行う許可を得た。2015 年、中央銀行は、広東南沙、横琴自由貿易区でのクロスボーダー人民元貸付業務試験区の開拓を許可し、さらに、この地域内の企業が香港・マカオの銀行から人民元資金を借り入れることを許可した。資金の使用範囲は区内、或いは国内に制限されるが、区内の生産経営、区内プロジェクター建設、及び区内企業の海外プロジェクト建設等も含まれ、資金の投入先を国家マクロ調整に適応した情勢と産業政策へ導いた。これらの貸付市場をさらに開放していく政策は、2015 年の人民元海外貸付残高が大幅に増加したことの一因でもある。

2.2.4 人民元の外貨取引

2015 年、中国人民銀行は人民元レート中間価格の形成メカニズムを改革し、2015 年 8 月 11 日から、マーケットメーカーは毎日、銀行間外貨市場の寄り付き前に、中国外貨取引センターが知らせるオファー値を、前日の銀行間外貨市場の最終レートを参考にし、対応させる。前日の国際主要通貨、及び外貨供給情況への微調整と結び付け、基本的な市場改革目標を実現した。為替レートの変動幅が拡大し、同時に米 FRB の利上げ予測の影響を受け、市場で人民元対国外通貨の取引量は増加した部分や減少した部分もあった（表 2—8 参照）。人民元の先物取引額は 4.86 兆ドルに達し、前年比で 18.23%の増加となった。

表 2 — 8　　　　2015 年銀行間外貨先物市場の人民元対各通貨取引量　　　　単位：億ドル

通貨	ドル	ユーロ	日本円	香港ドル	ポンド	豪ドル	ニュージーランドドル	シンガポールドル	カナダドル	リンギット	ルーブル	スイスフラン
取引量	46131	678	537	2 78.97	1245	160	27	605	20	2	35	23
同比	19%	33%	—27%	—15%	—44%	—34%	—39%	345%	818%	23%	—11%	—44%

資料出所：調査会社 Wind

マーチャンダイズは、レートリスク管理での効果により、ますます重視されている。中国外貨市場のマーチャンダイズの中では、金利スワップの取引量が最大で、取引通貨の大部分がドルである。2015 年、外貨市場での人民元対ドルスワップ取引量は 8.34 億ドルで、前年と比べて 3.88 兆ドル、86.9%の増加となった。人民

元対ドル先物取引量は 371.99 億ドルで、2014 年と比べ 156.46 億ドル、29.6%
減少した。

2015 年、外貨取引量は 1915.18 億ドルで、前年比で 267.62 億ドル増加し、増
加幅は 16.24%となった。その中で、ドル対ユーロの取引規模が最大で、取引量は
841.41 億ドルに達し、外貨取引量総額の 43.93%を占めた。

2015 年 9 月 30 日、中国人民銀行が、海外中央銀行（通貨当局）とその他の公
的な準備管理機構、国際金融組織、主権財務基金の法に基づいた中国銀行間外貨
市場へのコンプライアンス参入を開放し、直物、先物、スワップ、オプション内
の種類を含む外貨取引を展開している。これらは、人民元資本項目の兌換可能化
と人民元国際化の重要な措置であり、外国中央銀行が政府準備の中に持つ人民元
資産に条件を作り出している。各国中央銀行内の重要国際金融機関の中国銀行間
外貨市場への参入を含み、人民元ニアショア市場の取引量を大きく引き上げ、銀
行間人民元レートの代表性を高めた。

2.3　世界の外貨準備高に占める人民元の割合

2.3.1 中央銀行レベルで通貨金融協力を強化する

2015 年末までに、中国人民銀行はすでに 33 の国と地域の通貨と通貨スワップ
協定を結び、通貨スワップ残高は 3.31 兆元となった。その中で、中国人民現行と
ベラルーシ、アラブ首長国連邦、トルコ、オーストラリア、ウクライナ及びイギ
リスと 2 度目の協定を結び、マレーシアとは 3 度目の協定を結んだ。2014 年と
比較すると、新たに増えた国と地域はスリナム、アルメニア、南アフリカ、チリ、
タジキスタンの 5 か国である。発達経済体間での、危機に応対することを旨とし
た通貨スワップ協定とは違い、中国人民銀行と国外通貨当局が結ぶスワップ協定
の目的には、地域金融安定だけでなく、双方の貿易と投資の促進も含まれている。

中央銀行の間で通貨スワップを締結するほか、クリアリング銀行制度も市場で
人民元の流動性を保障した。2015 年、中国人民銀行はクアラルンプール、バンコ
ク、シドニー、カタール、チリ、南アフリカなどに人民元クリアリング銀行の設
立の権利を与え、現地使用する人民元に利便性と支援を提供した。2015 年 11 月

30 日、アメリカの多数の金融および財界の指導者は、人民元の取引と清算作業グループを設立し、アメリカの機関が人民元決済・受取が使用できるよう、取引コストを低減し、効率を向上させるために、アメリカで人民元の取引と清算メカニズムを確立することを検討すると発表した。

2.3.2　国際準備通貨の多元化

IMF は、政府外貨準備を「分類がなされている通貨」（AllocatedReserves）と「分類がなされていない通貨」（UnallocatedReserves）の 2 つの部分に分けた。IMF は、

コラム 2—4　　　　　　　　**人民元資産の国際的な吸引力の増加**

　人民元国際化が掘り進められていくにつれて、人民元資本勘定の開放レベルは高まり、人民元はバスケット構成通貨に対しての為替レートの安定を取り戻しつつある。2015 年、人民元資産は国際金融機関と投資家の大きな支持を受けたことにより、国際吸引力の増加が顕著となった。

　最初に、人民元資本項目の兌換可能化は拡大し続けていることである。すでに直接投資に係る外貨管理の行政ライセンスは、基本的に取り消され、個人と「ホットライン」の項目に関わるごく少数以外の、85％の資本項目は兌換可能化が実現している。国外資金は QFII、RQFII、滬港通を通して証券取引を行うことが可能で、外国中央銀行内の国際金融機関が中国銀行間債券市場へ参入する許可を得ることも含まれ、非居住者の人民元株券と債券の金額は大幅に増加した。

　次に、人民元が SDR 通貨バスケットに加入したことである。これは、人民元が正式に政府準備通貨の 1 員となったことを示し、世界各国の人民元に対する信頼を強め、人民元の国際通貨システムにおける競争力を高めるのに有利となった。オフショア市場の人民元製品はますます豊かになり、取引に参入する主体は増え続け、金融機関、企業、個人の人民元資産に対する需要が著しく拡大した。

　最後に、資本市場は着実に対外開放し、海外の中長期資金を引き寄せて A 株に投資する。A株投資家の構成を最適化し、資本市場の緩やかな発展を促進させ、これは中国の資本市場の対外開放の一貫した政策である。MSCI 社は 2015 年 6 月 9 日、ジュネーブで 2015 年の世界市場分類評価の結果を発表し、中国の A 株は世界基準指数のレールに入ったという。2015 年 11 月 12 日に発表された半年審査のレポートでは、MSCI は、中国の 14 の概念株を傘下の中国指数や新興市場指数に初めて取り入れた。ひとたび、中国の A 株を国際著名指数に取り入れれば、中国資本市場の国際的影響が広がり、海外長期機関投資家の A 株市場への投資を推進させるだろう。

各国の公的な備蓄分の累計シェアが1%を超える通貨を「分類がなされている通貨」の外貨保有高の統計に含ませた。2015年末、「分類がなされている通貨」の外貨準備は6.81兆ドルで、世界の公的外貨準備高総額の62.3%を占め、「分類がなされていない通貨」の外貨準備は4.11兆ドルで、世界の公的外貨準備高の37.6%を占めた。2014年と比べると、「分類がなされていない通貨」の外貨準備の割合が約10%減少した。

「分類がなされている通貨」の外貨準備のうち、ドルは4.36兆ドル（64.02%）、ユーロは1.35兆ドル（19.82%）、ポンドは0.33兆ドル（4.84%）、日本円は0.28兆ドル（4.11%）、スイスフランは210.34億ドル（0.3%）、カナダドルは0.13兆ドル（1.90%）、豪ドルは0.13兆ドル（1.90%）であった（表2—9参照）。2014年と比較して、ドル、ポンドの準備通貨の地位は大幅に下降し、下がり幅は2.3%を超えていた。その他通貨の変化は小さく、地位も比較的安定していた。

表2—9　　　　　　　　**世界の政府外貨準備の通貨別分布構成 (%)**

	2014				2015			
	Q1	Q2	Q3	Q4	Q1	Q2	Q3	Q4
世界の外貨準備	100	100	100	100	100	100	100	100
分類がなされている通貨の外貨準備	52.69	52.65	52.56	52.45	53.02	58.14	58.96	62.30
米ドル	60.80	60.73	62.37	62.88	64.17	63.77	63.98	64.02
ユーロ	24.33	24.09	22.60	22.21	20.80	20.50	20.34	19.82
日本円	3.93	4.03	3.96	3.96	4.20	3.81	3.77	4.11
ポンド	3.86	3.88	3.85	3.80	3.91	4.69	4.72	4.84
スイスフラン	0.26	0.27	0.27	0.28	0.29	0.3	0.28	0.30
カナダドル	1.87	1.99	1.93	1.91	1.84	1.92	1.89	1.90
豪ドル	1.89	1.92	1.88	1.81	1.73	1.90	1.89	1.90
その他通貨	3.05	3.10	3.14	3.14	3.07	3.11	3.19	2.99
分類がなされていない通貨の外貨準備	47.31	47.35	47.44	47.55	46.98	41.86	41.04	37.70

注：①「分類がなされている通貨」の外貨準備はCOFERデータバンクから算出：各通貨の外貨準備構成は、通貨の外貨準備額と「分類がなされている通貨」の外貨準備の割合に相応しており、この計算方法はIMFと同様である。

②「分類がなされていない通貨」の外貨準備は外貨準備総額と「分類がなされている通貨」の外貨準備との差である。

資料出所：IMFCOFERデータバンク、IMF『国際金融統計』

2015年11月30日、IMF理事会は、人民元のSDR通貨バスケット入りを決め、SDR通貨バスケットはドル、ユーロ、人民元、円、ポンドの5種通貨まで拡大した。人民元はSDR通貨バスケットにおける配当は10.92%で、ドル、ユーロ、円、ポンドの配当はそれぞれ41.73%、30.93%、8.33%、8.09%である。新しいSDRバスケットは2016年10月1日に発効する。SDRに人民元が加入したことで、SDRの代表性と魅力の増強に役立ち、現行の国際通貨システムの整備につながった。

すでに数10か国の政府準備に人民元が取り入れられている。2015年6月24日、モンゴル政府が初めて発行する海外人民元建て債券は10億元で、期間は3年間で額面価格で発行され、額面価格と収益率はいずれも7.50%だ。11月27日、中国銀行間市場取引商会は、中国銀行間債券市場でカナダ・ブリティッシュコロンビア州が発行した、60億元の人民元債券の登録を受け入れた。12月15日、韓国政府が中国銀行間債券市場で30億元の3年期人民元債券を発行し、落札金利は3.00%で、これは、はじめて国外主権国家が中国国内で発行したパンダ債である。外国政府は人民元建て債券の発行を通して、人民元を外貨準備資金に取り入れるようになり、人民元の国際準備通貨機能が強化されたことを表している。

2.4 人民元の為替レートと中国資本口座の開放

2.4.1 人民元レート制度改革

中国は2005年から人民元レート形成メカニズムの改善に力を注いできた。市場のニーズに応じて人民元レートに弾性を持たせた。2015年8月11日、中国人民銀行が再び人民元レート形成メカニズムを改革し、マーケットメーカーに毎日銀行間外貨市場の寄り付き前、前日の銀行間外貨市場の最終レートを参考に、外貨供給情況及び国際主要通貨レートの変化を考え、中国外貨取引センターに基準値を報告し、人民元対ドルレート基準値の市場化水準と基準性を強化することを要求した。その後、中国政府は外国為替市場への直接介入をほとんど行わず、より多くの市場メカニズムを発揮して人民元の為替レートを確定してきた。値決め構造の変更により、目標為替レートの基準通貨が、従来の単一通貨であるドルからバスケット構成通貨に変更された。SDR構成通貨を選択した根拠は、中国の対

第 2 章　人民元国際化の現状

外貿易、外債、外国人直接投資などの経済貿易活動で大きな比重を占める主要国、地域及びその通貨である。市場参加主体は一定の時間をこれらの変化に適応する必要があり、2015 年下半期には人民元レートの変動が大きく、大きな外部効果を引き起こした。

　中国政府はまた、人民元レートの市場化改革に合わせて、外国為替市場の発展を加速させる措置を取った。例えば、外貨製品を豊富にする、外貨市場の対外開放を推進する、外貨取引時間の延長する、適格海外主体を導入するなど国内外で一致し、オフショアと人民元のレートが合理的に連動するメカニズムの形成を促進した。外貨市場の発展状況と経済金融形勢をもとに、人民元レート相互変動の柔軟性を強化し、人民元レートを合理的でバランスのとれた水準に安定させていた。2015 年の人民元為替レート形成メカニズム改革を通して、市場レートの効果をより発揮し、市場供給を基礎、バスケット通貨を参考とした調節、管理する変動レートシステムを整備した。

2.4.2　人民元レート水準

　1、人民元の為替レートの基準値

　2015 年、中国内外の為替市場で人民元と直接取引される通貨は、2014 年の 11 種類から 12 種類に増え、それぞれドル、香港ドル、円、ユーロ、ポンド、リンギット、ルーブル、豪ドル、カナダドル、NZ ドル、シンガポールドル、スイスフランである。

　2005 年 7 月に人民元の為替レートの形成メカニズム改革が始まってから、人民元の対ドルレートは上昇の勢いを見せていた。2015 年、米国経済データの改善と米 FRB の利上げの影響を受け、グローバル資本が米国に戻り、人民元がドルに対して切り下げを開始した。8 月に人民元為替レート改革が実施されるまでは、ドル対人民元レートの基準値は、6.1―6.2 の区間で乱高下した。8 月 11 日、中国人民銀行がドル基準値オファーを調整する方式を発表した後、ドル対人民元レートの基準値は 6.4085 まで急速に上昇し、その後上がり幅はある程度狭まったが、やはり変動は激しかった。12 月 31 日の取引終了時は 6.4936 と、2014 年の同時期の 6.119 と比べて、人民元対ドルレートは 5.77％も下落した。香港ドル対ドルレートが、カレンシーボード制を採用したことにより、人民元対香港ドルレートと対ドルレートの足取りがほぼ一致し、2015 年は基本的に変動可能な上限水準で、人民元対香港ドル基準値が 5.84％下落した。

51

人民元対ルーブル、リンギット、カナダドル、NZ ドル、豪ドルレート基準値は、それぞれ 11.31、0.66051、4.6814、4.4426、4.7276 で、前年同時期と比べ、24.92%、16.42%、12.69%、8.12%、6.13%上昇した。

2015 年末までの、ユーロ、100 円、シンガポールドル、ポンド対人民元の基準値は、それぞれ 7.0952、5.3875、4.5875、9.6159 である。2014 年末と比較し、人民元対ユーロ、シンガポールドルレートの基準値は、それぞれ 5.08%、1.14%上昇し、人民元対円、ポンドレートの基準値は、それぞれ 4.65%、0.75%下降した。2015 年の 1 年間、この 4 種の通貨対人民元レート基準値は大きく変動し、最高値と最低値の差は大きく広がった。ユーロ、ポンド、円、シンガーポールドル対人民元レート基準値の年内変動幅（前年末レートを分母として、年内レートの最大値と最小値との差の割合）は、それぞれ 12.26%、11.12%、9.42%、4.72%に達した。

2015 年 11 月 10 日、人民元とスイスフランの直接取引が始まり、スイスフラン対人民元レート基準値は基本的に小さな変動幅を維持し、2015 年末までに、人民元対スイスフランレートは 0.92%上昇した。

2、名目実効為替レートと実質実効為替レート

国際清算銀行のデータによると、2015 年末の人民元名目実効為替レートは125.9 で前年同時期の 121.46 と比べ 3.65%上昇した。財政インフレを差し引いた後の実質実効為替レートは 130.11 で、2014 年末の 125.36 と比べ 3.78%上昇した。これは、中国の主要貿易相手の貿易加重平均通貨バスケットと比べ、人民元は依然として堅調である。もし 2015 年 7 月の人民元レート制度改革開始から計算すれば、人民元名目実効為替レートと実質実効為替レートは、それぞれ 43.14%、53.34%上昇している。

2015 年末までの円、ユーロ、ポンド、ドルの名目実効為替レートは、それぞれ78.52、96.40、114.75、120.10 である。円、ポンド、ドルの対外総合価値は大幅に上昇し、通貨価値も堅調で、2014 年と比べ、この 3 種通貨はそれぞれ 5.17%、5.31%、10.82％上昇した。反対にユーロの通貨価値は下落傾向にあり、名目実効為替レートは、2014 年比で 4.42%下降した。

3、オフショア人民元 CNH

2015 年度のドル対オフショア人民元レートは「竜頭蛇尾」で、オフショア人民元レート最高値が 6.6123、最低値が 6.0150、変動幅が 9.93%であった。2015年 12 月末のオフショア人民元レートは 1 ドル＝人民元 6.5687 元で、2014 年 12

月末の 6.2128 と比べ、オフショア人民元対ドルレートが 5.72% 下落した。ニアショア市場とオフショア市場は分割されたものであるために、2 つの市場レートで CNY と CNY 変動の不一致を引き起こし、その間に価格差が生まれた。さらに、中国国内外の人民元通貨市場の供給状況、金利差の変化などに伴い、この価格差はさらに変動した。例を挙げると、2015 年 9 月 7 日、CNY が CNH よりも 1130 ベーシスポイント低くなり、2015 年 9 月 29 日、CNY が CNH と比べ 166 ベーシスポイント高く、ニアショアとオフショア人民元レートの価格差は最高の 1296 ベーシスポイントに達した。

2015 年期間全体を通して、CNY と CNH の価格差は拡大、縮小、拡大を繰り返し、多くの時間 CNY が CNH を下回った。これは、海外市場の人民元下落幅が更に大きくなったことを表している。

人民元金利市場化が基本的に完成した背景のもと、CNY と CNH 間の価格差変化は、資本移動に顕著な影響を与えた。一方では、中国国内外の人民元金利差が狭まり、人民元クロスボーダー移動の利食い動機が弱まった。もう一方では、人民元対米ドルレートが徐々に下落していく中で、国内外の為替差が明らかに拡大し、人民元資金に対するクロスボーダー移動の影響が強まっていった。

4、人民元 NDF

外貨管制の国家では、外貨は通常、自由に両替することはできず、為替レート変動のリスクを避けるため、20 世紀 90 年代に NDF 取引が出現し、人民元、ベトナム・ドン、インド・ルピー、フィリピン・ペソ等の新興市場通貨にもすべて、NDF などの派生ツールが現れた。シンガポールと香港の人民元 NDF 市場は、アジアで最も主要なオフショア人民元先物市場であり、この市場の市況が、国際社会の人民元レート変動予測に反映される。人民元 NDF 市場の主要参入者は、欧米等の大きな銀行と投資機関であり、彼らのクライアントは中国に大規模な人民元収入を持つグローバル企業で、本部を香港に置く中国内地の企業も含まれる。

2015 年に入り、人民元の満期ごとの NDF は 2014 年の動きを継続したが、変動幅が拡大した。具体的には、人民元の NDF レートは第 1 四半期に上昇し、その後第 2 四半期に下落した。第 3 四半期はまず安定的に運行し、人民元レート形成メカニズムの改革後、NDF レートは飛躍的に上昇した。第 4 四半期に入ってから、人民元の NDF が小幅の調整を行った後、上昇を続けた。

2015 年 12 月末までに、1 月、3 月、半年、1 年の人民元 NDF の毎日総合終値は、それぞれ 6.560、6.630、6.705、6.79 で、上記 4 つの期限の NDF 取引の中

| コラム 2—5 | CFETS 人民元レート指数の発表 |

　2015 年 12 月 11 日、中国外貨取引センターが正式に発表した CFETS 人民元レート指数には、社会から見た人民元レートの視点転換に対し、重要な意義を持っている。計算方法について、CFETS 人民元レート指数は、CFETS 通貨バスケットを参考にして計算し、その中には、中国外貨取引センターが上場した、各人民元対外貨取引通貨レート（その内通貨バスケット内でドルが占める割合は 26.40%、ユーロは 21.39%、円は 14.68%、香港ドルは 6.55%、ポンドは 3.86%、豪ドルは 6.27%、NZ ドルは 0.65%、シンガポールドルは 3.82%、スイスフランは 1.51%、カナダドルは 2.53%、リンギットは 4.67%、ルーブルは 4.36%、バーツは 3.33%）も含まれ標本通貨の配当計算には、中継ぎ貿易の要素である貿易配当法を採用している。標本通貨価値は当日の人民元外貨レート基準値と取引参考価格である。指数基準日は、2014 年 12 月 31 日で、基準日の指数を 100 点とする。

　長期にわたって、市場が見てきた人民元レートの視点は、主に人民元対ドル、双方のレートである。このレート変動によって、多くの貿易相手国との貿易と投資を調節されるため、人民元対ドル双方のレートが、決して貿易品物の国債レート全面に反映されることはない。つまり、人民元レートは、ドルだけを参考にするのではなく、通貨バスケットも参考にしなければならない。レート指数が 1 つの加重平均為替レートとして、主に 1 つの通貨対海外通貨バスケット・加重平均為替レートの変動計算に用いられ、更に全面的にその貨幣の価値変化を反映させることができる。通貨バスケットと単一通貨の参考を比較することで、一国の商品とサービスの総合競争力に反映させることができ、レートによる輸出入、投資及び国際収支の調節効果を発揮させることもできる。CFETS 人民元レート指数の発表は、市場から見た人民元レートの視点転換に量化指数を提供し、更に全面的且つ正確に市場変化に反映されている。国債経験から見ると、為替レート指数には、通貨当局から発表するものがあり、米国連邦準備基金、欧州中央銀行、イングランド銀行等がその国の為替レート指数を発表している。また、仲介機関が発表するものもあり、例えば、大陸間取引所（ICB）が発表したドル指数は、すでに国際市場の重要な参考指標となっている。中国外貨取引センターが発表する人民元レート指数は、国際的に通用することのできるものである。

　2015 年以降、CFETS 人民元レート指数の趨勢は安定しており、12 月 31 日の指数は 100.94 で、2014 年末から 0.94％上昇していた。2015 年以降、人民元対ドルレートが下落したが、人民元対通貨バスケットレートは、小規模ではあるが上昇し続けており、人民元は国際主要通貨の中で優位な通貨に属している。市場を違う視点で人民元実効レートの変化を見やすくするために、中国外貨取引センターは、BIS 通貨バスケットと SDR 通貨バスケットを参考にして計算し、それぞれの人民元レート指数を出した。12 月末までの指数を 2014 年末と比較すると、それぞれ 1.71％の切り上げと、1.16％の下落であった。

　中国外貨取引センターは、定期的に CFETS 人民元レート指数を発表し、市場を人民元対ドル双方レートに重きを置く習慣の改善を導き、通貨バスケットを参考に計算した有効レートを、人民元レート水準の主要参照システムとして、人民元レート水準の最適なバランスを保つ働きをしている。

で、2014 年の同時期と比べた人民元対ドルレートは、それぞれ 6.26％、6.42％、6.63％、6.44％下落した。これは NDF 市場の人民元下落予測が依然としてニアショア・オフショア市場で高いことを意味している。

　以上述べたことをまとめると、2015 年からの 1 年間の趨勢を見て、ドルの強い趨勢と人民元レート構造改革の影響を受けたことにより、人民元の切り上げ予測が打ち破られ、各種影響因子が市場に反映されていた。さらに、人民元対主要通貨に異なる程度の相互変動が出現し、変動幅と柔軟性が増加した。オフショア人民元とニアショア人民元レートのバラつきを、徐々に最適範囲に戻し、人民元実効レートが小幅上昇し、人民元の安定性は揺るがなかった。

2.4.3 中国資本勘定開放度合いの測定

　Epstein と Schor（1992）が、最も早く AREAER を使用し資本管理レベルを評価し始め、Cottarelli と Giannini（1997）が AREAER の資本管理情報量化を 2 元変量とし[1]、算術平均による資本勘定開放度の計算を行った。この方法はあまりに粗雑だったため、得られた結果の信用度は低く、本書では現在主流となっている、4 階級約束式法[2]を採用し、中国名目資本勘定の開放のレベルを測定した。

　『2015 年為替レートの手配と為替の制限年報』の中で、中国の 2014 年度の資本勘定管理に関する記述によると、2013 年から引き継ぎ、2014 年の中国資本勘定両替不可項目は、主に非居住者参入国内通貨市場、グループ投資類の証券、派生ツールの販売と発行の 3 つに集中している。部分的に両替可能な項目は主に、

1　0/1 仮想変量は、もし資本勘定項目が管理されている場合 0、そうでない場合は 1 と記入する。

2　計算公式：open＝$\sum$ nip(i)/n. 式中の、open は資本勘定開放度を表しており、0 から 1 の値をとる。値が小さいほど資本勘定開放度が大きい。N は資本項目開放中に考慮される資本取引項目の総数を表し、ここでは中国の、11 件の資本大項目取引中の 40 件の資本小項目取引を表示している。p（i）は i 小項目の開放度を表し、4 段階サンプリング法を用いて、各小項目に代入する。p（i）=1 は資本項目が管理されていないことを表し、資本項目取引または両替に基本的な管理がされてないことを指す。p（i）=1/3 は制限が多いことを表し、多くの取引主体または大部分の資本項目が制限を受けていることを指す。p（i）=2/3 は資本取引項目管理が少ないことを表し、個別取引主体または少数資本項目取引が制限を受けていることを指す。p（i）=0 は厳しい管理を表し、取引項目を不許可または禁止していることを示し、明確でない法律規定を含むが、実質操作中で取引項目を不許可・禁止している。その他に、AREAER 中で少数項目、管理はあるが、具体的な情報はない場合は 1/2 を代入する。

債券市場、株式市場取引、不動産取引、個人資本取引などの方面に集中している。4階級約束式法を用いて計算を行い、同時に細かい変化まで考慮し、『2015年為替レートの手配と為替の制限年報』の記述から計算した結果、中国の資本開放度合は0.650 2となった（表2—10参照）。

2. 4. 4　資本項目の開放度合いの変化

2013年と比較し、2014年は、「資本市場における証券取引に対する規制」、「グループ投資類証券の管理」、「金融融資の管理」、「担保、保証、準備融資便利の管理」、「直接投資の管理」、「不動産取引の管理」の6つの大項目が緩和された。具体的に見ていくと、資本項目の40小項目中、10小項目に明らかな変化が見られ、これは中国の資本勘定の更なる開放推進を表している。

「資本市場における証券取引に対する規制」という大項目を例に挙げる。

「株式売買或いは株式参加性質のその他証券」の第1小項目「非居住者の国内購入」では、2015年6月までに、RQFIIの総投資限度額が9700億元まで引き上げられ、2014年末の7700億元を超えた。QFIIの著しい拡大後、RQFIIも徐々に拡大の趨勢を見せている。

「株式売買或いは株式参加性質のその他証券」中の第3小項目「居住者の海外購入」では、「企業は国外と国内合わせて、株券及び株券型基金の総合投資を、前季末の総資産の30%（以前は20%）を超えてさせてはならない」を「QDIIが人民元使用する際、海外投資の制限と配当額が取り消された」に調整された。IMFが発表した『2015年為替レートの手配と為替の制限年報』に記述されている2014年の資本勘定管理情況により、時間が1年遅れ、2014年の当期値と比べ、本書で推計した資本勘定水準は保守的である。2014年2月18日、中国人民銀行の「自由貿易区金融30条」細則により、中国（上海）自由貿易試験区決済機関は、クロスボーダー人民元決済業務を始動、2014年2月21日、中国（上海）自由貿易試験区は、人民元クロスボーダー決済業務拡大推進会を開き、2014年3月16日、中国国外の非金融企業は中国国内で初めて人民元債券を発行、2014年4月10日、証券監督管理委員会が発表した公表に「滬港通」の原則及び制度を論述、2014年11月17日、上海と香港証券市場で相互接続が開始、など。これらは、当時の中国資本勘定管理の水準がより緩和され、資本勘定の開放がさらに力強く推進されたことを表していた。また、中国人民銀行などの関連機関は資本勘定開放の描述をすで

第 2 章　人民元国際化の現状

に大きく調整しており、翌年の資本勘定開放度合いはさらに大きな変化を見せる
だろう（表 2—11 参照）。

表 2 — 10　　　　　　　IMF 定義の 2014 年中国資本管理の現状

資本取引項目	2014 年
1.資本市場証券取引の管理	
A.株式売買或いは株式参加性質のその他証券	
（1）非居住者の国内購入	QFII 投資国内 A 株が満たすべき条件：① QFII を通した上場企業の外国個人投資家の所有権は、企業持株の 10％を超えてはならず、すべての外国投資家の所有する上場企業 A 株は 30％を越えてはいけない。② QFII の総投資限度額は 1500 億ドルである。③ QFII を通して押し出された年金基金、保険基金、共同基金等の主な期限は 3 ヶ月である。B 株は米ドル或いは香港ドルに基づいて価格計算し、証券取引所で上場されることで、外国投資家は購入することができる。RQFII は国外募集する人民元投資国内証券市場に使用される。2014 年 11 月 17 日より、一定の条件と制限の下で、香港の投資家は上海証券市場に投資することができるようになった。
（2）非居住者の国内販売または発行	非居住者は A 株と B 株を販売することができるが、発行することはできない。
（3）居住者の国内購入	保険会社は海外投資活動を行うことができるが、定額は前季度の総資産の 15％を超えてはならない。この比率には株券、債券、基金などの外国投資も含まれる。企業は国外と国内合わせて、株券及び株券型基金の総合投資を、前季末の総資産の 30％（以前は 20％）を超えてさせてはならない。銀行、基金管理会社、証券会社、保険会社を含む QDII は、批准した制限額内で、外貨を用いて海外株券とその他投資製品を購入することができる。2014 年 11 月 17 日より、一定の条件と限度額の下、中国内地の投資家は香港の証券市場に投資できるようになった。
（4）居住者の国外販売または発行	国内居住者企業は、海外で株券を発行するのに、中国証券監督管理委員会の批准と、国家外貨局での登録が必要である。
B.債券とその他債務性証券	

57

(5) 非居住者の国内購入	QFII 和 RQFII が投資できる人民元価格計算の金融ツール：①株券、債券と取引所取引或いは移転の権利証。②銀行間債券市場取引の固定収益類商品。③証券投資基金。④株価指数先物。⑤中国証券監督管理委員会で許可されたその他金融ツール。 以上の投資は、すべて投資限度額及び期限の要求を持つ。
(6) 非居住者の国内販売または発行	財務部、中国人民銀行と国家発展改革委員会の批准の下、国際開発機関は人民元価格計算の債券を発行することができる。
(7) 居住者の海外購入	銀行、基金管理会社、証券会社、保険会社を含む QDII は、各自の外貨定額と管理制限内で海外債券を購入することができる。2014 年 2 月 19 日より、固定収益類資産或いは株権類資産の単一投資の帳簿価格が、前季末の保険会社総資産の 5% を超えてはならなくなった。2014 年 11 月 1 日より、RQDII の投資に対する人民元使用が、金額制限を受けなくなった。
(8) 居住者の海外販売または発行	国外で発行期限から 1 年を超えた債権は、国家開発改革委員会に備案を提出しなければならない。国外で発行期限が 1 年過ぎた人民元債券を持つ場合、国内金融機関は中国人民銀行での批准を得なければならない。
2．通貨市場ツールの管理	
(9) 非居住者の国内購入	QFII は、最も短い期限で通貨市場基金を購入することができる。QFII は、銀行間外貨市場に直接参入することができない。2015 年 5 月 28 日より、限度額を得た国外人民元清算銀行と非居住者参入銀行は、銀行間債券市場で買戻し業務を展開することができる。
(10) 非居住者の国内販売または発行	非居住者は、通貨市場ツールの販売または発行ができない。
(11) 居住者の海外購入	QFII は、規定で許された通貨市場ツールを販売することができ、各自の外貨配当額と管理規制の制限を受ける。国内外で無担保企業類債券と国内外証券投資基金の投資は、前季末企業総資産のそれぞれ 50%、15% を超えてはならない。
(12) 居住者の海外販売または発行	国家外貨管理局の批准後、居住者は海外通貨市場ツールを発行することができる。例えば、期限が 1 年以内の債券と商業手形などである。
3．グループ投資類証券の管理	
(13) 非居住者の国内購入	QFII と RQFII は、国内の閉鎖式と開放式基金に投資することができる。

（14）非居住者の国内販売または発行	2015 年 7 月 1 日より、香港公開上場の基金は、批准された地域内で営業することができる。
（15）居住者の海外購入	QDII は、各自外貨配当額と管理規制内で、国外のグループ投資証券を販売することができる。国内での無担保企業類債券と国内外証券投資基金の投資は、前季末の企業総資産のそれぞれ 50%、15% を超えてはならない。
（16）居住者の海外販売または発行	2015 年 7 月 1 日より、内地呼応会上場の基金は、香港地区で営業することができる。

4 . 派生ツールとその他ツールの管理

（17）非居住者の国内販売	もし取引が紙幣価値を保つためならば、QFII は国内の株価指数先物に投資することができ、特定の規則と規模の制限を受ける。
（18）非居住者の国内販売または発行	これらの取引を許可しない。
（19）居住者の海外購入	金融機関が購入・販売することができる、銀行業監督管理委員会が批准した派生ツールの目的 :(1) 固有貸借対照表のリスクヘッジ ;(2) 営利目的 ;(3) クライアント (金融機関も含む) への派生製品取引サービスを提供。 クライアントの利益を目的に、商業銀行は財務管理サービスを通して展開した国外財産業務は、商品類派生商品に投資することができない。 QDII は、その外貨投資限度額内で、海外派生商品を購入することができない。 国有資産は、監督管理委員会の許可を経て、中央統括企業はオフショアで派生商品業務を展開することができる。
（20）居住者の海外販売または発行	海外派生ツールの販売の管理法規に適用する。

5 . 商業融資の管理

（21）居住者から非居住者への提供	
（22）非居住者から居住者への提供	

6 . 金融融資の管理

（23）居住者から非居住者への提供	一定の制限の下、グローバル会社の国内関連企業は、国外関連企業に直接借款でき、また国内銀行を通して国外関連企業に借款できる。2014 年 11 月 1 日より、グローバル企業グループは、非金融類メンバー企業間でクロスボーダーでの利潤・損失した資金を移転及び分配できるようになった。

（24）非居住者から居住者への提供	居住者企業の借入が一年を超えた国外融資は国家開発改革委員会の審査を通さなければならない。 金融機関とライセンスに基づいて対外借入する中国出資企業は、国家外貨管理局が批准した限度額に合わせ、一年または一年以内の短期対外借入を展開できる。すべての対外借入は、国家外貨管理局で登録しなければならない。 2014 年、国家外貨管理局が批准した外積総配分額は 373 億ドルであった。具体的な事務はさらなる検査と批准を必要としない。 すべての外部借入は、国家外貨管理局での登録が必要である。 2014 年 11 月 1 日より、グローバル企業グループは、非金融類メンバー企業間でクロスボーダーでの利潤・損失した資金を移転及び分配することができる。
7 . 担保、保証、予備融資便利の管理	
（25）居住者から非居住者への提供	2014 年 5 月 12 日より、居住者から非居住者へ提供される担保が、国家外貨管理局の批准を必要としなくなった。 非金融類居住者企業は、国外非居住者に向け人民元担保を提供する際、中国人民銀行の批准を経る必要がない。
（26）非居住者から居住者への提供	2014 年 5 月 12 日より、非居住者から居住者への提供される担保が、国家外貨管理局の批准を必要としなくなった。 国外非金融類機関は、人民元清算勘定中の資産を国内融資の担保として使用してよい。
8 . 直接投資の管理	
（27）対外直接投資	2014 年 11 月 27 日より、敏感な国家、地区及び行政の投資以外の対外直接投資は審査を受ける必要がなくなった。 国内企業の海外直接投資には外貨制限がなく、外貨購入による海外直接投資が許可されているが、対外直接投資資金を送金するには銀行の登録を経る必要がある。
（28）対内直接投資	対内直接投資の 4 級分類制度：①奨励、②一般許可、③制限、④禁止 外商投資及びその他法律、法規に関する要求に沿い、商務部または地方商務部の批准を得ることで、非居住者は中国で企業設立に投資することができる。
9 .（29）直接投資勘定の管理	取得した上場会社の A 株は、三年以内に移転することはできない。経営期限前に清算をするには、初期の審査と審査機関の批准または司法の判決が必要になる。
10 . 不動産取引の管理	

第 2 章　人民元国際化の現状

（30）居住者の海外購入	国内機関は、海外直接投資に基づき海外不動産を購入する。保険会社は不動産への海外投資する際、会社総資産の 15%を超えてはならない。 2014 年 2 月 19 日より、海外と国内の不動産投資類型の帳面価格は、保険会社の前季末総資産の 30%を超えてはならない。全体の帳面価格には、保険会社の個人資金で購入した不動産は含まれておらず、帳面価格の差額は純資産総額の 50%を超えてはならない。
（31）非居住者の海外購入	外国居住者が商業住宅を購入する際、実際ニーズと個人原則を守らなければならず、建築物購入による売り手への支払いが目的の場合、外貨指定銀行で外貨資金を人民元に直接両替できる。
（32）非居住者の国内販売	国家外貨管理局での登録を経て、非居住者は、関連銀行で不動産営業の収益を直接送り返すことができる。外貨審査手順はすでに取り消されている。
11. 個人資産移動の管理	
A.融資	
（33）居住者から非居住者への提供	具体的なライセンスがない場合、居住者は非居住者に融資することはできない。
（34）非居住者から居住者への提供	具体的なライセンスがない場合、非居住者は居住者に融資することはできない。
B.贈り物、寄贈、遺贈、遺産	
（35）居住者から非居住者への提供	居住者は有効な個人身分証明によって、銀行での外貨援助購入や海外の直系親族の援助を受けることができ、一年で最高 50000 ドルである。さらに大きい金額に対しては、個人の有効な身分証明と関連部門または公証機関が発行した直系親族の資料を、銀行に提出する必要がある。
（36）非居住者から居住者への提供	個人の有効証明書類に基づき、寄贈基金、遺贈、遺産による 50000 ドル以内の収入は銀行で受け取ることができる。これを超える金額の場合は、個人身分証明と関連証明及び支払証書が必要になる。
（37）海外移民の国内債務決算	n.a.
C.資産の移転	
（38）移民の国外への移転	退職と養老基金は国外へ送ることができる。自然人は国外移住または香港、マカオに居住する場合、移民証明を取得する前は、法にのっとり所有する中国国内財産を清算し、海外通貨を購入、送金する。
（39）移民の国内への移転	現在適用される法律はまだない。
（40）宝くじと当選収入の移転	現在適用される法律はまだない。
資本開放度	0.6502

注 :* 禁止を表す、** 制限が多いことを表す、*** 制限が少ないことを表す。

資料出所 :IMF 『2015 年為替レートの手配と為替の制限年報』

表 2 ― 11　　　　　　　　2014 年中国勘定管理現状と 2013 年との比較

資本管理項目	2013 年	2014 年の 2013 年との比較変化
1. 資本市場証券取引の管理	中国株主の制御する海外上場会社が獲得した外貨収益は、2 年以内に送還される。	左欄の内容は出てこない。
A. 株式売買或いは株式参加性質のその他証券		
（1）非居住者の国内購入	① QFII を通しての上場で、会社の外国個人投資家の所有権は、会社株式の 10% を超えてはならず、すべての外国投資家の持つ上場会社の A 株は 30% を超えてはならない。② QFII 全体の投資限度額は 1500 億ドルである。2013 年末までに、累計 251 の機関が承認を受け、総投資額は 497.01 億ドルとなった。	香港の投資家は上海証券市場に投資することができる。2015 年 5 月までに、累計 271 の QFII が承認を受け、総投資額は 774.74 億ドルとなった。2015 年 6 月までで、RQFII の総投資限度額は 9700 億元で、2014 年末の 7700 億元を超えた。
（2）非居住者の国内販売と発行		変化なし。
（3）居住者の国外購入	国内外での株券と株券型基金への総合投資は、会社総資産の 30% を超えてはならない。固定収益資産或いは株権類資産の単一投資の帳簿価格が、保険会社の前季末総資産の 5% を超えてはならない。	QDII の人民元使用に対する国外投資の制限と配当額が、取り消されている。中国内地の投資家は香港の証券市場に投資することができる。
（4）居住者の海外購入または発行		変化なし。
B. 債券とその他債務性証券		
（5）非居住者の国内購入	2013 年 6 月 21 日より台湾地区で、2013 年 10 月 15 日よりイギリスで、2013 年 10 月 22 日よりシンガポールでの QFII は内地証券市場に投資することができる。	2015 年、オーストラリア、カナダ、チリ、フランス、ドイツ、香港地区、ハンガリー、ルクセンブルク、カタール、韓国、スウェーデンの RQFII は、内地に投資することができる。
（6）非居住者の国内販売または発行		変化なし。

第 2 章　人民元国際化の現状

（7）居住者の海外購入	2014 年 2 月 19 日より、固定収益類資産或いは株権類資産の単一投資の帳簿価格が、前季末の保険会社総資産の 5%を超えてはならなくなった。	2014 年 11 月 1 日より、RQDII の投資に対する人民元使用が、金額制限を受けなくなった。
（8）居住者の海外販売または発行		変化なし。
2 . 通貨市場ツールの管理		
（9）非居住者の国内購入		変化なし。
（10）非居住者の国内販売または発行		変化なし。
（11）居住者の海外購入		変化なし。
（12）居住者の海外販売または発行		変化なし。
3 . グループ投資類証券の管理		
（13）非居住者の国内購入		変化なし。
（14）非居住者の国内販売または発行		2015 年 7 月 1 日より、香港公開上場基金は、批准された地域内で営業することができる。
（15）居住者の海外購入		変化なし。
（16）居住者の海外販売または発行		2015 年 7 月 1 日より、香港公開上場基金は、批准された地域内で営業することができる。
4 . 派生ツールとその他ツールの管理		
（17）非居住者の国内販売		変化なし。
（18）非居住者の国内販売または発行		変化なし。
（19）居住者の海外購入		変化なし。
（20）居住者の海外販売または発行		変化なし。
5 . 商業融資の管理		
（21）居住者から非居住者への提供		変化なし。
（22）非居住者から居住者への提供		変化なし。
6 . 金融融資の管理		
（23）居住者から非居住者への提供	一定の制限の下、グローバル会社の国内関連企業は、国外関連企業に直接借款でき、また国内銀行を通して国外関連企業に借款できる。	2014 年 11 月 1 日より、グローバル企業グループは、非金融類メンバー企業間でクロスボーダーでの利潤・損失した資金を移転及び分配できるようになった。

63

(24) 非居住者から居住者への提供	2013年、国家外貨管理局が批准した外積総配分額は373億ドルであった。具体的な事務はさらなる検査と批准を必要としない。すべての外部借入は、国家外貨管理局での登録が必要である。	2014年11月1日より、グローバル企業グループは、非金融類メンバー企業間でクロスボーダーでの利潤・損失した資金を移転及び分配することができる。
7 . 担保、保証、予備融資便利の管理		
(25) 居住者から非居住者への提供	国内銀行が財務担保を対外提供する際、国家外貨管理局からの批准が必要だが、個人取引では必要ない。国内銀行の対外非金融担保は批准が必要ない。国内銀行が提供する対外担保は国家外貨管理局に経常備案を提出しなければならない。国家外貨管理局の制限内で、非金融機関と企業は、対外金融と非金融担保を提供することができる。	2014年5月12日より、居住者から非居住者へ提供される担保が、国家外貨管理局の批准を必要としなくなった。
(26) 非居住者から居住者への提供	国内金融機関から借入する際、法に則り、商務部が外商投資法律に基づき批准した外資企業 (外商単独投資企業、中外合資企業、中外提携企業が含まれるが、これらに限定されない) は、外国機関からの担保を受け取ることができる。	2014年5月12日より、非居住者から非居住者への提供される担保が、国家外貨管理局の批准を必要としなくなった。
8 . 直接投資の管理		
(27) 対外直接投資	対外直接投資項目は①奨励、②許可、③禁止に分けられる。対外直接投資の外貨資金の出所は、外貨登録する必要があり、対外直接投資資金の送金は審査する必要はないが、登録はしなければならない。	敏感国家、地区及び行政投資以外の、居住者企業対外直接投資への審査要求は取り消され、登録に改定された。50,000ドルを下回る投資利潤の送金は、検証基礎材料を必要としないが、それを超える部分に関しては、理事会決議及び納税済み証明書を提出すれば問題ない。人民元使用による対外直接投資決算手続き簡略化を行う際、銀行検査を経れば問題ない。
(28) 対内直接投資		変化なし。
9 .(29) 直接投資勘定の管理		変化なし。
10 . 不動産取引の管理		

第 2 章　人民元国際化の現状

		2014 年 2 月 19 日より、海外と国内の不動産投資類型の帳面価格は、保険会社の前季末総資産の 30%を超えてはならない。全体の帳面価格には、保険会社の個人資金で購入した不動産は含まれておらず、帳面価格の差額は純資産総額の 50%を超えてはならない。
（30）居住者の海外購	海外と国内の不動産投資類型の帳面価格は、保険会社総資産の 20%を超えてはならない。	
（31）非居住者の海外購入		変化なし。
（32）非居住者の国内販売		変化なし。
11.個人資産移動の管理		
A.融資		
（33）居住者から非居住者への提供		変化なし。
（34）非居住者から居住者への提供		変化なし。
B.贈り物、寄贈、遺贈、遺産		
（35）居住者から非居住者への提供		変化なし。
（36）非居住者から居住者への提供		変化なし。
（37）海外移民の国内債務決算	—	—
C.資産の移転		
（38）移民の国外への移転		変化なし。
（39）移民の国内への移転		変化なし。
（40）宝くじと当選収入の移転		変化なし。

資料出所:IMF『2014 年為替レートの手配と為替の制限年報』『2015 年為替レートの手配と為替の制限年報』

第3章
年度話題： 人民元の SDR 構成通貨入り

　2015 年 11 月 30 日、IMF 理事会は、5 年に 1 度の SDR 構成通貨バスケットの審査を終えた。今回の理事会が審査する主な焦点の 1 つは、人民元が現在の基準に合うかどうかということだ。それにより人民元の SDR 構成通貨入りが決まる。IMF 理事会は、人民元が現在の基準に達していたと判断し、人民元は自由に使用できる通貨と認められたと同時に、5 種類目の通貨として、ドルやユーロ、日本、ポンドなどと共に SDR 構成通貨として扱われることとなった。新たな SDR 通貨バスケットは 2016 年 10 月 1 日に正式に有効と認めた。

3.1 世界と中国にとって両方に利益のある結果

3.1.1　特別引出権の代表性と吸引力の強化にプラスになる

　特別引出権（SDR）は、IMF が創設した一種の超主権通貨であり、保有資産と勘定の単位となる。SDR は、1969 年の創設当時、ブレトンウッズ体制の金とドルの保有資産の不足問題を解決するのに使用された。ブレトン・ウッズ体制崩壊後、IMF は、SDR の役割を次のように規定した。第 1 に、各加盟国の補完性資産。第 2 に、IMF およびその他の国際組織の勘定単位。

　SDR は国際通貨システム改革の産物でもある。1960 年代には、2 つの連結レートの平価システムの下で、国際通貨システムの正常稼動は 3 つの脅威に直面した。1 つは日に日に増す国際的な流動性のある供給の不足である。2 つ目は国際的な収支のバランスが大きく崩れたことである。特にアメリカは貿易収支の赤字が続いており、需要管理政策は、国際収支の不均衡を是正するには力不足だ。3 つ目は

第3章　年度話題：人民元のSDR構成通貨入り

ドルが「トリフィン ジレンマ」に陥ったことである。これにより、他の国中央銀行で保有されたドルはすでにアメリカ持有の黄金価値を超え、ドルに対しての信心的な問題が起きていた。もし国外の銀行や企業が所持ドルをこのまま増加させるつもりがなければ、世界的な流動性の縮小や世界的な経済危機へとつながるだろう。世界経済の成長と国際通貨システムの安全を強固にするために、更に踏み入った国際通貨システムの改革が必要だ。まさにこのような背景の中、1969年にIMFG10の提案を受け入れ、超主権国家通貨であるSDRを創設した。

　SDR創設当初は、特殊な歴史的使命を背負っていた。その短期的な目標としては、国際準備の補充と、「トリフィン ジレンマ」の緩和であり、アメリカに米ドルの黄金平価を調節する可能性をもたらし、国際収支の崩壊したバランスを整え、当時のレート平価システムの配置と基本的な特徴を維持する。その長期的目標は、世界の公的なドル準備高がすでにアメリカの黄金準備高の数倍に達しているという条件の下、国際流動性供給とドル自信の問題を同時に解決することだ。SDRを一部のドルに置き換え、国際社会が国際的な流動性と準備を管理し、国際的な流動性供給を制限、流動性の過剰を避けるだけでなく、流動性供給を適度にし、国際貿易と資本流動の需要を満たすことができ、十分でありながら過剰ではない。SDRの導入は、国際的な流動性の供給がいくつかの国やいくつかの国の経常収支の赤字にもはや依存しないようにするための国際的な準備メカニズムを確立することで、国際的な準備通貨システムのガバナンス構造における国際的な信頼性を高めることができる。

　しかしSDRは、当初のように金に代わって国際通貨システムの価値の尺度になることはなく、加盟国の公的な勘定通貨の1種に過ぎない。各国の重要な準備資産にもならない。4回の配分を経て、世界の国際準備資産でのシェアは約2%だ。SDRの機能と作用に限界があった。その原因は、まず、主要工業国の通貨当局は国際準備の有効なコントロール権をIMFにあげることを拒否し、IMFが超主権中央銀行になることを嫌がる。第2に、ブレトンウッズ体制が解体した後、アメリカはようやく黄金の約束から抜け出すことができた。ドルが全世界への供給にトリフィン・ジレンマの制限をすることはなく、完全な意味での主権信用通貨の国際的な流動性を提供し、流動性不足の問題が再び現れることはあり得ない。これはもとの国際通貨システム改革の計画を狂わせ、SDRの「ドルの一部を取り替える」改革の趣旨も色あせてしまった。第3に、国際通貨システムはだんだん変動レートと準備通貨の多元化の時代に入り、ユーロの誕生とそのドルに対する対抗

67

はSDRが国際流動性を制限・管理する唯一の選択肢ではないことを示しているようだ。

最後に、経済と金融のグローバル化を背景に、金融自由化や金融革新を推進する国際金融市場が急速に成長し、投機力の破壊性が強くなり、国際金融危機は頻繁に発生し、IMFの主な任務は、金融危機管理に移り、世界的な流動性供給や国際収支の調整、国際準備管理への関心は下がった。

2008年の世界金融危機は、現在の国際通貨システムの持続可能性に対する人々の深刻な思考を引き起こした。今でも米国は貿易赤字を通じて世界に流動性供給を提供している。これは半世紀前とほぼ同じである。米国実体経済の総量は現在世界の約5分の1を占めて、貿易の占有率は10分の1ぐらいまで下がり、ドルは各国の公式準備資産の中で約3分の2のシェアを持って、堂々とするスーパーマネーである。黄金の制約がなくなったことで、世界的に流動性過剰の問題が明らかになった。そのため、貿易赤字でドルの地位を支えることで、米国内流動性の氾濫、ドル資産のバブル、サブプライムローン危機の拡大、米国の通貨政策がグローバル経済への衝撃へとつながっているという現実的な問題を招きかねない。現実的な問題として、発展途上国は現在の国際通貨システムに対して不安を抱いている。これらの国々は、経済総量と対外貿易の成長が早いテンポで進んでいるが、通貨ミスマッチが激しく、投機資本の攻撃を頻繁に受け、国際金融危機に見舞われているからだ。これらの国々は危機を乗り切るため、外貨準備高を増やしてきたが、「ドルの罠」に苦しみ、経済危機に見舞われた。このように、国際通貨システムはまた早急に改革の必要な瀬戸際に来ている。しかし、この改革の声は7国集団からではなく、広大な発展途上国からである。

SDRバスケットは国際通貨の仕組みと密接な関係があり、主要な国際通貨もその中に含まれる。通貨バスケットの調整自体も国際通貨システム改革の方向を反映している。人民元は新しい国際通貨の身分で国際市場に出現し、これはかつてない変化である。人民元国際化のレベルは低いから高く、これは国際通貨の構造が変わりつつあることを示す証拠である。したがって、SDR通貨バスケットに人民元を追加すれば、SDRの代表性と魅力を高め、IMFの公信力を高めることに肯定的な影響を与える。具体的には、(1)中国は最大の発展途上国であり、人民元をSDRに組み入れて、先進国と途上国の通貨、バスケットはもっと多様化して、通貨の構造がもっとバランスがとれていて、バスケットの構成はより世界の主要な通貨を代表することができる。(2)中米両国は互いに最大の貿易パートナーで

第 3 章　年度話題：人民元の SDR 構成通貨入り

あり、両国の通貨の地位の深刻な不平等は、双方の国際収支の長期的な失調をもたらす重要な原因である。人民元が SDR に加入したことは、人民元が IMF の承認を得たことを意味する。人民元がより多く使用されることにより、国際流動性がアメリカに過度に依存している供給メカニズムを改善し、黒字国の「ドルの罠」リスクを減らすことができる。（3）SDR 通貨バスケットの構成から見て、現在の4 つの通貨は自由変動為替制度であり、新たに増加した人民元は変動為替管理制度である。このような異質性が通貨バスケットに導入されれば、主要通貨間のヘッジ空間が増加し、アイロンの安定性と魅力を増加させ、SDR の価値尺度機能をより良く発揮し、その使用範囲を拡大し、IMF は国際備蓄管理における役割をさらに強化する。

　人民元が SDR 通貨バスケットに入ったことを起点として、または多重的なバランスを形成する国際通貨競争の枠組みを推進することができ、多数の発展途上国がより安全な国際準備通貨を選択できるようになり、ドルへの過度な依存によるさまざまな危害から抜け出すことができる。国際通貨システムの大局から見れば、多元制衡の国際通貨の構造は国際経済と貿易の構造調整の方向に順応し、世界経済のアンバランスと世界金融の恐怖のバランスを打開するのに役立ち、体系的な世界金融危機の圧力を有効に緩和し、SDR 国際通貨システム改革の重要な使命を果たす。

3.1.2　人民元の国際化に対してマイルストーンの意味がある

　2009 年のクロスボーダー人民元業務の試験スタートから数えれば、人民元の国際化はすでに 8 年目になった。時間は長くないが、人民元の国際的な使用度合いは急速に向上した。2015 年まで、人民元は世界第 2 の貿易融資通貨、第 5 の決済通貨、第 6 の外国為替取引通貨、第 6 の国際銀行間の融資通貨の地位を引き続き維持し、すでに世界の主要通貨の隊列に入った。このような情況の下で人民元は SDR 通貨バスケットに加入したのは、当然の成り行きだが、少しもこの歴史の事件の重大な意義に影響しない。IMF 総裁のラガルド氏が「人民元を SDR 通貨バスケットに入れたのは、中国経済が世界的な金融システムに溶け込む重要な節目である」と述べた。これは中国当局に対して過去数年、その通貨と金融システムを改革することによって得られた業績を認めている。中国はこの分野の持続的な推進と深化により、より活気に満ちた国際通貨と金融システムの構築を推進するができ、これはまた中国と世界経済の発展の安定を支持している。

69

1、IMF は人民元が通貨を自由に使うことを確認する

IMF の公式確認では、人民元が自由に通貨を使用できるように規定されていることから、IMF 理事会は通常 5 年ごとに SDR バスケットの構成を審査する。審査は SDR 定値方法の重要な要素を含め、SDR の保証値が、国際貿易および金融システムにおける各通貨の相対的な重要性を反映するよう努めている。これらの要素は、SDR 通貨バスケットの選択基準、通貨バスケットの数、通貨の重みを決める方法などだ。SDR 金利バスケットを構成する金融ツールも通常、審査の範囲内にある。

IMF 理事会は 2015 年の SDR 審査で、現在の 2 つの実質的な基準を確認した。輸出と自由な使用が可能なうえ、バスケットの規模を 4 つの通貨から 5 つの通貨に拡大した。輸出基準は、5 年間の貨物やサービスの輸出価値が最も高い 5 ヵ国や通貨連盟が発行したもので、「敷居」を選別する役割を果たすもので、1970 年代以来使われてきた。2000 年には通貨バスケットの自由化基準が追加され、金融取引の重要性を浮き彫りにした。

「国際通貨基金協定」によると、もしメンバー国の通貨が事実上広く国際取引の支払いに使用されているとしたら、主な外貨市場で広く取引され、「自由に使用できる」通貨として定義される。明らかにして、「自由に使用できる」の標準と 1 種の通貨が自由に浮動しているかどうかあるいは完全に両替するのと同じではない[1]。この概念は、主にメンバー国が、ファンド組織から取得した貸付貨幣を直接間接的に利用することを確保するために、国際収支融資が必要（損失することなく、他の通貨に両替する）。

手続き上、SDR 通貨バスケットに組み込まれた人民元は 2 つの関門を通過している。第 1 関門は、ファンドスタッフの技術評価とアドバイスである。第 2 関門は執行理事会の政策判断である。

ファンドスタッフは、IMF 理事会に対して、人民元を通貨バスケットに組み入れることを明確に提案し、主に 3 つの理由に基づいている。第 1 に、国際的な使用と取引。2010 年の SDR 審査以来、国際支払いにおける人民元の使用は著しく増加している。3 つの主要な取引タイムエリアでは、2 つのタイムゾーンをカバー

1　一部の通貨は一定の資本勘定に制限されても、広く使用することや広く取引することが出来る、たとえばポンドと円が認定された時はまだ使用が兌換通貨完全ではない。いくつもの完全兌換通貨は必ずしも広く使用されるとは限らない。

する外国為替市場での人民元取引は大幅に増加し、IMF 業務に関する取引規模を満たすことができる。これは、人民元が国際取引の支払いにおいて「広く使用する」として、主要外国為替市場での「広範な取引」によって根拠を提供している。第1に、作業要求。正式な要求ではないにもかかわらず、スタッフは様々な障害のない状況で人民元の作業を進めることができると考えており、IMF 関連業務の安定的な運用が保障されている。これに対して、国内関係部門は、例えば、海外の公的備蓄管理者及びその代理には、銀行間債券市場と外貨市場を全面的に開放し、財政部は 3 カ月間の国債の発行を開始し、収益率曲線を充実させ、中国外国為替取引センターは、為替レートを 1 日 5 回発表し、SDR が使った参考為替を確定する。また、国内の金利を完全に開放し、為替相場の市場化を進めることや、新たなクロス銀行間の支払いシステムを実施するなどの改革措置を進める。第 3 に、データ開示のステップを強化する。正式な標準ではないにもかかわらず、バスケットの通貨発行国は通常、透明度の高い基準に合っている。中国では現在、特殊基準（Special Data Dissemination Standa rads sdds）のデータを発表している。

　IMF 理事会は人民元を通貨バスケットに入れるかどうかを最終決定する。敷居や基準を事前に設定しないため、この決定は執行理事会が「国際通貨基金協定」の「自由に使える」の定義及び各定量的メトリックに基づいて主観的な判断する。ファンドスタッフが書いたレポートの中には厳格な技術評価と明確な提案が書かれており、書類を参考した後、執行理事会はスタッフの分析とアドバイスを同意し、最後の判断を下した。

　IMF は、規定の手続きと基準によって人民元のバスケット編入を通過させたため、「自由に使える」という人民元への判断は厳しく、値引きなしという意味だ。これは、IMF が人民元の国際市場での広範囲な使用と広範囲な支払のために、公式裏書を作成したことになり、企業や機関、さらには貨幣当局さえも、保有情報が不透明なことから人民元資産への疑いや躊躇をなくすことができ、人民元が金融取引機能と予備資産機能をより良好に発揮させるために有利な条件を創造した。

　２、人民元の国際化は、SDR 構成通貨に入った後、新たなチャンスと挑戦に直面している。

　人民元の SDR 構成通貨入りは、IMF が人民元に対して国際通貨の役割を果たすことを公式に認めたことを表しているだけでなく、人民元が主な国際通貨の仲間入りの重要なシンボルでもある。しかしその影響はそれだけではない。IMF によると、人民元が SDR に加入しているのは、人民元がすでに増加している国際的な

使用と取引をサポートすることになる。

　新通貨バスケットが確定した人民元の加重平均係数は 10.92％ となり、2016 年 10 月 1 日に正式に発効する。これは、国際金融市場の各種取引主体のために、資産配置の参考になり、操作角度から必要な準備と調整の時間を残している。IMF の人民元準備高の統計・開示につれて、より多くの加盟国の公的機関が人民元の資産を保有し、それにより人民元が貿易決済、金融取引、公的準備高などの国際通貨の機能を全面的に発揮する歴史的な突破を実現し、人民元の国際化をいっそう著しく向上させることを促進する。公式または非公式取引の主体が人民元の資産を配置するのは 1 つの漸進的な完成のプロセスで、これは世界の人民元のオフショアマーケットにとって間違いなく良いニュースである。将来、より多くの人民元の金融商品が発生するだろう。国際金融取引での人民元のシェアはさらに向上し、人民元取引の市場の広度と深さを大いに強化し、国際市場での使用と取引をより広くする。人民元は国際通貨システムの中で一定の地位を得ることができて、経済地位に相応する通貨の地位を取得して、中国がドルの罠に陥ることを効果的に回避することができ、国民の労働成果を着実に守り、国家の経済・金融の安全を確保する。

　2001 年に中国が世界貿易機関（WTO）に加盟したことは、マイルストーンの重大事件と見なされている。これを起点として、中国と世界経済の融合速度は明らかに加速し、中国は世界一の貿易大国になった。人民元はバスケットに入って同様にマイルストーンの重大な意義を持っており、これは中国と国際通貨と金融システムの融合速度を表している。今の段階で SDR の機能、使用もかなり有限だが、SDR 通貨バスケットには発展途上国の通貨が例を見ないほど存在することは、やはり人に希望を与える——人民元の国際化水準がより安定的に向上するに伴い、SDR の使用を意図的かつ効果的に拡大することを信じている。

　IMF が人民元の SDR 入りを決定したのは、中国の経済発展と改革開放の成果に対する肯定であり、特に人民元国際化の前期の進展に対する肯定であり、同時に中国が国際経済と金融の舞台の上で積極的な役割を果たすことに対する国際社会の期待を表している。しかし、中国は依然として発展途上国であり、特に金融市場の広さと深さの面では、成熟市場と比較して大きな差がある。人民元が SDR に入った後に、中国と国際通貨と金融システムはより広く、深く交流・協力し、必

1　2016 年 3 月、周小川氏は G20「国際金融アーキテクチャ高レベルフォーラム」で、中国で SDR 計値の債権発行を積極的に検討していると述べた。

ず国内外の市場における各当事者の観察、分析、論評、監督、制約、又は要求に直面する。国内の関連制度の配置や政策選択、金融市場や金融機関を含む金融システム全体の運営、さらには実体経済の発展などが新たな挑戦を迎える。十分に対応し、圧力の試練に耐え、国際通貨発行国の義務を履行すれば、人民元国際化の道はさらに広くなる。このため、どのような重大な試練に直面することをしっかり見て、直ちに、効果的に十分な準備をして、これが人民元のバスケットに入った後の第一要務である。

第1に、中国は国際通貨と金融システムとの交流がより密接になり、必然的にクロスボーダー資本移動の方面で反映されるだろう。それにより、世界市場の人民元の為替レートに対する広範な注目を更に集めるだろう。明らかにこの方面で、人民元の為替レートの変動と中央銀行の為替レート管理などの問題は最も挑戦性がある。人民元が国際通貨機能をより多く遂行することによって、人民元の為替が国内経済や金融活動だけでなく、周辺国の為替や地域貿易投資、ひいては国際金融市場全体に少なからぬ影響を及ぼすためだ。

人民元レート改革が漸進的に推進されることにより、為替レート形成メカニズムが向上した。一方で、人民元のレートは市場化のレベルが著しく向上し、為替の表現は自然とより弾力性が高く、双方向に波動する基本的な特徴を呈することになる。一方、2015年12月から中国外為取引センターが定期的に人民元の為替指数を発表し、実効な通貨バスケットの加重計算に基づいた為替レートは、従来の主に人民元がドルと2国間の為替レートを観察する習慣よりも、一国の商品とサービスの総合競争力によって決定される通貨の対外価値の変化をより全面的に反映することができる。人民元為替レート指数の変動の程度とその変動方向が人民元とドルの2国間為替レートと必ずしも一致するわけではない。後者を一方的に強調する場合、人民元の為替変動を誇張し、さらに人民元の為替レートの将来の動向に対して誤審を行う可能性がある。

為替レート制度の選択から見れば、変動を管理する人民元のレートは今の段階では依然として適用されている。中国の資本口座はまだ完全に開放されていないため、一時的に限られた開放条件がある。また、中央銀行の通貨政策が完全に独立することはできず、ある程度外国の主要銀行政策の影響を受ける可能性があるので、全面的に安定と自由に変動為替レートの設定は理論的には正しいである。ポイントは、中央銀行がどのように為替管理を行うか、最も優れた通貨政策の目標と一致する為替政策の目標を実現することができる。さらに重要なのは、中央

73

銀行が市場の期待を導くことができるかどうか、市場の調整メカニズムをより良い役割を発揮させ、それによって、為替政策の目標を自動的に実現することができる。将来、人民元国際化が一定のレベルに達した時、必然的に資本の高い流動性を求め、同時に中央銀行もさらに独立した貨幣政策を追求することに力を入れ、この状況では為替レート制度は必ず完全に変動することに向かう。この時、中央銀行は主に通貨政策、財政政策などのツールを通じて為替レートを間接的に影響し、為替政策の目標を実現する。

　第2に、新興金融市場は、金融の自由化と経済のグローバル化プロセスで、外部のマイナス衝撃に直面し、常に手の施しようがない。金融危機に感染しやすく、中国国内金融システムの正常な運行に影響を及ぼすだけではなく、経済成長を中断し、社会経済の不安定な状態が続いている可能性がある。中国の金融市場は他の新興市場と同様に脆弱で、危機に感染しやすい。中国の金融市場が外国投資家に開放され、国内外の金融市場の間の資産価格連動性と金融リスクの伝染性が著しく向上し、これは順調に人民元国際化の最終目標を実現することができるかはまた1つの重大な挑戦を構成した。

　クロスボーダー資本の流れ、特に短期のクロスボーダー資本の流れ、人民元の基礎資産価格の連動性とリスクの伝染性に対して顕著な相互影響が存在し、そのため資本口座の開放は必ず前進し、穏やかで、秩序ある原則を必ず堅持しそして国内の金融改革を推進しなければならない。当面の急務は、クロスボーダー短期資本の流れに対する有効な管理ツールを積極的に模索し、同時に金融の立法を重視し、リスク管理技術を革新し、金融市場間の連動と伝染のリスクを重視し、金融リスクの蓄積とシステミック・リスクの爆発を効果的に防ぐことを重視しなければならない。

　第3に、システム上重要な銀行の安定的な経営は、中国全体の金融システム運行の安全性に対して重要であることから、人民元国際化の成敗を決める重要な変数となっている。人民元が国際市場でより重要な役割を果たすにつれて、これらの大銀行は必ず世界的な金融市場に向かって巨大な国際的な発展の空間を迎え、取引先と製品の2次元で海外の業務規模と収入の出所を向上させ、さらに複雑な市場環境と規制の要求に直面し、リスク発生の数量と構造を調整する。また、システム上重要な銀行は国際化の過程で多くの外部リスクに出会うことがあるが、現在の段階では、中国国内の業務からのリスクの圧力はさらに明らかになる可能性がある。これは、システム上重要な銀行が国際化の過程の中で中国国内、国外

の２重のリスクの試練に耐える必要がある。中国ではさらに国際通貨と金融システムに溶け込む過程において、システム上重要な銀行のリスク管理機構を特に重視し、個別のリスク事件をシステミック・リスクに発酵させ、実体経済に災害性の結果をもたらすことを防ぐ。

　第４に、実体経済の安定的な健康発展は人民元国際化の成功を保障する鍵である。現段階の中国経済は、同時に多重試練に直面している。供給側の改革で経済成長方式を変え、社会経済の発展ボトルネックを破り、産業のレベルアップと技術革新を推進し、中国の実体経済の持続可能な健全な発展に新たな活力を注ぎ込み、それによって世界市場の人民元に対する自信の基礎を確立し、強固にする。簡単に言えば、実体経済の有力な支持が欠けているならば、人民元国際化の先行きは暗くなるだろう。そのため、実体経済レベルの不確実性から、人民元国際化の最終目標を実現できるかどうかの大きな課題を構成している。注意に値するのは、中国が改革を深め、より高い基準を対外開放することは同時に進めたものである。これは、国際経済金融システムに溶け込む過程で、外部リスクを防ぐ衝撃を重視し、中国国内市場を大きくすることを重視し、根本から様々な負の衝撃を防ぐ能力を高めることを意味している。供給側の改革を推進するとともに、実体経済の面での問題や矛盾は、往々にして金融リスクの方式で表現されることもある。適時に効果的に対処しなければ、システミック・リスクを引き起こすほど拡散し、感染することは避けられない。

　システミック・リスクは破壊的である。いったん発生すると、国民経済や国民の生活に対して重い打撃を与えるだけでなく、人民元国際化の戦略的な大局を破壊する可能性もある。中国でのシステミック・リスクはいくつかの一時的な上昇したものの、深刻な危機の結果を招いていない。しかし、近年では、システミック・リスクの原因は、単一市場から多くの市場へと連動・発展した兆候が発生し、高い重視を引き起こす必要があり、効率的な手段としてシステミック・リスクモニタリングと評価作業を行う必要がある。システミック・リスクの防止と処理については、世界範囲のマクロ・ブルーデンス管理の大変革のペースについてフォローしなければならない。金融規制の実践の中で、長期にわたって欠落した「マクロの次元」を増加させなければならない。そして、ミクロ・ブルーデンス管理など政策との効果的な協調・協力を実現し、システミック・リスクの発生と蔓延を防ぐために、さらに金融の安定を保障しなければならない。中国の現実的なマクロ・ブルーデンス管理の枠組みを構築し、システミック・リスクの挑戦に積極的に対

応し、システミック・リスクが発生しない線を守り、人民元国際化など重大な国家戦略の目標を達成するために有利な条件を創造する。

3.2　中国の資本口座が完全に開放されたわけではない

3.2.1　通貨の国際化と資本口座開放の関係を正しく理解する

　人民元国際化と資本口座開放の関係についての議論は、2つの観点が非常に流行しているが、必ずしも正しいとは限らない。1つの観点では、資本口座の開放は通貨国際化の前提条件である。人民元はまだ完全に自由に両替できるわけではなく、国際市場で普遍的に受け入れられ、使用と取引される資格も備えていないと強調し、資本口座の管制という条件の下で人民元の国際化を推進するのは失敗に決まっている。このような観点は人民元の国際化戦略が形成された当初は比較的一般的で、当時の人民元国際化に反対し、その妥当性と正当性を疑問視した代表的な意見であった。人民元の国際化度合いが急速に高まり、このような疑問の声が次第に消えていった。

　もう1つの観点は、IMFは人民元がSDR通貨バスケットに入られるかどうかを調査する段階で多く見られた。資本口座の開放は、通貨を自由に使える基準を満たす重要な条件であるため、人民元のSDR構成通貨入りの将来性に対して悲観的な見方を示していた。そして、シュートが決まった後に、この観点も調整して、SDR構成通貨に人民元が加わることで、中国の資本口座が完全に開放されると見ている。今のところ、国内外でこのような予測をする機関や個人は少なくないだろう。

　従来の国際的な経験から見れば、資本口座の開放は通貨国際化の十分な条件ではなく、通貨国際化の初期にも必要な条件ではない。20世紀90年代に多くの新興市場国が国内資本の口座を開放していたが、どの新興市場通貨が国際的な範囲内で一般的に認められ、広く使用されているのか。資本口座の開放を通貨国際化の前提として理解することは、そのまま現実に逆行する——人民元は5番目の主要国際通貨としてSDR構成通貨に入る予定だが、資本口座はまだ完全に開放されていない。また、IMFによると、通貨の自由な使用は、資本口座の開放や完全な

両替とは必然的に関係がない。人民元がSDR構成通貨に入った後、中国が資本口座を開放するのを予言したことは、証拠が不足しているように見える。

論理的に言えば、資本口座の開放は通貨国際化の前提であるというよりは、国際市場の硬貨が通貨国際化を促し、逆に資本口座の開放需要を形成する[1]。現在の状況では、急速に成長している世界の人民元オフショア市場は資本勘定の規制条件の下での人民元決済の需要を満たすだけでなく、流動性供給を増加し、また多元市場と金融商品の革新を通じて投資・融資、ヘッジヘッジなどの金融サービスを提供し、非居住者の人民元資産に対する保値・増値の需要を満足させ、人民元市場の吸引力と自信を大いに強めた。オフショア市場の人民元取引はある程度の「可換性」を備えている上に、通貨の使用の利便性も加わり、両者とも人民元の国際化度合いの急速な向上を助長している。このため、人民元のオフショア市場の整備は資本口座の開放前の過渡的な金融手配として、中国のために内外の経済情勢に基づいて穏やかかつ秩序的に資本口座改革を進めるために有利な条件を作り出した。

これは、人民元国際化の初期には、通貨の国際化という必要性のみを考慮すれば、資本口座の完全開放の必要性はそれほど高くなかったことを示している。資本口座開放の理由や時期の選択などを一般的な意義から議論するなら、有利な影響も目にしなければならず、新興市場国の資本口座の開放後、国際金融危機が頻繁に発生した現実も直視しなければならない。Arteta など（2001）、Gu と Huan（2011）は、金融規制の不健全な条件の下で、早期に資本口座の開放を実施すると、経済危機発生のリスクが大幅に増加すると考えている。馬勇と陳雨露（2010）は実証研究で、長期的に言えば、金融危機は資本口座開放度合いの向上によって誘発されることはないが、激進的に資本口座を開放して金融危機の発生確率を高めることが明らかになった。これは、資本口座の開放が人民元国際化の戦略に影響を受ける必要がないことを、別の角度から証明している。

3.2.2　名目開放度も実質開放度も重視しなければならない

現実には、資本口座の開放に対する人々の理解が混乱している。例えば、開放は完全に管制されていないと勘違いし、先進国が発展途上国よりも開放されると勘違いしている。実際、これらの理解はすべて誤りである。

資本口座の開放は、ダイナミックなプロセスである。現実の世界では、資本規

1　陸磊『基于微観基礎的貨幣理論与政策優化』、『中国金融』、2014、22ページ。

制を完全に取り消すことができる国はない。だから、一国の資本口座の開放度合いを測定するのは2つのやり方がある。1つは名目の開放測定であり、法規に基づく測定方法とも呼ばれる。1つは実際の開放 (defacto) 測定であり、事実に基づいた測定方法ともいう。

　IMF が発表した「為替レートの手配と為替管制年報」（AREAER）は、このような名目の開放度の主な評価方法である。表3―1は、2015年のG20の11の資本勘定項目の2元変数の測定結果を示している。インドは資本口座の各項目の中で規制を実施している。中国、アルゼンチン、南アフリカの規制項目も多く、1つだけの項目を完全に開放した。日本、イタリア、カナダの開放度合いが最も高いで、2つだけの規制がある。最も意外なのはアメリカで、人々はずっとアメリカの対外開放度合いが最も高い、規制は存在しないと思っていたが、実際にアメリカは7項目の中で規制を実行している。ドイツとブラジルも7つの規制がある。

表3―1　　　　　　　　G20 国家 AREAER 二元変量測度指標（2015）

国家	資本勘定の11小項目										
	資本市場	通貨市場	グープ投資	派生品	商業貸付	金融貸付	保証担保	直接投資	清算	不動産	個人取引
インドネシア	●	●	●	●	●	●	●	●		●	
中国	●	●	●	●	●	●	●	●	●		●
インド	●	●	●	●	●		●	●	●	●	●
アルゼンチン	●	●	●	●		●	●	●	●	●	
メキシコ	●	●	●	●		●		●		●	●
オーストラリア	●		●		●			●		●	●
ロシア	●	●						●			
サウジアラビア					●			●		●	
南アフリカ	●	●	●	●		●	●	●		●	●
韓国	●			●				●			
ドイツ	●	●	●	●			●	●		●	
アメリカ	●	●	●	●			●	●		●	
日本	●							●			
フランス	●		●					●			
イタリア			●					●			
カナダ	●							●			
イギリス	●	●	●					●		●	
トルコ	●	●	●	●	●	●		●		●	

注：●は実施管理を表す。

資料出処：IMF『2015年 年刊為替計画と為替制限』

表 3 ― 2　　　　　　　　　　一部 G20 国家実際資本開放度測算

	オーストラリア	ブラジル	カナダ	中国	EU	フランス	ドイツ	インド	日本	韓国	ロシア	南アフリカ	イギリス	アメリカ
1985	0.000	0.054	0.056	0.040	0.000	0.046	0.083	0.014	0.000	0.050		0.031	0.253	0.036
1990	0.076	0.019	0.073	0.016	0.000	0.184	0.096	0.021	0.000	0.044	0.000	0.025	0.304	0.044
1995	0.118	0.048	0.085	0.061	0.000	0.074	0.110	0.018	0.000	0.107	0.026	0.068	0.315	0.104
1996	0.114	0.050	0.132	0.055	0.000	0.108	0.118	0.054	0.093	0.122	0.097	0.074	0.538	0.122
1997	0.100	0.045	0.144	0.114	0.000	0.180	0.211	0.046	0.137	0.073	0.126	0.171	0.592	0.142
1998	0.093	0.094	0.173	0.095	0.000	0.181	0.309	0.038	0.124	0.072	0.111	0.156	0.322	0.092
1999	0.144	0.096	0.129	0.078	0.152	0.386	0.359	0.023	0.231	0.074	0.126	0.201	0.460	0.135
2000	0.136	0.083	0.225	0.101	0.227	0.369	0.410	0.036	0.089	0.063	0.152	0.061	0.998	0.161
2001	0.153	0.066	0.173	0.078	0.174	0.347	0.292	0.022	0.114	0.097	0.030	0.191	0.610	0.110
2002	0.194	0.077	0.120	0.053	0.113	0.234	0.222	0.028	0.091	0.040	0.046	0.047	0.289	0.104
2003	0.244	0.058	0.093	0.065	0.128	0.323	0.195	0.031	0.142	0.079	0.149	0.056	0.599	0.111
2004	0.267	0.061	0.112	0.070	0.149	0.419	0.200	0.036	0.139	0.089	0.144	0.056	0.890	0.217
2005	0.283	0.038	0.130	0.115	0.236	0.594	0.320	0.047	0.231	0.084	0.166	0.091	1.139	0.142
2006	0.347	0.082	0.203	0.139	0.285	0.551	0.341	0.075	0.181	0.134	0.170	0.168	0.867	0.249
2007	0.293	0.115	0.257	0.126	0.298	0.531	0.461	0.104	0.252	0.180	0.256	0.115	1.302	0.259
2008	0.194	0.055	0.149	0.082	0.083	0.240	0.145	0.084	0.235	0.309	0.262	0.142	1.163	0.155
2009	0.403	0.079	0.153	0.057	0.184	0.358	0.173	0.056	0.246	0.263	0.128	0.100	0.790	0.139
2010	0.281	0.122	0.150	0.107	0.099	0.266	0.287	0.083	0.275	0.184	0.099	0.072	0.487	0.157
2011	0.245	0.093	0.149	0.097	0.102	0.299	0.152	0.065	0.239	0.159	0.153	0.238	0.223	0.100
2012	0.201	0.069	0.165	0.074	0.112	0.197	0.218	0.079	0.194	0.155	0.139	0.222	0.304	0.149
2013	0.217	0.081	0.117	0.083	0.134	0.324	0.237	0.067	0.253	0.142	0.159	0.187	0.296	0.128
2014	0.210	0.123	0.158	0.080	0.098	0.203	0.125	0.071	0.308	0.145	0.112	0.217	0.187	0.113

資料出所：IMF

　２元のレベル測定法は比較的に粗雑で、現在主流の名義の開放度合い測定方法は４段階の制約式の方法である。「人民元国際化」研究チームの試算によると、2014年の中国の資本口座の開放度合いは 0.6502 で、2010 年の 0.5045 と比較すると、すでに非常に大きな発展を遂げている。

　Kraay（1998）は、国際収支バランス表の情報で構築した資本開放度合い指標を提出し、一国の金融勘定の外国直接投資、投資有価証券及びその他投

資項目の資本流入・流出の総計と、その国の国内総生産（GDP）を占める割の G20 の実際資本開放度合いである。この表から、資本開放は 1 つの動的プロセスであり、各国の実質資本開放度合いを評価している。表 3―2 はこの測算方法で得られたロセスであり、各国の実質資本開放度合いは常に変動し続け、変動方向も一定ではないことが見て取れる。さらに、全体的に先進国の実質資本開放度合いは発展途上国よりも高いが、先進国内部の資本勘定開放度合いには格差があり、個別国家の開放度合いはそこまで高くないことがわかる。

　改革開放以降、中国内外の資本移動度合いは緩やかに上昇したが、国際金融形勢変動の度合いに大きく下落していることが見て取れる。中国 GDP 中の資本移動総量の比率が上昇している時、国際資本移動の管理が段階的に緩和されていることを示している。反対に、資本移動総量の比率が下降し始めている、または大きく下降している時、国際資本移動の管理が強化されていることを示している。ここから、国際金融資本の変動に対し、中国は柔軟に対応していることがわかる。

　注意すべきは、2010 年以降、中国資本勘定の名目開放度合いは緩やかに上昇しているものの、実際の開放度合いは上がったり下がったりを繰り返していることである。これは、同じ経済体といえども、名目開放度合いと実際開放度合いの変化は同調せず、時に逆の動きをすることを表している。資本口座の開放は、名目の開放度合いの変化だけではなく、規制の完全な撤廃を機械的にも理解できないという点を強調する。まず、IMF の資本移動管理の観点がすでに変化していることに注意しなければならない。以前まで、資本管理は「非政策選択項目に属する」と考えられていたが、現在では、すでに資本移動政策の「ツールボックス」中の一部分と考えられており、ある情況下では、「ふさわしい行動」とみなされ使用されている。IMF は各国に、次の「マクロ経済政策調整——マクロ・ブルーデンス管理——一時的資本規制」の 3 つの防御ラインに基づき、資本移動管理を行うことを提案している。したがって、合理的な資本管理を行うために認識を正す必要がある。資本管理は少なくとも 3 つの方面を含んでいる。①反マネーロンダリング、アンチ・テロ融資、半租税回避、国家安全などの問題の管理②マクロ・ブルーデンス管理の目的に基づき、異なるレベルを保った管理③大規模な「ホットライン」ダメージ、国際収支の重大な不均衡が現れた時、緊急回復できる一時的管理。次に、名目の開放度合いが高く、実際の開放度合いが低い国では、先進国の資本移動管理方式と外国の投資管理制度を学ぶ必要がある。資本勘定開放に必要な措置の準備が整う前に、早すぎる資本勘定開放は避けなければならない。

コラム 3—1　　　　　　　　　**アメリカ現行の外国投資管理制度**

　アメリカは 1969 年以前に、資本勘定開放を実現させている。外国資本に対し、常に自由開放政策をとり続け、国民待遇の原則を実行してきた。これと同時に、以下の具体的な管理制度も存在する。
　一、国家安全と投資審査
　2007 年、アメリカは『外国投資及び国家安全保障法』(FINSA) により、『1950 年国防生産法』(The Defense Production Act of 1950) の第 721 条を改正し、対米外国投資委員会 (CFIUS) によって外国投資への正式な審査が始まった。対米外国投資委員会は、特に監督と外国投資評価を行い、アメリカ国家安全への影響を監視し、授権に関する調査を行い、それらの情況を大統領に報告し、外国資本停止するか購入するかの最終決定を下している。
CIFUS 審査標準には、重要な資源、重要技術、インフラ設備など、アメリカ経済のキー商品またはサービスの供給も含まれている。さらに、対米外国投資委員会は、多くの部門にまたがっており、経済顧問委員会、国家経済委員会も含まれ、国家経済安全をいかに解釈するか、また国家経済安全の審査を拡大するか否かを把握するのに、柔軟さを持たせている。
　二、証券業監督・管理
　アメリカは、主に『1933 年証券法』(Securities Act of 1933) に基づいて、証券発行に関する法律問題を監督・管理しており、また、『1934 年証券取引法』(Securities Exchange Act of 1934) に基づき、証券取引に関する法律の監督・管理を行っている。公募発行は実行登録制で、発行者はアメリカ証券取引委員会に登録用紙及び申請用紙を提出する必要があり、批准後すぐに発行することができる。外国投資家と本国投資家には、発行する際、申請用紙及び後続情報の開示要求に違いがある。私募発行については、管制が少ないため、外国発行者と本国発行者の発行プロセスは基本的に変わらない。実行登録制ではあるが、アメリカ SEC は、登録材料にも厳しい審査を行っており、SEC の要求に適合しない場合は登録することができないため、登録完了までの時間は比較的長くなっている。
　三、銀行業への制限
　1978 年 10 月、アメリカで初めての外資銀行管理の連邦立法——『国際銀行法』(IBA) が制定され、アメリカの外資銀行に対する管理システム初期段階が形成されたことを意味している。1991 年『外資銀行監督強化法案』により、国民の互恵待遇を確立した。さらに、1978 年の『国際銀行法』に改定を加え、外資貿易にアメリカが進出するとともに、業務開拓に統一された標準を確立し、連邦の外資銀行管理・監督を強化したため、外資銀行の業務範囲は大きな制限を受けた。
　外国投資銀行の要求と国内銀行の要求が一致したことが、市場参入と業務経営の 2 方面で現れている。市場参入についていえば、『国際銀行法』は通貨管理局に権限を与えて異なる国家または地域の外資銀行の登録には、資本金の要求も異なってくる。ただ、外資銀行が支店、または代理店を連邦一級登録する場合、決まった資金額を、現金または合格証券の方式で指定の銀

行に収める必要がある。業務経営のプロセス中の資金運用には一定の制限がある。例えば、ア
メリカの法律規定では、外資銀行は経営の機会を利用してアメリカ政治への参入、または政治
に関する融資や投資（選挙等）をしてはならないとしている。さらには、外資銀行は、アメリ
カ非銀行会社の株券等を併呑・購入してはならないとしている。

　四、BIT 手本を基礎としたネガティブリスト管理制度

　BIT 手本とは、アメリカの外国投資の原本である。アメリカが署名した BIT と FTA は、どち
らも BIT 手本を基礎としており、広範囲の投資に対しネガティブリストの形式によって参入前
内国民待遇を実施した。しかし、政策実施の空間を保つため、BIT 手本はその第 14 条に不適合
措置（Non –Conforming Measure）を規定し、ネガティブリスト対策とした。この条規では、
国民待遇条項、最恵国待遇条項、履行要求条項、高級管理層と理事会条項等の適用しない情況
も規定し、具体的な情況にはリストの方式を用いて指摘している。アメリカのネガティブリス
トには、一般的に３つのファイルが含まれており、１つ目は第１類ネガティブリストで、２つ
目が第２類ネガティブリストである。第２類ネガティブリストは、通常業種検閲と法的根拠の
みを指摘し、多くは「あらゆる措置権力の維持」によって描述され、締約国の措置に適用され
ない最大の範囲まで拡大している。３つ目は金融サービスの不適合措置を単独で挙げたもので
ある。これは、金融機関所有権、経営業務の権限、政策待遇等の多方面に関係している。金融サー
ビスのネガティブリスト中には、拘束力の違いから、不適合措置を２種類に区分している。

　まず、ネガティブリストの内容には、主に国家安全、経済安全領域に関するものがあり、関
連する業種は６つの領域に帰納する。１つ目は、自然資源及び土地の使用。２つ目は、エネルギー。
３つめは、海洋及び航空運輸。４つ目は、放送及び通信。５つ目は、金融、保険及び不動産。６
つ目は、すべての業種に関係する水準型制限である。この６つの領域により、アメリカの投資
保護の基本的意向と目的が表されている。この内５つ目までの領域は、国家安全と密接な関係
にあり、６つ目の領域は、アメリカ政府の産業と企業に対するサポート政策に余白を持たせて
いる。さらに、アメリカのネガティブリストは、あらゆる製造業と関連していない。このほかに、
手本の中に重大安全、金融サービス及び税収等の条規が規定され、外国投資家を国民待遇の例
外としている。

　次に、ネガティブリストは金融領域の制限に重点を置いており、アメリカ金融サービスの国
際競争力が強まったため、ここ数年署名した BIT と FTA の中で、金融サービスを３つ目のファ
イル形式で単独規定し、高標準の自由化を追求した。ネガティブリストが重点を置いている点は、
１つ目が、金融サービス領域に関係する不適合措置が最も多く、単独のファイルとして挙げら
れたリストである。２つ目が、金融領域の不適合措置に関係する金融機関所有権、経営業務権限、
政策待遇等の方面である。

3.3 人民元の国際化目標の実現に等しくない

人民元国際化の最終目標は、主要国際通貨の１つになることであり、また中国経済と貿易地位に見合った通貨地位を実現することである。しかし、現在の「一超多元」の国際通貨構造の下では、人民元の国際化は紆余曲折のプロセスを経ることになる。人民元は SDR 構成通貨に加入し、すでに IMF で自由使用可能な通貨として認められている。これは、政治的な角度から見ても、人民元の国際準備資産としての地位を認められているといえるが、主要国際通貨であるか否かについては、国際市場での人民元使用と所持の情況によって決まる。SDR 構成通貨に円を入れた経験から見て、国際通貨の「政治的地位」が必ずしも、「市場地位」を自然発生させるかといえばそうではない。これは、円国際化の経験と教訓をさらに研究する必要があり、人民元の国際通貨機能の現状を客観的に見て、人民元国際化を次の段階へ発展させるための有益な対策を提案する必要があることを、我々に喚起している。

3.3.1 SDR 加入後の円が「一時の繁栄」であった原因研究

ブレトンウッズ体制の崩壊と固定相場制の瓦解に伴い、1974 年、SDR の定値が通貨バスケットに転じ始め、初期の通貨バスケット選択基準を、世界輸出額の 1％以上を占める 16 か国の主権通貨とし、円もこの時初めて SDR 構成通貨に加入した[1]。しかし、16 種の主権通貨で構成した通貨バスケットでは、SDR 定値計算の難度を限りなく大きくし、SDR の普及と発展に不利益を起こすことは免れない。最終的には、1981 年に IMF が SDR 構成通貨を 5 か国の主要先進国の通貨（ドル、ポンド、フランス・フラン、ドイツ・マーク、円）に決定した。さらに、5 年ごとに 1 度 SDR の配当調整を行うことで合意し、この決議により円は正式に国際準備通貨として認められた（表 3—3 参照）。

1　1974 年の 16 か国通貨バスケットには、ドル、ドイツ・マーク、日本円、フランス・フラン、ポンド、イタリア・リラ、オランダ・ギルダー、カナダドル、ベルギー・フラン、スウェーデン・クローナ、豪ドル、デンマーク・クローネ、スペイン・ペセタ、ノルウェー・クローネ、オーストリア・シリング、南アフリカ・ランドが含まれる。1978 年、IMF は SDR の通貨構造に調整を加え、デンマーク・クローネと南アフリカ・ランドに代わってイラン・リヤルとサウジアラビア・リヤルを用いた。

表 3 ― 3　　　　　　　SDR フレーム中での日本円の配当変化（％）

	米ドル	ユーロ	フランス・フラン	ドイツ・マーク	ポンド	日本円	人民元
1981―1985	42	—	13	19	13	13	—
1986―1990	42	—	12	19	12	15	—
1991―1995	40	—	11	21	11	17	—
1996―2000	39	—	11	21	11	18	—
2001―2005	45	29	—	—	11	15	—
2006―2010	44	34	—	—	11	11	—
2011―2015	41.9	37.4	—	—	11.3	9.4	—
2016―2020	41.73	30.93	—	—	8.33	8.09	10.92

　　資料出所：IMF

　表 3―3 でわかるように、円は 1981 年、SDR 構成通貨に加入した後、その国際準備通貨の機能は 10 年ほどの急速な発展を維持し、1990 年代末にピークに達した後、下げ始めた。最新の SDR 調整で、円の加重平均は過去最低の 8.09％まで下降していた。ピーク時の 18％と比べても、55.1％の下降幅となっていた。

　円が SDR 通貨に入った後、世界的な資産配置への軌跡は、円の国際化による浮き沈みのプロセスを十分に示した。日本は早くから、世界第 2 位の経済体、世界第 3 位の貿易国となったが、円の国際化度合いは「線香花火」の後に衰退に向かっており、今も過去の栄光を取り戻す者はいない。これは、当時の日本政府の誤った国際化への見通しが深く関係している。

　1、政策レベルの解説

　1980 年代、日本の金融管理機関の多くは第 2 次世界大戦以前から形成されていたため、これらの部門は政治と管理の仕事をしたり、特殊な利害主体の間の関係を調整したりすることが得意である。しかし、経済問題の処理にブレーキがかかって、非効率的である。日本政府は、円国際化の問題点に気付くのがあまりにも遅く、SDR 加入後最も重要な 5 年間を無駄にしてしまった。1980 ―1985 年の間、日本政府は金融市場の開放や円の国際化について、あまりにも保守的であった。1985

第 3 章　年度話題：人民元の SDR 構成通貨入り

年以降、多くの政策でフォローワークをするも、この時すでに日本国内の経済に
問題が出始め、円の国際化は日本国内の景気后退の影响を受け、これらが日本円
国際化の妨げとなり、失敗に向かっていった。

　このほかに、債券市場から見ると、アメリカとドイツに比べ日本の債券の流動
性は低く、1998 年末の日本債券市場規模は 423 兆円に達し、その内政府債券が
280 兆円で、これはアメリカ政府に次ぐ規模である。しかし、その他主要 G10 国
家が発行した政府債券と比べ、日本政府債券の非居住者の所持率は 10% しかなく、
アメリカに至っては 37.5% に達していた。これは、円債券の全体規模の発展は速
いが、世界への流動性が足りず、取引媒体機能の発展に向いていないことを表し
ている。

　日本政府債券の過度に低い流動性を作り出していた主な原因の 1 つに、非居住
者の獲得した利益収入に対し源泉徴収税をとるという差別待遇がある （Murase、
2000）。非居住者は、3 つのルートから日本政府債券に投資することができ、63%
が移動決済システム、36% が登録システム、1% が所持有効債券である。移動決済
システムで投資した場合、源泉徴収税の支払いを免除することができるが、登録
システムで投資する場合は、必ず支払わなければならない。日本政府債券の利息
収益に対する源泉徴収税の差別待遇は、日本政府債券市場一体化を困難にさせる
主な制約要因を引き起こしたため、1999 年末、日本政府は正式に源泉徴収税政策
を撤廃した。

　日本債券市場の流動性を制約したその他の要因に、政府公共部門の所有する債
券規模が過度に大きく、またしばしば満期まで所有している点がある。それによ
り、2 級市場の債券市場化価格形成構造の発展にマイナスの影響をもたらし、20
世紀 90 年代末から多くの国外投資家の日本政府債券投資に対する信頼が失われ始
めた。日本政府が 1999 年に源泉徴収税を撤廃したも、失われた投資熱が再燃す
ることはなかった。表 3―4 を見ると、1997 年末までで、50% 近くの日本政府債
券を政府公共部門が所有し、その内 36% を政府、11% を日本銀行が所有していた。
同時期のアメリカとドイツの政府が所有する政府債券の比率は低く、特にドイツ
政府が所有する政府債券の比率はたった 3% である。中央銀行に至っては政府債券
を全く所有しておらず、大量の政府債券は、すべて市場参入度合いの非常に高い
金融機関が所有していた。アメリカ政府が所有している政府債券の比率は 25% で
はあるが、この債券の多くが社会福利信託発行の非取引性証券であり、市場の供
給と需要に影響を及ぼすことはない。

85

表 3—4　　　　　　　　　　政府債券所有構造（％）

	政府	中央銀行	金融機関	非居住者	その他
日本	36 .0	11 .0	26 .0	10 .0	17 .0
アメリカ	25 .0	8 .0	11 .0	37 .5	18 .5
ドイツ	3 .0	0 .0	53 .5	29 .0	14 .5

資料出所：日本財政部 ; Murase, Tetsuji, 2000, " The Internationalization of the Yen: Essential Issues Overlook, "Pacific Economic Papers, No. 307。

　また、日本政府は、投資家のために 1 つの「連続決済システム」を提供することができず、アメリカ政府発行の債券は、来月の営業日には直接決済を行うことができるが、日本政府の債券は月 6 回しか決済できず、投資家の取引リスクを増加させた（Garber、1996）[1]。

　2、理論レベルの解説

　SDR 加入後、円の国際決済機能と取引媒体機能の発展が遅れ、かえって価値貯蔵機能は急速に発展した。円資産の流動性の不足によって、長期の資本市場での円建て金融資産のパフォーマンスは、短期通貨市場よりも強いである。3 つの国際機能の発展のアンバランス性は、その後の円国際化を失敗させた要因の 1 つである。1970 年から 1980 年までの 10 年間、日本の輸出貿易で円を使った決済比率は、ゼロから 40%前后まで急速に伸びた。しかし、1980 年代から、SDR の 5 カ国通貨に入って、日本政府が大々的に円の国際決済機能を推進し始めたが、円の国際決済機能はこれまでの実績を上回ることができず、2004 年にはピークから 35%も 下 降 し た。Kawai （1996）[2]、Frankeland Wei （1994）[3]、Taguchi（1994）、[4]

1　Garber, Peter M. , "The Use of Yenasa Reserve Currency," Monetary and Economic Studies, 1996　December: 1-21.

2　Kawai, M. , " The Japanese Yen asan International Currency: Performance and Prospects," Organization , Performance and Equity Research Monographsin Japan U. S. Business & Economics, 1996 (1): 305-355.

3　Frankel, Jeffrey A. and Wei, Shang Jin, "Yen Blocor Dollar Bloc? Exchange Rate Policies of the East Asian Economies," in Takatoshi Ito and Anne O. Kruger, eds. Macroeconomic Linkage: Savings, Exchange Rates, and Capital Flows, Chicago: University of Chicago Press, 1994: 295-329.

4　Taguchi, H. ," On the Internationalization of the Japanese Yen," in Takatoshi Ito and Anne

Fukuda and Ji（1994）[1]、Sato（1999）[2]、日本財務省（1999）[3]及び Takatoshi et al（2010）は、円の国際決済機能発展の鈍化の原因を深く分析し、主に 6 つの要因の制約を受けたと考えられている（表 3—5 参照）。

表 3—5　　　　　　　円国際決済機能の発展を制約する主な要因

要因 1	ドル慣性の存在
要因 2	円と東南アジア諸国通貨間で進めることのできる直接取引市場の不足
要因 3	日本の比較的小さな金融市場
要因 4	東南アジア諸国通貨が本質的には米ドルのアンカー通貨であること
要因 5	日本の対アメリカ貿易の過度な依存度 (図 3—3 参照)
要因 6	日本で多い一般性貿易会社が持つ大量の外貨融資

　日本の対米貿易依存度は、他の先進国よりはるかに高い。特に輸出依存度は、2000 年以前は 20 年間 30%台を維持していた。ドイツの対米輸出入依存度は比較的低い水準を維持しており、これはドイツ・マークが SDR 加入後すぐに台頭するために良好な外部環境を整えた。日本の過度なアメリカ依存が、大幅に円の国際化発展を制約した。Fukuda and Cong（1994）は、一般的なバランスモデル理論を用いて円の国際取引決済機能を分析し、企業が円を決済通貨として使えるようにするかどうかは、利益関数の形状によるという。利潤関数が凹関数の時、この通貨で決算を進める輸出価格と為替レート間の関連性が高すぎるといえ、企業はレート変動の影響を受けるリスクが高い。このような場合で、企業は輸入商側の通貨で決済を行う。反対に、利潤関数が凸関数の時、情況も逆転し、企業はその

O. Kruger, eds. Macroeconomic Linkage: Savings, ExchangeRates, and Capital Flows, Chicago: University of Chicago Press, 1994: 335-355.

1　Fukuda, S. and Cong, Ji, "On the Choice of Invoice Currency by Japanese Exporter: The PTM Approach," Journal of the Japanese and International Economies, 1994 (8): 511-529.

2　Sato, K. , " The International Use of the Japanese Yen: the Case of Japan's Trade With East Asia," The World Economy, 1999, 22 (4): 547-584.

3　Ministry of Finance, Council on Foreign Exchange and Other Transactions, Internationalization of the Yen for the 21st Century———Japan's Response to Changes in Global Economic and Financial Environments, 1999.

国の通貨で決済を進める。しかし、異なる地域に対して言えば、相手市場の需要曲線の違いによって、輸出企業の利潤曲線の変化を引き起こし、Fukuda and Cong（1994）は日本のテレビ、ビデオレコーダー、自動車などのいくつかの輸出産業を研究し、これらの産業には共通点があることを発見した。それは、アメリカ市場に輸出する時、ドルが主導の決済通貨であり、東南アジア諸国に輸出する時は、円の決済が主導的な立場にあることである。そのため、この2つの市場での企業の利益関数形態も異なった変化をみせ、これらの製品をアメリカに輸出する時は凹関数、東南アジアに輸出する時は凸関数となる。Sato（1999）は、日本の半導体部品の輸出産業の研究結果を Fukuda and Cong（1994）の結論で再検証した。日本で集積回路部品の輸出額が拡大したのは、円決済の比率が下降したことが重要な原因であると考えた。

局部バランスモデルと一般バランスモデルから、企業の決済通貨選択に影響を与えうる要因は、主に為替レート変動、輸出製品の差異、市場規模、国家経済規模、通貨供給の安定水準がある。Oietal.（2003）の研究で、20世紀90年代の日本通貨供給は、他の国と比べ比較的安定していたが、円の使用額には限りがあることがわかっている。明らかな上昇もないため、通貨供給の指標から円の決済額を分析するのはふさわしくない。モデルとデータによって証明された国家規模は重要な要因であるが、日本の場合は特例といえる。日本は20世紀70年代から世界第2位の経済体となったが、貿易における円決済の比率は低かった。このため、以下の分析では、為替レート変動と製品の差異の2つの要因に焦点を当てている。

（1）為替レート変動と決済通貨策略の選択。

企業は決済通貨を選択する時、本国の通貨と輸入国通貨レートの変動水準と、輸入国通貨と第3国の通貨間のレート変動水準を比較し、もし後者の方が前者よりも小さければ、企業は第3国の通貨を採用し決済を進める。例えば、円とイタリア・リラはドルに対しての変動幅が最も大きいため、この2つの国家では自国の通貨をクロスボーダー取引決済を進める割合は低く、ドルで進める割合が高い。ドイツ・マークは、当時の主要国際通貨の中でもドルに対する変動幅が最も小さな通貨であったため、通貨価値が安定し、20世紀80、90年代の急速な発展の良好な基礎を築いた。

---

1 Oi, Hiroyuki, Otani, Akira and Toyoichiro Shirota," The Choice of Invoice Currency in International Trade: Implications for the Internationalization of the Yen," Monetary and Economic Studies ,2003 (October): 27-64 .

第 3 章　年度話題：人民元の SDR 構成通貨入り

（2）製品の差異性と決済通貨策略の選択

製品の差異性は新開放経済マクロ経済学の重点的な関心の要因の一つで、多くの研究は、円の国際化の失敗を、製品の差異の角度から解説した。例えば Hamada and Horiuchi（1987）[1]、Tavlas and Ozeki（1992）、Iwami and Sato（1996）[2]、Hooperetal（1998）[3]、Hummels（1999）[4]、Oietal（2003）、Bacchetta and Wincoop（2002）[5]、Fukuda and Ono　（2006）[6] 等である。Hamada and Horiuchi（1987）は、1984 年の日本主要輸出企業に対するアンケート調査レポートを分析した。彼が最後に出した結論は、企業が円の決済を避ける主な原因を、国際市場の競争圧力が大き過ぎるからだとした。日本製品は全体的にみて、他の国際競争国と比べ同質性が強いことから、Hooperetal（1998）は、日本の輸出価格の柔軟性がその他主要工業国家よりも高く、日本製品の差異性が低いことを明らかにした。同時に彼らは、日本製品の代替性もこれらの国の中で最も高いことを実証した。Iwami and Sato　（1996）は、日本の輸出企業はアメリカ市場に対し過度に依存しているため、日本企業は、輸出の増加を保障するために、ドル決済を採用せざる負えないことを明らかにした。Oietal（2003）の研究では、自動車など製品差異性の高い製品では、円決済の割合が日本のクロスボーダー取引決済の平均水準より高いことを明らかにした。1998 年、対アメリカ輸出貿易の円決済の割合は 20%よりも低いが、対東南アジア諸国の輸出での割合は高く、50%を超えていた。Oietal（2003）は、日本が東南アジア諸国に輸出している製品分類について研究を進め、食品、ユニバーサル機械、交通運輸設備、精密機械などの、シェア主導型の製品は円での決済を好む傾向にあることが分かった（表 3―6 参照）。

1　Hamada, K. and A. Horiuchi, " The Political Economy of the Financial Market," in Kozo Yamamura and Yasukichi Yasuba, eds. , The Political Economy of Japan, The Domestic Transformation. Stanford University Press, Vol. 1, 1987.

2　Iwami, T. and Sato, K. , " The Internationalization of the Yen: Withan Emphasis on East Asia," International Journal of Social Economics, 1996 (23): 192-208.

3　Hooper, P. , Johnson, K. and Marquez, J. , " Trade Elasticities for G7 Countries," International Finance Discussion Papers, No. 609, 1998.

4　Hummels, D. , " Toward a Geography of Trade Costs," mimeo, University of Chicago, 1999.

5　Bacchetta, Philippe and Van Wincoop, Eric, " A Theory of Currency Denomination of International Trade," ECB Working Paper, No. 177, 2002.

6　Fukuda, S. , Ono, M. , " On the Determinants of Exporters' Currency Pricing: Historyvs. Expectations," NBER Working Paper, No. 12432, August, 2006.

89

アメリカなどの先進国に対する日本の輸出では、円決済の割合が低いが、東南アジアに対する輸出では、製品の差異性が高い幾つかの産業中の円決済が主導的な地位を占めていた。輸出価格の柔軟性と円が輸出取引決済に占める割合には、明らかにマイナスの関連がある。化学工業製品、金属、鉱工業産品など輸出価格の柔軟性が高い産業に対しては、円決済の割合が低く、交通運輸設備、精密機器など輸出価格の柔軟性が低い産業に対しては、円決済の割合が他の産業よりも高く、交通運輸設備産業に関して言えば80%を超えていた。

表3－6　　　　　　　　　対東南アジア諸国輸出の円決済割合（％）

	1993 年	1994 年	1995 年	1996 年	1997 年
全ての製品	52 .0	47 .2	44 .1	45 .5	48 .4
食品	52 .5	63 .8	67 .7	65 .8	59 .2
紡織物	29 .5	26 .3	28 .4	31 .0	28 .2
化学工業製品	23 .6	19 .2	20 .7	22 .0	29 .8
非金属鉱工業産品	37 .6	28 .9	24 .9	34 .8	53 .1
金属及び鉱工業産品	20 .1	17 .9	17 .5	21 .5	23 .2
ユニバーサル機械	69 .0	66 .8	59 .9	59 .7	59 .7
電子機器	41 .8	37 .0	39 .7	37 .9	42 .7
交通運輸設備	78 .4	71 .5	58 .5	72 .3	81 .3
精密機器	79 .0	71 .6	59 .3	49 .5	61 .5
その他	34 .1	32 .8	32 .6	37 .2	40 .3

資料出所：WorldBank .

3、国際通貨競争ゲームの視角からの解説

SDR加入後、円は国際準備通貨の主要競争者の１つとなった。円などの主要競争通貨の国際化発展を止めたのは、ドル国際化プロセス上での重要な保守理念である。

日本は世界第２位の経済大国になった後、次第に強大な金融実力を持ち始めた。具体的には以下の６つの方面である。（1）日本は世界最大の債権国となり、海外資産総額は２兆352億ドルに達した。（2）日本の多国籍企業はグローバルビジネスシステムで競争力を大幅に向上させ、日本企業120社を超えて『フォーチュン』

500強にランクインした。アジア上位30位のほとんどが日本企業だ。(3)日本の金融機関は世界のトップ企業にランクインしていた。1980年代末、世界の10大都市銀行はすべて日本の銀行だった。1990年、日本の銀行がアメリカ全体の銀行資産（貸出）に占める割合は13%だった。日本の銀行の融資は、カリフォルニア州の全体融資の4分の1を占めた。(4)日本の投資銀行は急成長し、伝統的な請け売りM&A、取引業務などで米国との競争に積極的だ。(5)日本の不動産と株式市場が激しく高騰し、東京の不動産市場時価がアメリカの不動産市場時価を超えた。(6)膨大な資本輸出（各種融資、援助、対外投資など）に基づき、日本は国際政治、経済、金融、通貨分野での発言権を追求し始めた。

　これらの変化により、アメリカは日本の動きを重視するようになった。アメリカの円に対する抑制戦略はすぐに実行に移され、すぐに効果が現れた。アメリカは金融通貨手段を巧妙に駆使し、日本のバブル経済を演出した。資産価格のバブルが弾けたことにより、日本の銀行、企業は多くの負債を抱え、貸倒れによって日本経済は押しつぶされ、日本の銀行、企業は戦線収縮または破産を余儀なくされた。その後すぐに、アメリカをリーダーとした国際決済銀行が、銀行を監督する『バーゼル協議』を採択し、銀行の自己資本比率を大幅に引き上げ、ほぼすべての日本の銀行が国際的な規制基準を満たせず、国内に撤退するほかなくなった。1990年1月、日本の株式市場が暴落し、1994年までに市場時価の70%が消滅し、不動産市場も14年連続で下落し続けた。1990年から、日本経済の衰退は20年続き、歴史上最も長い記録となっており、日本の銀行は次第に国際舞台からフェードアウトしていった。世界準備通貨の中で、円の占める割合は3%にも満たない。

　アメリカの抑制戦略は、円が「一時的なもの」となった国際通貨競争の歴史に決定的な役割を果たしたに違いない。具体的に見ると、円の国際化を抑制するアメリカの主な手段には、以下の4つが挙げられる。(1)日本経済の高いアメリカ依存を利用した抑圧政策。貿易紛争を口実に貿易制裁をとり威嚇し、終始Japan bashingの高圧的な態度を保った。(2)いかなる努力も惜しまず、円が国際通貨または地域主導通貨になることを阻止した。アメリカは終始、日本が国際金融機関の主導権を握ることを許さなかった。1997年アジア金融危機の期間では、日本が提出した「アジア通貨基金」に対し、日本が表立ってアジア金融危機を処理するという理由から、アメリカの反対を受けており、アメリカは全ての国際債務処理をIMFが表立ってしなければならないことを主張し続けた。(3)アメリカ金融機関は金融ツールの力を使い、日本の資本市場を空売りした。1990年の日本株式市

場崩壊の主な原因は、ゴールドマン・サックスが発明した「日経指数プットオプション」である。アメリカの会社は、まず大量に売り付け証券を購入し、すぐに株式市場を抑圧し巨額の利潤を搾取した。(4) アメリカの金融机関は積極的に円高を后押ししていた。日本銀行の通貨政策は国際「ホットライン」に束縛され、もう一方で、日本銀行に大量の外貨準備を蓄積させ、大量の外貨占約金を形成し、日本国内の流動性を氾濫させ、長期的に流動性の穴から抜け出せなくなっていった。

3.3.2　人民元と円の国際化度合いの比較

1 .SDR 加入段階の国際通貨機能の情況

（1）取引決済機能の比較

まず、両国当時の通貨決済情況を考察する。1980 年に円が SDR へ加入した時、日本の貿易総額ににおける円決済額の割合は 15％であった。対して、2015 年中国貿易総額における人民元決済額の割合は 30％近くもあり、人民元決済額は 7.23 兆元に達し、前年比で 10.4％増加した。このデータから、人民元の取引決済機能は SDR 加入当初の円よりも強いことがわかる。

次に、両国の対外貿易のアメリカ依存度と製品の差異性を考察する。以前の日本分析について言及すると、円国際決済機能の鈍化は、アメリカ経済への過度な依存、及び日本製品の差異性が低いことが主な要因であった。

中国は、アメリカに対する輸入依存度が低いが、2008 年からアメリカに対する輸出依存度が日本を超え、現在 17％に達している。依然として、20 世紀 80 年代の日本の輸出依存度 (35％近く) よりは低いが、アメリカは中国の第一貿易相手国であり、それは中国がほかの国よりも、アメリカに対する輸出貿易依存度が高いことを意味している。つまり、中国は当時の日本と同じ問題に面しており、アメリカ市場に対しての過度な依存は、人民元貿易決済機能の発展を制約してしまうかもしれないのである。

表 3—7 は、東南アジア諸国の中日両国に対する、主な輸入製品の依存度データである。この表から、靴、帽子、傘，雑貨製品、紡織原料及び紡織製品、石材、石膏、セメント，生皮、皮革及びその製品、木材及び木材製品、機器、機械器具、電気設備の対中国依存度がすべて 20％を超えていたのがわかる。マーケットシェアは確かに重要だが、機械製品以外の製品の技術含量が低く、代替性が高い。それに対し、対日本の主な輸入製品中の貴金属及びその製品、自動車、航空機、光学、カメラ、精密機器、機器、機械器具、電気設備、石材、石膏、セメントなどは比

第 3 章　年度話題：人民元の SDR 構成通貨入り

表 3—7　　東南アジア諸国の中日両国に対する輸入製品の依存度比較（2011 年）

排 序	中国		日本	
	HS 分類 a	依存度（%）b	HS 分類	依存度（%）c
1	靴帽子傘	52.28（1.01）	貴金属及びその製品	22.80（15.63）
2	雑貨製品	40.63（10.10）	自動車航空機船	21.28（6.75）
3	紡織原料及び紡織製品	31.73（4.86）	特殊取引品及び未分類製品	19.41（4 .65）
4	石材石膏セメント	27.70（17.37）	光学カメラ精密機器	18.81（11.05）
5	生皮皮革及びその製品	25.67（1.88）	石材石膏セメント	17.37（27.70）
6	木材及び木材製品	21.49（1.63）	プラスチック及びプラスチック製品	16.12（ 10.08）
7	機器機械器具電気設備	20.09（14.81）	機器機械器具電気設備	14.81（20.09）
8	貴金属及びその製品	15.63（22.80）	天然或いは養殖真珠宝石	12.37（2.26）
9	化学工業及び化学工業製品	13.28（9.81）	芸術品収蔵品及び古物	10.51（6.96）
10	植物製品	12.51（0.44）	雑貨製品	10.10（40.63）

注：a. 税関協力理事会の HS2000 年版に基づき国際貿易製品を分類。

　　b. カッコ内はこの商品の対日本輸入依存度を示す。

　　c. カッコ内はこの商品の対中国輸入依存度を示す。

資料出所：国連サイトに基づき UN Comtrade 関連データより計算。

較的技術含量が低く、製品の差異性が高い。

　注目すべきことは、2008 年、日本対アジア諸国の円決済の割合は 50%近くに達した。2012 年、中国のアジア諸国との貿易における人民元決済の割合は約 24%で、その他主要国際通貨の貿易決済水準と比べ若干低い。現在、人民元国際決済機能の発展が制約されている主な要因は、中国製品の差異性の低さだろう。製品の差異性が低いと輸出価格の弾性が大きくなりすぎ、企業の価格決定能力の低下を引き起こしてしまう。しかし、長い目で見れば、「一帯一路」沿線貿易の展開に伴い、今後人民元国際決済機能は伸びていくであろう。

　（2）金融取引及び準備通貨機能の比較。

　2014 年の中国債券市場では、計 11 兆元の人民元債券が発行され、前年同期比 22.3%増となった。国際清算銀行のデータによると、2014 年末までに、人民元建て国際債券の残高は 5304.8 億元で、中国国内で発行されたパンダ債の残高は

93

46.3 億元であった。データを見ると、人民元建て債券は、グローバル金融市場の資産構成において影響力が非常に限られている。

これに比べ、円は国際債券市場で目立っている。円は、SDR 構成通貨に加入する以前から国際債券市場のシェアがすでに 4.8%に達しており、1985 年には 9.1%に達していた。この観点から見れば、人民元の SDR 構成通貨入りの段階では、国際債券市場での発展が円よりも弱いといえる。国際金融市場での人民元の取引比重が安定的に高まるかどうかは、今後の人民元国際化のプロセスを決定する鍵となる。

2015 年末までに、中国人民銀行は 34 カ国・地域の中央銀行や通貨当局と 2 国間の通貨スワップに調印した。協定の総規模は約 3 兆 255 億元となった。これにより、通貨スワップ協定の実質性機能が大きく増強された。2014 年、海外の中央銀行または通貨当局が行った通貨スワップ取引金額は総計 1.1 億元で、人民元使用金額の総計は 380 億元となった。2014 年末までに、海外の中央銀行または通貨当局が行った自国通貨のスワップ取引金額は総計 2.3 兆元で、人民元使用金額は総計 807 億元であった。中国人民銀行が行った自国通貨のスワップ取引金額は総計 41 億元に相当し、人民元使用金額は総計 15.8 億元であった[1]。もし、2 国間通貨スワップ協定をその他国家の外貨準備高とみるならば、2015 年末までの人民元建て外貨準備高は、ドルに換算して 5227.1 億ドルとなった[2]。IMF の統計データによると、2015 年第 3 四半期の世界外貨準備高は 11 兆 2033.57 億元である。ならば、2015 年の人民元建て外貨準備高は、世界外貨準備高の 4.67%に当たるといえる。

1980 年代に SDR 構成通貨に加入した時、円は世界外貨準備高の 4.2%を占めた。現在、この割合は 3.78%まで下降していた。SDR の加入段階では、人民元の国際準備通貨機能は円に相当すると考えられる。一般的に、国際通貨の金融取引機能と準備通貨機能の高さは関連しているといえる。人民元の国際金融市場への影響力が高まるにつれて、世界の公的外貨準備高におけるシェアも相応して上昇する。

2、東南アジア主要国家通貨レートへの影響力

中国と日本は地理的に近く、対外経済、貿易、金融活動で覆われている地域も重なっているところが多い。人民元と円の国際通貨競争も同じように、地域コア通貨の地位を争っている。

---

1 『人民元国際化報告（2015）』、北京。中国人民大学出版社、2015 参照。

2 ここでは、中国人民銀行：『2015 年統計データ』の 2015 年対米ドルレートを採用している。

第3章　年度話題：人民元のSDR構成通貨入り

円がSDR構成通貨に加入した当時、東南アジアは紛れもなくドル区域であったことが見て取れる。ドルは区域唯一のコア通貨であった。ドル対シンガポールドル、タイ・バーツのレートの内在価値を決めるウエイトは高いままで、特にドル対バーツレートの効果ウエイトは、平均して85％を超えていた。東南アジア諸国のドルへの過度な依存により、当時の円のリージョン化の発展が制約されていた。1997年にアジア通貨危機が起きる前に、シンガポールドルレートの内在価値を決めるコア通貨構成における円のウエイトは最高でも8.3％しかなかった。曹彤と趙然（2014）の「マルチコア通貨圏のコア通貨」についての定義によると、当時の円は「低レベルのコア通貨」と呼ぶにとどまる。アジアの国々は、金融危機を経て効果的に金融リスクの蔓延を避けるため、ドルへの過度な依存から抜け出さなければならないこと意識するようになり、各国の区域内通貨協力への期待と要望が日に日に強まっている。この後、バーツなどの東南アジア通貨は、依存していたドルの固定為替レート体制から管理可能なスライドレート制に変わった。これにより、少なくとも東南アジアの範囲内で、人民元の国際化プロセスでドルからの圧力は1980年代の円よりずっと小さくなった。

アジア通貨危機が発生してから2006年にかけて、東南アジア地域のコア通貨は、単一ドルからドル、人民元、円の共同役割に変わった。しかし2006年以降は、日本経済の持続的な低迷と人民元の国際化戦略の強力な推進により、東南アジア諸国の通貨レートを決めるコア通貨構成に再び変化が現れた。——人民元のウエイトが急速に上昇し、円に取って代わり、ドルに次ぐ東南アジア地域2番目のコア通貨になり始めている。

シンガポールは、東南アジアの重要な国際金融センターである。2012年、シンガポールドルレートの内在価値を決めるコア通貨構成中の米ドルウエイトが、すでに30.8％まで下降したのに対し、人民元ウエイトは34.9に達しており、シンガポールドルレートの内在価値を決める「中レベルのコア通貨」になっている。

アメリカがフィリピンに及ぼした経済的、文化的影響は非常に大きい。1997年

1　曹彤と趙然『多数のコア通貨圏から見た人民元の国際化プロセス』、『金融研究』、2014（8）、71—88ページ。「非コアマネー」：0％≤通貨圏の主要国通貨レートの内在価値を決めるコア通貨構成中のウエイト<5％、「低レベルのコア通貨の区域」：5％≤通貨圏の主要国通貨レートの内在価値を決めるコア通貨構成中のウエイト<20％、「中レベルのコア通貨の区域」：20％≤通貨圏の主要国通貨レートの内在価値を決めるコア通貨構成中のウエイト<50％、「高レベルのコア通貨の区域」：50％≤通貨圏の主要国通貨レートの内在価値を決めるコア通貨構成中のウエイト<100％。

95

以前のフィリピン・ペソの内在価値はほとんどドルによって決まっていた。1997年以降は、徐々にアメリカ依存から抜け出していき、2012年のドルのウエイトはすでに29.3%まで下降していた。中国・フィリピン間の経済・金融協力が日に日に深まるに連れて、人民元がペソに与える影響も次第に大きくなっている。2012年、人民元のウエイトはドルを大きく超える44.5%に達し、ペソの内在価値を決める「中レベルのコア通貨」となった。同時に、ペソも人民元に対する影響が、東南アジア諸国の中で最も強い通貨となっている。

　この他に、上記の実証分析からもう1つ重要な結論を得ることができた。それは、人民元の東南アジア諸国通貨レートの内在価値への影響が、SDR加入当時の円よりも大きいことである。1982年、シンガーポールドルレートの内在価値を決めるコア通貨構成中の円ウエイトは5.6%しかなく、これは「低レベルのコア通貨」である。それに対し、2012年、東南アジア諸国通貨レートの内在価値を決めるコア通貨構成中の人民元ウエイトは、すでに34%に達し、全ての地域で「中レベルのコア通貨」となっている。

　一部の国が人民元の国際的な地位を認めるかどうかにかかわらず、客観的に市場の実態を見ると、人民元の東南アジア地域での影响力はすでにはるかに円を超えている。人民元はすでに、ドルに次ぐ東南アジア諸国のコア通貨となっている。人民元の国際化は当時の円より机会がよく、天の時、地の利、人の和など多くの有利な条件を有していたと考えられる。SDR構成通貨に入ってから大きなトラブルが起こらない限り、人民元の国際化は円の二の舞を踏まず、目標に向かって着実に進んでいくことができる。

3.3.3　次の段階で重点的に解決しなければならないいくつかの問題

1、輸出製品の差異化度合いを高め、人民元の貿易決済機能を強化する。

　国際貿易の取引では、製品の競争力が強く、輸出製品の差異化度合いが高いほど企業の交渉力が強い。1980年代、ドイツの輸出品の国際競争力は急速に高まった。製品の差異化度合いも次第に向上し、ドイツ・マルクが主要な国際決済通貨に急浮上したことを后押しした。今まで、ドイツの輸出品も強い競争力を維持しており、これは、ドイツの輸出企業が国際貿易市場で価格設定の能力と通貨の選択権を強く持つことを保証したものである。対照的なのは日本である。FukudaandOno（2006）はこう述べた。日本輸出商品の国際競争力の低下は、円

の国際化が後退しているからである[1]。

　中国は既に世界一の貿易大国であるが、貿易構造が不合理で、製品の競争優位性が欠如し、アメリカ市場への依存度が高いことは、人民元国際化のさらなる発展を制約するだろう。輸出依存の経済成長モデルは持続可能ではなく、外需に過度に依存した経済体も経済と通貨の安定を維持することは難しい。中国は円の経験と教訓を吸収し、貿易が経済成長へのけん引役を十分に発揮すると同時に、更に積極的に経済モデル転換を推進し、内と外の両立をやり遂げてこそ、穏健な経済成長が人民元国際化の根本的な保障となる。

　2、人民元の国際債券市場を開拓する。

　国際債券市場は非常に重要な国際金融市場の1つであり、国際金融システムに欠かせない部分である。近年、国際債券市場の分類構造と通貨構造が大きく変化し、欧州債券の発行規模は外国債券をはるかに上回っていた。2012年、ユーロ圏は国際債券市場と国際通貨市場で占める割合はそれぞれ40％と55％で、アメリカは26％と7%に過ぎなかった。ユーロ圏の国々が国際債券市場で発行した債券は、ヨーロッパのユーロ債券を中心としたもので、ユーロの国際化を後押しした。趙然と伍聡（2016）[2]の研究によると、円の国際決済機能に影響を与える要因は円建て国際債券市場の発展だけで、円建て国際債券市場のシェアが1%増えるごとに円建て国際決済機能指数は約0.99%上昇する。銀行の海外資本事業の拡大は、円の国際化にはあまり影響がない。これは、日本政府が東京の金融市場に多くの規制を設けたことによるものである[3]。

　日本の経済力が低下し、国際金融市場での融資能力も低下し、ユーロ圏の円建て債券の規模が急速に縮小したことが、円の国際化を大きく後退させた要因となっている。また、日本の経験から分かるように、円建て債券の発行規模はドル建て債券に次いで大きいが、半分近くの円建て債券を政府や公共機関が保有しているため、2級市場の円建て債券市場化定価メカニズムの形成に大きく影響した。投資家の取引リスクが増加し、円の国際債券市場の発展に影響を与えた。

1　Fukuda,S.andM.Ono,"OntheDeterminantsofExporters'CurrencyPricing:Historyvs.Expectations," NBERWorkingPaper,No.12432,August,2006.

2　趙然、伍聡『通貨国際定価機能発展過程におけるサブ金融市場の役割』、『中央財経大学学報』（2016）、50—60ページ。

3　これを見ると、銀行の海外資本業務の発展に対する制限も円の国際化を制約する重要な要素になっている。

人民元国際化の発展をより効果的に推進するために、人民元オフショア市場の建設を増大させるべきだ。とりわけ、非居住者に対するユーロの人民元建て債券発行の規制（発行機関、発行条件・数量など）を緩和する必要がある。

　3、人民元の「国際大循環」ルートを構築

　国際通貨発展の歴史・経験によると、世界の主要な国際通貨が国際化のプロセスでオフショアー市場の発展を避けられない。国際決済銀行の統計によると、2010年にはドルとユーロの為替取引の80%、円の為替取引の72%がオフショア市場で発生した。これらの主要な国際通貨の国際化プロセスで、オフショア金融市場の役割は侮れない。オフショア金融市場がなければ、ドルの国際化は今の水準には及ばず、円の国際化も1980年代に急速に発展することはなかった。ユーロやドルなどの主要国際通貨のオフショア市場を見ると、その最大の特徴は、資金の自己循環を形成することができることであり、十分な投資ツールと投資ルートが、通貨の流動性の需要を満たすことができる。この厳格な基準から見ると、香港の人民元オフショア金融市場がまだ不十分である。海外の人民元が香港に投資できることを目にしても、投資ルートは比較的限られており、資本の「国際大循環」が完全には形成されていない。「国際大循環」通路の整備は、人民元が本当の意味での国際通貨になる要件でもある。資金の「国際大循環」メカニズムの構築には、オフショア金融市場と国内の金融市場の相互調整、さらに特別な政策配置が必要だ。オフショア市場の観点から、現在は香港を中心に、人民元の国際資本市場を育成し、それによって資本項目下の人民元の海外循環メカニズムを確立しなければならない。香港証券取引所で人民元建ての株式と債券を発行する。現在のところ、人民元建て債券の発行には制度や技術的な障害がなく、それは人民元株の発行のために基礎を築いた。経常取引のクロスボーダー決済の迅速な発展に伴い、個人口座からの人民元送金システムの改善に伴い、香港市場の人民元流動性不足の問題が解消される。制度面では、RQDII業務の展開に重点を置き、同時に香港証券取引所の人民元建て債券の取引に国内証券とファンドが直接参加することを許可する。それによって香港人民元資本市場の建設を最大限に推進することができる。

　広い視点から見ると、大中華通貨圏の構築に力を入れ、人民元圏を段階的な戦略的選択とする。大中華通貨圏の主要なエリアは必然的に大陸、台湾、香港、マカオである。大陸と台湾がECFA協定を締結したことは、両岸の経済貿易往来が新たな段階に入ったことを示している。人民元と新台湾ドルに対して適切な制度の

手配を行うことは、香港ドル2重為替制度のほか、大中華通貨圏の核心的な仕事
になるだろう。現在、新台湾ドルはすでにドルとの自由変動が実現され、人民元
とドルの間のレートが相対的に安定していることが保証されれば、新台湾ドルと
人民元の間の自由な両替は経済貿易参加者の為替リスクを増加させない。中国大
陸の経済実力と外貨準備高を見ると、新台湾ドルへの自由な両替が十分に可能だ。

　政策の観点から、1つは地方政府、商業企業が香港で債券を発行するのを支持し、
集まった人民元の資金が中国国内に流れ込むことを許すことだ。第2に、外国の
人民元の直接投資を推進する。外資系投資企業の株主が人民元で国境を越えた直
接投資を行う。第3に、中国内地と香港銀行のクロスボーダー融資業務を発展する。
香港の人民元の在庫量は絶えず増加し、人民元の金利は相対的に低く、リスクコ
ントロール可能な条件の下でモデルを試行し、香港の低コスト資金を中国内地に
返流させる。第4に、条件に合った機関が香港で人民元資金を募り、中国国内の
証券投資サービス（QFII）で資金を調達する。

　人民元の還流メカニズムの手配は、香港と上海に多くの新たな歴史的チャンス
を提供することができ、それぞれの優位性と需要によって分業と協力、相互補完
インタラクションを実施し、人民元の国際化プロセスを共同で推進することがで
きる。

　オフショア金融市場・国内金融市場の新しいレイアウト——香港はオフショア
人民元市場を、上海自由貿易区は非住民向けの人民元市場を建設する。両地はそ
れぞれの人民元の国際金融市場を育成すると同時に、深いレベルの協力を積極的
に展開し、特に人民元の還流メカニズムの手配において協調を行っていく。つま
り香港は人民元の還流を手配し、上海は人民元の流出と還流後の行方を促進し、
さらに好循環のメカニズムを形成する。人民元の国内市場は上海証券取引所を中
心に、人民元建て国際決済を推進する。アジア地域のよい金融機関と企業を上海
証券取引所に引き入れて人民元建ての株式と債券を発行するように推進する。香
港、シンガポール、東京などの地域証券取引との連立上場メカニズムを模索し、
上場企業の適格審査へのプレッシャーを大幅に軽減する。

　上記2つのメカニズムの整備を通じて、資本取引の人民元の海外輸出メカニズ
ムを確立する。海外の人民元の資本供給を保障する一方で、上場審査のリズムを
コントロールし、資本取引の延差をドルの外貨準備の額度内にコントロールする
ことができる。

第4章
人民元国際化のマクロ金融リスク

　人民元の国際化が新たな発展の段階に入るにつれて、中国の経済と金融が世界市場に関与する度合いは日に日に高まり、中国通貨当局のマクロ・ブルデンス管理に対してさらに高い要求を提出した。国際貿易、国際金融取引、および各国の公的な外貨準備高における人民元のシェアは無から有へと変化し、中国に流入するクロスボーダー資本の流れは以前とは異なる新たな特徴を表しているため、通貨当局はマクロ金融政策目標の選択問題を再検討しなければならない。クロスボーダー資本の流動と国内金融リスクへの誘発メカニズムの調整を重視し、破壊的なシステミック・リスクの防止と解決に全力を尽くさなければならない。通貨国際化度合いの向上に伴い、通貨発行国は3大マクロ金融政策の目標で再選択を余儀なくされる。ドイツと日本の政策実践経験によると、不適切な政策選択の経路は、クロスボーダー資本流動の複雑な誘発メカニズムを通じて、国内金融リスクの悪化を招く可能性がある。マクロ・ブルーデンス管理の失敗は、通貨国際化の中途半端な結果に過ぎない。

　人民元国際化戦略の目標は遠大であるが、道は長い。新しい段階の人民元国際化が順調に発展し続けるために、マクロ金融政策の調整を慎重に進め、そのプロセスで現れる可能性のあるマクロ金融リスクを正確に認識・監視するとともに、システミック・リスクに効果的に対応できる政策の枠組みを早期に構築することが急務である。本章はまず、経典理論と歴史経験から、ドイツと日本の通貨国際化のプロセスにおけるマクロ金融政策の調整とその影響を深く分析し、その経験と教訓を掘り起こす。次に人民元の国際化が直面するマクロ金融リスクの表現を検討する。現在は人民元の為替変動と為替管理の問題に集中し、将来はクロスボーダー資本の流れによるシステミック・リスクの上昇問題である。最後に国家戦略の視点に基づいてマクロ・ブルーデンス管理を行い、人民元国際化の最終目標のスムーズな実現を后押しする。

第4章　人民元国際化のマクロ金融リスク

4.1　国際通貨発行国のマクロ金融政策の選択

　開かれた経済体の通貨当局は必ずマクロ金融政策目標の選択問題に直面しなければならない。各国は実際の状況から、通貨政策の独立性、為替の安定と資本の自由流動など政策のターゲットに対して取捨を行い、政策のポリシーミックスを実現し、必要に応じて常に調整を行う。通貨国際化の度合いが徐々に向上していく中で、その国は必然的にクロスボーダー資本流動の重大な変化に直面し、通貨当局にマクロ金融政策目標の選択問題を再検討するように迫られる。理論的には政策のポリシーミックスの調整経路が唯一ではないことは言うまでもない。しかし、歴史的な経験から見ると、ドイツと日本がそれぞれ選択した政策調整経路は、国内の経済と金融の運行に大きな影響を与えていて、両国の通貨国際化の道では明らかに差をつけている。

4.1.1　開かれた経済の経典理論と政策選択策

　1960年代に、ロバート・マンデル氏はすでにクロスボーダー資本の流れが一国の為替レート制度の選択と維持に重要な影響を及ぼすことを発見した。資本が国境を越えて移動することができない場合、固定レートであろうと変動為替レートであろうと、通貨当局は通貨政策の独立性を適切に維持し、経済問題を効果的に解決することができる。しかし、ホット資本が完全に自由に移動するとき、通貨政策の有効性と独立性は、変動為替制でのみ現れ、固定レート制ではマクロ経済へのコントロールは完全に効かない。これは、国際金融分野で広く知られているマンデル氏の「不可能な三角」理論、すなわち、資本の完全な自由移動、通貨政策の独立性と固定為替レート制の3者の間は2つしか選択できない、もう1つの目標を放棄しなければならない。

　マンデル氏は、上記3つの政策目標を同時に実現することが可能だと考えているが、その国は、上限のない外貨準備をしなければならないという重要な前提がある。しかし、これは現実的には不可能である。一国の外貨準備高規模がいくら大きくても、莫大な国際投機資金と比較することはできない。市場が自分の予想を実現すると、本国の通貨安は一瀉千里になり、外貨準備高では挽回できない。そのため、資本が完全に流動的であることや、通貨政策の独立性を維持しなけれ

101

ばならない場合には、固定為替レート制度は結局崩れてしまう。

　マンデルの「不可能な三角」理論の核心は、資本が完全に移動する状況で、為替レートが自国の金利と国際金利を維持しなければならないということを強調することである。両国の金利レベルが予想された為替レートの変動値と等しい場合だけでなく、市場のエクササイズを停止することができるだけでなく、そうでなければ市場は常に一定の利益の可能性がある。もし 1 国は固定為替レート制を採用したとしたら、それに資本項目下の自由に両替することを認め、その自国の金利レベルが等しくない限り、資本そのものの利益の特性は資本の流れによって流出する。自国の金利が外国の金利水準より高いことを例にして、利息の差は市場の中で一定の利益の機会が現れて、それによって国外の資本を引きつけて大量に流れ込むことを引きつける。正常な情況の下で、資本の大量の流入は自国の通貨に一定の切り上げ圧力に直面する。しかし、固定為替レート制の下では、為替レートの安定を保証するために、自国の中央銀行が外国為替市場への介入を余儀なくされ、外貨を買い入れ、自国通貨を売る。基軸通貨の増加は市場の通貨の生存量の増加をもたらして、それによって自国通貨の利率は下りの圧力に直面する。この場合、中央銀行は事実上すでに通貨政策の独立性を失った。

　数十年後、ポール・クルーグマン氏はマンデルの「不可能な三角」理論をさらに発展した。彼は、1997 年のアジア金融危機の形成メカニズムに合わせて「3 元のパラドックス」という仮説を提出し、さらに開放経済体の 3 大マクロ金融政策目標間の内在的な関係を高度に総括した。

　「3 元のパラドックス」によると、開放経済体通貨当局の策略の選択は、以下の 3 つを含む。

　策略Ⅰ：資本口座を開放し、資本の自由な移動を可能にし、為替の安定を維持する。しかし、通貨政策の独立性を放棄しなければならない。UIP の分析を通じて、固定レート制では、資本の自由な流れは、中央銀行が外為市場に介入し、最終的には通貨供給量と市場金利水準に影響を与え、自国の市場金利レベルが徐々に外部の金利に近いようになっていることを明らかにした。香港を例にとると、香港は小型開放の自由経済体であり、資本の自由な出入りが可能であり、通貨政策の独立性と固定為替レート制の間で、香港は後者を選択した。香港ドルとドルの間で、1 ドル＝ 7.8 香港ドルの水准を長期的に維持すると同時に、香港の通貨政策も完全に FRB に追随しなければならない。

　策略Ⅱ：資本口座を開放し、資本の自由な移動を可能にし、通貨政策の独立性

第4章　人民元国際化のマクロ金融リスク

を維持するものの、固定為替レート制を放棄し、為替レートの変動を許容しなければならない。資本が自由に出入りできるようになると、金利の変化は資本の大量流動をもたらし、資本移動による為替圧力は、為替レートの自己調整によって次第に釈放され、自国の基軸通貨の全体規模に影響を及ぼすことはない。したがって、市場全体の通貨保有量に影響を与えず、通貨政策の独立性を保つことができる。先進経済体はその戦略配置を多く採用している。アメリカが世界資本口座の自由化レベルが最も高い国の1つであり、同時にドルが最も主要な国際通貨として、通貨政策の自主権を持つ必要があり、それによってドルレートが変動しなければならない。

　策略Ⅲ：為替レートの安定、通貨政策の独立性を維持しているが、資本の自由な流動を放棄し、厳格な資本規制を実施しなければならない。前に述べたように、マンデル氏の「不可能な三角」理論は、資本口座の開放に基づいて提出されたもので、クルーグマン氏の、「不可能な三角」理論に対する開拓は、主に資本規制状況に対する策略の選択に現れる。すなわち、資本規制は一国が同時に自国の金利水準を自主的に決定し、同時に為替安定を維持することができるという保障がある。資本規制は資本の流動性を犠牲にして為替レートと金利の変動に影響を及ぼす各種経済的な要因を人為的に取り除くことができる。中国改革開放の初期を例にとると、中国は長い間、厳しい資本規制を通じて、為替の安定と通貨政策の独立性を保証してきた。この戦略は中国経済が長期的かつ急速に発展する重要な制度の保障である。

　しかし、中国経済の対外開放度合いの向上と人民元国際化の度合いが深まるにつれて、中国は経済と金融の分野と世界市場とのつながりがますます緊密になっている。この場合、通貨管理当局は、マクロ金融政策グループの適切な調整を慎重に検討する必要がある。世界の第2大経済体として、中国の経済規模が膨大で、通貨政策の自主権を完全に放棄することはできない——これは今後の政策調整の時に策略Ⅰが排除されたことを意味する。では、どのような方式で策略Ⅱの進化を図るのか。政策調整のタイミングと政策調整の過程で現れたマクロ金融リスクをどのように判断するか、国際金融の経典理論はこれに直接答えはないが、自国通貨の国際化プロセスでかつて中国と同じ問題に直面したドイツと日本は異なる政策実践経験を提供しており、その持っている意味や参考価値も重要である。

4.1.2　ドイツと日本の歴史的経験と示唆
第2次世界大戦後、ドイツと日本が直面した国内外の環境は非常に似ていて、

103

両国は廃墟から再建されたと言える。両国の経済と金融市場の台頭はほぼ同期であるが、開放のプロセスでマクロ金融政策の選択における差別処理により、両国の通貨国際化の成果が大きく異なる。世界の公的外貨準備高でのシェアを例にとると、ドイツ・マークは 1973 年の 2%未満から、ユーロ誕生までの 13%に上昇した。円はジェットコースターのように、1970 年代初めの 0.5 %から 1991 年のピークの 8.5 %に上昇したが、その後すぐに急落し、2015 年末までに 4.8 %に落ち込んだ。

　1、ドイツの経験

　1950―1990 年代、経済の対外開放度合いが絶えず向上し、ドイツが選んだマクロ金融政策の組み合わせは何度も変化した。「3 元のパラドックス」によると、ドイツの政策選択は、次の 3 つの段階に分けられる。

　第 1 段階（1950―1960 年代）では、策略Ⅰを選択した。資本口座の管理は、資本流出の開放から資本流入の開放へ、完全閉鎖から基本開放へと進む。その間、ドイツ経済は急速に成長した。工業生産も戦後の不況から徐々に回復し、同時に大量の国際資本がアメリカからヨーロッパに流れ始めた。ドイツは長期にわたって経常取引と資本取引の順差を維持し、ドイツ・マークの対外通貨安定や国内インフレへの圧力が高まっていた。圧力を緩和するために、ドイツはまず資本流出に対する規制を緩和し始めた。1952 年に住民の対外直接投資の制限を緩和し、1956 年には住民による外国証券の買い入れが許可され、1957 年にドイツが資本取引で完全に両替できると発表した。これで、住民の対外輸出資本は、管理当局の審査が必要ではない。その後、ドイツは資本の流入に対する制限を徐々に緩和し始めた。1958 年 7 月、ドイツは非住民がドイツ国内での投資を許可し、1959 年、ドイツは資本流に対する規制を完全に撤廃した。この段階で、ドイツは名目上の資本口座の開放をほぼ実現した。しかし、ブレトン・ウッズ体制が固定為替レート制を実施しているため、資本口座の全面的な開放に伴い、ドイツは次第に通貨政策の独立性を失いつつある。国内の金利が外部の市場を上回ると、大量の国際資本が流入し、ドイツ・マークに外貨値の安定に脅威をもたらすため、ドイツの通貨政策はコア通貨の発行国と一致しなければならない。

　第 2 段階（1960―1970 年代）では、資本規制を再開し、策略Ⅲで通貨政策の独立性を保障し、短期資本流動管理は何度も調整され、次第に策略Ⅱへ移行した。大量の歴史資料によると、1968 年末から 1969 年初頭までの半年間、世界の外為市場はドイツのマークに追いつく狂乱的な状況を迎え、一時的な外国為替市場の

第 4 章 人民元国際化のマクロ金融リスク

閉鎖を余儀なくされた。[1]ドイツ・マークの「突然の台頭」は伝統的な経済学の理論で解釈するのは難しいようだが、国際的な経済的な金融情勢が激変する現実的な背景がある。20 世紀の末から、3 回のドル危機が連続して爆発した。これは、ドルが「ダブルフック」として、為替レートシステムのコア通貨、国際決済手段の評判と地位に影響を及ぼし、国際金融市場は新たな支えを探さなければならない。ドイツ・マルクがその中から選ばれた。

　しかし、1960 年代末から 70 年代初めにかけて、策略 I の政策ポリシーミックスで、ドイツの政策金利はアメリカとの高度に一致し、通貨政策の独立性を徹底的に喪失した。これはドイツの中央銀行に大きな圧力となった。そこで、1960 年代末から、ドイツ連邦銀行はマクロ金融政策の選択を見直した。3 ステップに分けて進め、通貨政策の独立性を確保することにした。第 1 ステップは、策略 I を放棄し、資本の規制を再開し、策略 III で国内の金融市場を安定させる。第 2 ステップは、マルクの自由変動を許可し、策略 II に傾き始める。第 3 ステップは、再び資本口座を開放し、策略 II を完全に実現する。

　具体的な措置は、1968 年 12 月から資本口座の規制を再開し、資本の流入を制御するために、ドイツの商業銀行の対外負債に対して、100 ％の「特定法定準備金率」を要求した。1969 年 9 月、ドイツは 4 マルク／ドルの公式固定レートを維持するため、市場介入をしないことを決めた。ドイツ連邦銀行は同年 10 月、マルクを再び評価し、政府為替レートを 3.66 マルク／ドルとし、9.3％の切り上げを行った。マルクの為替レートを見直した後、対外負債の「特別法定準備金率」要求を取り消した。

　特に、ドイツは、1 ドル＝マックスウィークの為替レートを維持しないという決定を下した後、ドイツは完全に策略 II に向いたとは言えなかった。ドイツ・マルクの急激な切り上げで経済競争力に打撃を与えるのを望まないため、1970 年代以後、ドイツ政府の資本口座管理に対する態度は、「規制――緩和――再規制――緩和」が繰り返された。特に、短期投機資本の流入に備えて、特別法定準備金率と現金性預金の要求で政策の強度を高めていた。ドイツ銀行の対外負債に対して、新たに 30％の特別法定準備金率を要求した。1971 年 5 月、非居住者の銀行預金に対する利子支払い、非居住者のドイツの通貨市場製品の購入を禁止した。1972 年 3 月、ドイツは特別な法定準備率を 40 ％に引き上げ、同年 6 月にドイツの固定

1　Gray,W.Glenn,"NumberOneinEurope:TheStartlingEmergenceoftheDeutscheMark,1968-1969," CentralEuropeanHistory,Vol.39,No.1,2006,pp.56-78.

105

収益証券を購入する際に事前に報告しなければならない。1972年7月、現金預金の要求と法定準備金率を全部で50％に引き上げる。1973年6月、再び特別な法定準備金率と現金預金の要求を高める。それだけではなく、間接資本規制措置の効果が明らかにならない場合、ドイツはさらに厳しい直接資本規制措置を取っていた。例えば、1973年2月、ドイツの固定収益証券を購入する非居住者の事前申告範囲を、すべての信用機器、株式購入、相互援助基金、借入金（500ドイツ・マーク以上）まで拡大した。

　第3段階（1980年代以降）では、策略IIを完全に実現し、資本口座は完全に開放した。1970年代、欧州連合（EU）は「欧州通貨体制」を構築した。ドイツ・マークは、間違いなく同通貨体制のコア通貨となった。この時、ドイツ・マークは、事実上、主流の国際通貨となった。さらに、10年の継続的な調整を経て、マークレートはすでに固定為替レート制から変動レート制に移行することに成功した。ドイツの金融機関や企業の国際化は明らかに高まっており、国際金融市場の衝撃に対応する能力もまた大きく高まっていた。

　このような背景の下、1981年からドイツは資本規制の全面的な緩和に乗り出した。まず資本の流入に対する制限を緩和し、国内証券事業に対する非住民の投資制限を徐々に取り消した。1984年に双方向資本の移動を全面的に開放し、これでドイツは資本口座の開放から完全開放まで、すべてのプロセスを完了した。ドイツのマクロ金融政策は策略IIIから策略IIへの移行を順調に実現した。最も重要なのは、ドイツの通貨政策は十分な独立性を保っている。自国がインフレになったときは、外部からの妨害に頼ることなく、自国の通貨政策によって調整を行うことができる。

　ドイツ・マークはまず国際化を実現し、それからドイツは完全に資本口座を開放した。ドイツは、為替や通貨政策の安定に対する偏執的な追求が続いていた。安定を実現するために、ドイツは大量の外貨準備を犠牲にして、金融市場の緩やかな発展を容認した。他の先進国に比べて、1990年代初めまで、ドイツは近代的な金融ツールの応用でまだ途上国レベルに属していた。この時期のドイツ資本市場の規模は、アメリカやイギリスだけでなく、フランスなどのヨーロッパ諸国にも遅れていた。しかし、安定した経済成長と金融発展、ドイツの工業コア競争力アップの黄金期を獲得し、ドイツの国際化に対応した各種金融市場の変動に十分な技術手段と政策ツールを準備していた。ドイツの金融市場は発展してきて、フランクフルトは世界で最も重要な国際金融センターの1つである。

第4章　人民元国際化のマクロ金融リスク

2、日本の経験

日本の通貨国際化プロセスにおける金融政策の選択は、比較的急進的である。1960年代から策略Ⅱを直接選択し、円相場の変動を認め、資本口座を徐々に開放した。しかし、日本は通貨国際化のプロセスにおける国際資本の衝撃への対応が不十分で、円の国際化は「線香花火」という窮地に陥った。日本の策略Ⅱを実現するプロセスは大体3つの段階に分けることができる。

第1段階（1960—1970年代）では、変変動為替レートと直接投資を認め、証券投資の規制を大幅に緩和した。1964年、日本は経常取引の口座を開放し、『経常非貿易自由化に関する協定』と『資本移動の自由化に関する協定』が締結され、同年、『外食法』も改正された。外国投資家の対日直接投資を認め、日本が資本取引の両替を始めた。1967年から1976年までの10年足らずの間に、日本政府は5つの政策を打ち出し、外国人直接投資の業種制限を廃止した。日本は1973年に96%の業界を開放した。1971年にブレトンウッズ体制が崩壊し、国際通貨システムはジャマイカ時代に入った。日本は1972年、円相場が米ドルとの固定為替レート制を終え、変動為替レート制に入ると宣言した。2.5%の為替レート変動区間が設定されたが、国際資本による大規模な流動性の流れに伴い、結局、日本政府は円相場の安定に成功できず、円高が急激に進んだ。同年5月、日本は外貨集中制度を廃止し、住民と非居住者が外部預金を保有できるようにした。日本政府はまた、経常収支の黒字幅が縮小することに備え、資本流入への規制を再び緩和し、非居住者の円口座の預金準備率を下げ、外国機関投資家に債券回収市場を開放した。図4—2を見ると、この時期の日本の通貨政策は、FRBの妨害の程度が明らかにドイツより低く、通貨政策の独立性が強い。しかし、円相場の急速な切り上げにより、日本の経常収支の変動性が増大した。これは日本の実体経済を傷つけた。

第2段階（1980年代）では、金融の自由化を強力に推進し、資本取引の両替が基本的に実現された。1980年12月、日本は「外貨及び対外貿易管理法」を実施し、当初の「原則禁止、例外的許可」を「原則自由、例外的な規制」とし、住民が国に許可された指定商業銀行と証券会社で、外国為替資産を自由に取引することができ、同時に外国政府の円口座の上限を廃止し、住民の外貨預金が完全に自由化され、非住民の日本国内証券への投資を認めた。これにより、日本の資本市場は、約40年間続いてきた閉鎖的な時代に終止符を打った。日本の内外の株式投資は自由に行い、外資は日本の資本市場への投資と人材証券サービスに参加することができる。この段階での日本の資本口座の開放は、直接投資から証券投資や

107

その他の投資に拡大し、基本的に資本取引の決済が実現した。1985年の「プラザ合意」以降、円高ドル安が日本国内の工業生産を遅らせたため、日本政府は1980年代後半から、拡張的な通貨政策を採らざるを得なくなった。低金利化を続けることで経済成長と実体経済への投資を促進したが、1990年代のバブル崩壊には伏線が敷かれた。日本は結局、「流動性の罠」にはまり、実体経済の投資は悲鳴をあげた。

　第3段階（1990年代）では、資本取引の両替が完全に自由化された。1990年代、日本は「失われた10年」に陥った。制造業の生産は谷底に落ち、円は国際市場での使用も1990年代初めにピークに達した後、急速に下落した。円の国際的な地位はドイツのマークに大きく遅れを取った。「流動性の罠」に落ちた後、日本は「金融ビッグバン」を始めた。資本口座の開放を拡大して外資を積極的に導入し、経済の新しい成長点を探そうとしていた。1997年5月、日本は資本取引を事前承認制と事前申告制から事後報告制に変え、現行法の外貨銀行制と両替商に対する規定を廃止し、電子通貨の支払いを認めた。1999年の新外国為替法の実施で、戦后に構築した外国為替及び資本規制の主要な措置をすべてキャンセルし、日本は資本取引の両替を全面的に実現した。しかし、「金融ビッグアウト」は日本がこれまで予想していたように大量の外資流入を呼び込むことはなく、日本経済の困窮は依然として解決されず、長期低迷の日本経済と過度な変動の為替レートは住民の目に映っていない円の吸引力を急速に退色させ、円の国際的な地位の下落は避けられなかった。

　以上のドイツと日本の経験を見ると、両国の通貨国際化の起点が似ているが、結局は大きく異なった。ドイツは1960年代にも資本口座を開放したが、いつも慎重な態度で開放と調整を進めてきた。そして、マクロ経済の安定と為替の安定を目指して、工業生産のコア競争力を向上させ、マクロ金融政策の選択において動態的な調整を取って、最終的にドイツ・マークとドイツの国際地位を獲得した。日本は激進しすぎて、1960年代から資本口座を大幅に開放しようとし、自国の実体経済が為替レートの切り上げに対応する能力を高く評価し、円高を維持し、自国の実体経済を害していた。1980年代からデノミ通貨政策と金融市場の開放を通じて自国経済を刺激しようとしたが、実体経済の衰退は避けられず、円の国際化は水の泡となっただけでなく、日本の金融市場の発展を遅らせた。

4.2　マクロ金融リスクの挑戦に直面する人民元の国際化

　ドイツと日本は、通貨国際化のプロセスで通貨政策の独立性を非常に重視してきた。中央銀行が通貨政策の独立性を維持してこそ、金融市場が絶えず開放されるプロセスで、自国経済の安定的成長を維持し、国内のインフレと失業水準を効果的に調整することができるからだ。通貨政策は国内経済をコントロールする重要な手段であり、一国の通貨政策のターゲットは順調に実現する基本的な前提でもある。国際通貨の発行国として、通貨政策の独立性が重要だ。通貨政策が独立しない国で発行された通貨は、国際金融市場の信頼を得ず、通貨の公信力が大幅に削減されることになる。

　主な国際通貨の発行国として、ドイツと日本は最終的に策略Ⅱのマクロ金融政策ポリシーミックスを採用した。しかし、より歴史的な参考になるのは、両国の異なる政策調整の経路、その通貨の国際化に対する影響である。両国の経験は、政策の調整を急ぐことができないことを示し、自国の経済と金融市場、監視部門で国際資本の衝撃に対応する十分な準備をしてから、為替レートと資本口座を開放ことができる。

　近年、人民元国際化の度合いは着実に向上し、SDR構成通貨に加入した後、新たな発展段階に入った。開かれた経済の経典理論と国際的な経験から分かるように、中国のマクロ金融政策は、政策調整の敏感な時期に入っていた。策略Ⅲから策略Ⅱへの移行段階に、マクロ金融リスクに対する認識と判定を行い、マクロプルーデンス管理を実現するために前期準備を行い、政策調整のタイミングと力を正確に把握するために根拠を提供する。

4.2.1　現段階では、為替変動と為替管理に集中する

　中国は政策調整のプロセスで当時のドイツや日本と同じ問題に直面している。通貨国際化の度合いが低から高へ変化する時、通貨発行国にとっては、最も重要な挑戦は為替変動である。貿易大国にとって、為替変動性の上昇は対外貿易取引における不確実性を増大させ、取引リスクを高め、取引コストを増大させ、従来の貿易のバランスを崩す恐れがあり、国内市場に対して深刻な衝撃をもたらす。中国のような途上国にとって、人民元の為替レートはより厳しい試練に耐えなければならない。長期的に一方的な上昇であっても短期的な大幅下落であっても、

国内のマクロ経済と金融市場に大きな圧力となる。為替レートの変動が避けられないだけに、通貨当局が為替管理をどのように進めるかが、通貨の国際化プロセスを決める鍵となる。

通貨国際化の初期には、為替レートの一方的な上昇圧力が通常発生する。2015年以前は、人民元のドルに対する一方的な上昇傾向は数年間維持されており、これは当年の円と非常に類似している。長期的な円高と人民元の上昇の過程で、両国の輸出貿易はいずれもある程度の影響を受け、輸出規模の伸び率はいずれも減少傾向にある。一方的な切り上げは貿易市場を更に圧迫し、自国企業の国際競争力を低下させるだけでなく、大量の資本は、経常口座から外貨市場に流入し、中央銀行に国内製品の過剰生産の状況でも、通貨の発行を引き続き増加させるように迫った。企業の生産と革新の積極性が厳しく抑えられ、実体経済の活力が低下し、ひどい場合は日本のように自国の経済を取り返しのつかない渕に陥れる。

このようなリスクを事前に予見していたためか、ドイツは為替レートの上昇圧力に対して異なった政策を選択した。1960年代末からかなりの期間にわたり、マークレートの安定を維持した。ドイツ・マルク国際化が始まった段階で、通貨当局は、為替安定の目標について、強い意志を貫いた。そのために資本規制を再開し、金融市場の発展を猶予し、外貨準備高による市場介入も辞さない。この時期の為替相場の安定は、ドイツが貿易優位を維持し、工業生産力を高め、国内実体経済の発展を強固にするために有利な外部条件を作り出した。長期的に見て、工業生産競争力と国内の実体経済成長の潜在力はまたドイツのマークレートの安定に有力な支持を提供した。ドイツは長い間、国際収支の経常黒字と世界産業チェーンの主導的地位を維持している。ドイツの競争力のある輸出企業は、国際取引決済におけるドイツ・マルクのシェアをよく保証し、それによってドイツで変動為替相場を実現した後も、国際市場のドイツ・マルクへの安定した需要を維持することができた。1980—1996年の間に、ドイツの輸出品の中で、ドイツ・マルク建ての比重は82.3%で、同期の日本輸出で、円の取引の比重は29.4%にとどまった。為替相場の安定は通貨国際化の初期に国内の実体経済の発展にとって重要な意義を有し、また長期的に見ると、通貨の国際地位の向上は、最終的には自国の真実な富の創造能力にかかっていることがわかった。

為替レートが値下がりしても、一国の経済を損なうこともある。特に新興国にとっては、為替レートの持続的な切り下げは国際資本の瞬時的な逆転（sudden stop）をもたらす。切り下げ予測が形成されると、自己実現の期待効果は短期資本

110

のヘモクラーシスを増大させ、市場の為替レートの下落をさらに加速させる。一方、資本恐慌が出てくると、自国の資本市場の流動性の減少が自国の証券市場に大きなダメージを与える一方、国内企業の外貨建て債務コストはラテラされ、財務健全な企業にも、資産を安く売るように迫る。企業の巨額の損失はまた、自国の資本市場の発展をさらに悪化させ、国家経済の安全に大きな脅威をもたらす。

2015 年以後、中国国内外の市場はすべて人民元の切り下げ予測に転換し始めた。「8・11」の新為替レートが変更された後、人民元の切り下げの圧力が強化され、また海外市場は人民元の為替レートに対する衝撃がますます大きくなっていた。2016 年 1 月 6 日、オフショアー市場の人民元先物為替レートは 2008 年以来の史上最高値である 6.955 まで下落した。同日、人民元のテイクオフ割引は 6.49% に達した。その後、人民元安の圧力は緩和されたが、市場の悲観的な情緒は明らかに退却していない。これは事実上、通貨当局のマクロ金融管理能力に対する実戦点検である。為替レートの変動に適切に対応できず通貨危機に見舞われた場合、人民元の国際化が円のように「線香の花」になってしまうのは避けられない。

この問題では、中国はドイツを模倣し、通貨国際化の初期には為替レートの安定目標を主要な位置に置くべきである。ドイツは、資本規制を回復したことで、為替レートを安定させた。ドイツはまた、大量の外貨準備高を平準化基金として使用し、市場でドイツ・マークの供給量を一定水準に安定させ、ドイツ・マードック為替相場の安定を保証した。そのため、当面の政策の重点はどのようにして中国の管理変動為替レート制を改善し、実体経済のモデル転換と発展のために時間と空間を勝ち取る。特に、市場の期待を誘導し、効果的に為替レート管理を行うために、市場とのコミュニケーションの面でたゆまず努力しなければならない。また、為替レート管理で必要な場合には、特に短期クロスボーダー資本の流動に対する資金口座の管理措置の調整にも気を使わなければならない。

4.2.2 将来は主要なクロスボーダー資本流動とシステミック・リスク

経典理論と国際的な経験は、一国の通貨がすでに主要な国際通貨の行列に入った後に、通貨当局は策略Ⅱのマクロ金融政策のポリシーミックスをとることしかできないことを表明している。これは同様に中国にも適用される。しかし、中国国内の金融市場と金融監督管理システムがまだ完全ではない、クロスボーダー資本移動の冲撃への対応方法が限られ、効果がない場合で、うかつに資本口座と人民元の為替レートを開放すると、システミック・リスクが発生し、実体経済と金

111

融発展に深刻な損害を与え、人民元国際化の中断を招く可能性がある。そのため、中国が策略 III から策略 II へ移行する過程で、マクロ・ブルーデンス管理の重点も、急激な為替変動の防止から、クロスボーダー資本流動によって発生するシステミック・リスクの防止への方向転換をする必要がある。実際、中国経済と金融が国際市場に参入すればするほど、クロスボーダー資本流動による衝撃は頻繁になり、それによるリスクも増大している。

　中国にとって、クロスボーダー資本流動の衝撃は 1 つの現実的な問題である。アメリカは世界最大の経済体で、中国最大の貿易相手国でもある。ドルは現在の国際通貨システムの基軸通貨であり、アメリカの通貨政策は世界各国に対してのオーバーフロー効果が避けられない。2008 年のサブプライム危機後、8 年近くの経済構造の調整を経て、アメリカは金融テッドを大きく下げ、住民の貯蓄レベルを高め、製造業を立て直し、輸出競争力と就業率を高めた。現在、アメリカは基本的に景気回復期を過ぎた。FRB は量的緩和政策を漸進的に廃止し、ドル金利のサイクルを開始した。アメリカの通貨政策サイクルの変化は、必然的にドル高期待を強化し、資本の大規模なアメリカへの流入を引き起こした。これは中国を含む世界各国に圧力を与え、資本の流出、国内の資本形成規模の縮小などのリスクを増加させ、産業モデルの転換とアップグレードに不利になる。また、ドル金利の引き上げは、世界の流動性を縮小させる。EU が債務や難民問題を解決するのに役立たず、ブラジルやロシアなど金融脆弱な新興市場国が金融危機に陥りやすくなる。中国の貿易や直接投資の半分は新興市場国であるため、これらの国で金融危机が発生した場合、中国経済に打撃を与え、国際収支のアンバランスなリスクを増大させ、中国国内の金融危機を引き起こす。

　中国は経済のグローバル化に溶け込み、金融資源の最適化、配置を実現するための条件を創造した。アメリカ、ヨーロッパ、日本などの主要経済体が量的緩和政策を実施し、国際融資コストが極めて低い場合、資本口座を慎重に開放し、国際市場から安い資金を調達することができる。これで、中国企業の融資難、融資コスト高いの問題を緩和させる一方で、中国の対外投資を促進し、国際資金を「一帯一路」の建設に投入し、中国過剰な生産能力の移転と産業アップグレードを加速する。

　しかし、歴史的な経験を見て、途上国が資本口座を開放されると、通貨危機と金融危機が発生していた。中国も 3 つのリスクに直面している。第 1 は「3 元のパラドックス」の原則によって、いったん人民元が両替を実現し、つまり資本口

座の規制を取り消し、通貨政策の独立性を維持することは中国がマクロ経済をコントロールするために必要な手段であり、これは人民元の将来が変動的でなければならないことを意味する。為替の変動は輸出入の変動を招きやすく、実体経済に失業とインフレの圧力をもたらす。第2に、投機資本の流動や「ホットマネー」の衝撃が発生しやすく、外国為替市場—通貨市場—資本市場—派生商品市場の相互作用で、資金と資産価格の変動をもたらし、金融システムの脆弱性、流動性の危機と資本バブルの破裂リスクを増加させる。第3に、資本口座の開放と人民元の国際化は相互に促進され、人民元のオフショア市場規模を拡大する。オフショア市場と国内金融市場の参加主体、運行メカニズムが異なるため、オフショア市場と国内金融市場には必ず為替相場の差が存在し、国内外の人民元資金の無秩序な流動を引き起こしやすく、人民元の為替レートが大幅に乱高下し、中央銀行の人民元レートへの介入が難しくなり、中国の外貨準備高の過剰な損失を招く、中国政府のマクロ経済管理能力を低下させる可能性がある。

　短期資本の持続的な海外流出は、中国が対外開放のプロセスにおいて短期的であれ長期的であれ、重視しなければならない金融リスクである。現在、短期資本流出の主な原因は人民元高予想の逆転であるため、安定的な展望が資本の流れを安定させるのに役立つ。一方、金融の抑制環境が打破されたことに伴い、中国経済・金融のシステミック・リスクへの懸念から、中国の住民と企業はグローバルな資産配置に強い意欲を持っており、それに伴う資本流出の規模は過小評価できない。このため、通貨当局は資金口座を慎重にコントロールし、漸進的に開放するほか、またシステミック・リスクを監視・管理し、システミック・リスクを防止・解消するための効果的な政策ツールを提供しなければならない。

　中国はまたクロスボーダーの人民元両建てという利食いのリスクを高度に重視すべきである。第1に、輸出入の実体企業が資本の運用に熱中していることで、貿易数字が大量に増加するだけでなく、「ホットマネー」が外貨からオフショア人民元市場に流入し、国家の流動性管理にも不利になる。第2に、クロスボーダーの人民元両建て利食いの資金流出入が中国経済に対して衝撃を生み、資金流動の波動性を激化させ、国際収支のバランスと国内経済に大きな衝撃を与えた。第3に、クロスボーダーの人民元両建て利食いの行為には一定の負債資金償還リスクがある。クロスボーダーの人民元両建て利食いは1つの孤立的な現象ではなくて、クロスボーダー取引の人民元決済と関連した先物信用状、海外肩代わり、協議による支払い、予収・延べ払いなどの製品を通じて実現する。この種類の業務は一時

113

現行の外債管理に組み入れていない。いったん企業経営がうまくいかず、資金の連鎖が断ち切れれば、対外支払いのリスクにつながる。

4.3　国家戦略の視点に基づくマクロ・ブルーデンス管理

国際通貨の多元化は1つの動態的な発展の過程で、国際貿易の構造、国際金融市場の変化はいずれも国際通貨の構成に対応する調整が起こることをもたらす。このプロセスの中で、国際通貨発行国の通貨当局にとって、最大の挑戦は当然、どのように動態的なリスク管理を行うことであり、国際資本がもたらす市場変動や自国の実体経済への影響に対応することである。人民元はすでに SDR 構成通貨に加入し、名実共に国際通貨となった。マクロ・ブルーデンス管理をいかに行い、各段階で発生する可能性のあるシステミック・リスクを効果的にモニタリングし防止し、中国経済のより高い水準の開放と人民元の国際化を推進するために、重要な戦略的意義を持つ。

4.3.1　人民元国際化の最終目標を実現するために根本的な保障を提供する

人民元の国際化は、中国の利益主張と国際通貨システムの改革を実現する2重の使命を担っている。この戦略はまず、中国の国益に合致し、新興大国に不可欠な支持力を提供することができ、同時に世界の利益に合致し、現行の世界経済秩序と国際通貨システムを完備させ、新興大国の責任と担当を体現した。

人民元は主要な国際通貨として成長し、中国経済と貿易の地位に見合った国際通貨の地位を実現することで、中国が世界経済の中心圏に入り、「ドルの陥落」から抜け出り、外部からの影響を防ぐ能力を強化し、国際的な競争力を高めるのに有利である。

2008年の世界金融危機以来、国際通貨システム改革の声が高まり、その核心はドルへの過度な依存を下げ、発展途上国が国際通貨の発行に参加する発言権を高めることである。中国は最大の発展途上国であり、国際通貨システムの改革を推進するうえで責任を持つべきである。中国政府は、人民元の国際市場での広範囲な使用や、IMF が人民元を SDR 構成通貨に入れたことを歓迎し、大国の責任を体

現した。人民元の台頭は互いに制限し合ってバランスを保つ国際通貨競争の枠組みを形成し、広大な発展途上国に、より安全な国際準備通貨を選択させるチャンスをもたらし、過度なドル依存による弊害から脱することができる。

国際通貨システムの大局から見て、制限し合ってバランスを保つ国際通貨競争の枠組みは国際経済と貿易構造の調整方向に順応し、世界経済のアンバランスと世界金融の「恐怖のバランス」[1]の行き詰まりを打破するのに有利で、同時に「良貨は悪貨を追い払う」という規制メカニズムがあり、国際通貨システムに安定的な要素を加えて、システム的な世界金融危機の圧力を効果的に緩和する。

一般的に、通貨の国際化には以下のいくつかの条件が必要である。総合的な経済実力、貿易の地位、資本の自由的な流動、通貨の安定、マクロ管理能力。過去数年の実際の状況から見れば、人民元の国際化を支える最初の4つの要素はすべて良好な表現を持っている。しかし、通貨当局のマクロ管理能力はさらに向上しなければならない。資本口座の開放という背景の下で資本の流動とマクロ金融リスクを統合的に管理するには、システムの理論指導が必要であると同時に、必要な実戦経験が不足している。長期的に見ると、マクロ管理は人民元の国際化プロセスに影響を与える短所となる。マクロ管理能力は同時に、資本自由流動や通貨価値の安定などにも影響を与えるため、人民元国際化の最終的な目標を実現するために、マクロ管理能力を強化し、国際社会の人民元に対する信頼を勝ち取る。

人民元の国際化は、健康で安定したマクロ経済環境と成熟した金融システムを必要としている。金融システムの安定と発展は、実体経済の運営に対して、資源の配置とリスクの負担を発揮する積極的な役割を果たしているだけでなく、経済開放のプロセスにおいて最良の自己保護障壁となり、人民元の国際化プロセスにおいて中国経済が国際資本の大規模な衝撃を防ぐことを助けることができる。金融改革の深化と人民元の国際化が進プロセスで、マクロ流動性の影響力はますます大きくなっている。従来の流動性管理ツールは、物価安定と単一のミクロ機構の安定的な経営には役立つが、マクロ流動性サイクルのアクセラレータ効果と、経済全般に及ぼす衝撃には無能に見える。2015年の中国資本市場の急激な変動は、中国の監督部門が金融市場の激変に対応する準備が十分にできていないことを反映しており、管理効率とモデルの向上が必要である。マクロ金融リスクの管理方式と効果を適時に総括できなければ、相対的に停滞するリスク管理は、人民元の国際化プロセスにおける最大の妨げとなる可能性がある。

1　陳雨露、馬勇『大金融論綱』、北京、中国人民大学出版社、2013.

中国銀行の推計によると、人民元がSDR構成通貨に加入した後、各国の公的準備高の配置調整によって、毎年6兆元以上の人民元の需要が増加する。これにより、人民元国際化の歩みを大いに推進し、人民元の大口商品評価、金融取引、資産配置、公的備蓄での運用を拡大する。このような多チャンネルの人民元の外部需要の増加は、資本口座が開放された場合、必然的に人民元市場の供需関係に影響を与え、流動性の危機を招きやすくなる。人民元の国際需要と使用範囲の拡大は、中国の企業・金融機関が国際取引の中でより多くの人民元を使用することに有利である。企業の価格協議の能力と資産負債の構造はそのため大きく変化し、自分の通貨ミスマッチリスクは減少したが、負債源と資産運用はより国際化し、金利リスクと国家リスクはもっと大きい。人民元がSDRに加入した後、SDRの推定値と金利は人民元市場の為替レート、通貨市場金利に対して新たな要求を提出した。中国は人民元の為替形成メカニズム、短期市場の基準金利形成メカニズムなどの金融市場の根本的な問題で市場化のペースを加速させる必要がある。これは間違いなく中央銀行のマクロ・ブルーデンス管理能力に対しての新しい挑戦で、通貨政策の効果と金融運営の不確実性を増大させた。

マクロ・ブルーデンス管理を強化し、通貨当局のマクロ管理能力を向上させることは、人民元の国際化戦略が成功できるかどうかの鍵となる。そのため、人民元国際化の最終的な目標を実現するために、国家戦略の高度に立ち、マクロ・ブルーデンス管理の作業をしっかりやらなければならない。

4.3.2 金融リスク管理の中核としてマクロ・ブルーデンス管理の枠組み を構築する

国際金融の経典理論とドイツの日本の歴史の経験は、人民元国際化の度合いが徐々に向上するにつれて、通貨当局はマクロ金融政策の調整及びマクロ金融リスクの厳しい試練に直面しなければならないことを表明している。戦略IIIから戦略IIへの移行のプロセスにおいて、中国は、為替レートの変動によって国内経済・金融の運行に対する衝撃を処理しなければならない。クロスボーダー資本の流動による国内金融市場、金融機関及び実体経済に影響を及ぼす新たな作用メカニズムにできるだけ早く適応し、特にシステミック・リスクの防止と管理を重視する必要がある。

金融の安定は人民元国際化戦略の最終目標を実現する必要な前提であり、より全面的かつ緻密なマクロ政策の枠組みを構築することは、通貨当局がマクロ・ブ

第 4 章　人民元国際化のマクロ金融リスク

ルーデンス管理を強化する核心任務である。一方で、為替政策や通貨政策、財政
政策などのツールを調整して使用し、物価の安定、為替安定、マクロ経済の安定
成長などの政策目標を、金融安定の究極の目標に統一する。一方で、ミクロ・ブルー
デンス管理政策や金融機関のリスクコントロール、金融消費者の権益保護を重視
し、金融システムの安定的な運行に着目し、金融と実体経済の調和的な発展やシ
ステミック・リスクの防止など金融安定の目標を実現する。

　1、為替管理をマクロ・ブルーデンス管理の柱とする

　中国の経済と金融の対外開放度合いがさらに向上するにつれて、為替レートは
国際収支のバランスを調整し、資本の流動を導く方面でさらに重要な役割を発揮
するが、為替の過度な変動は金融市場に悪影響を与え、実体経済の安定的な成長
に悪影響を及ぼす。そのため、マクロ・ブルーデンス管理は、為替管理を柱とし
なければならない。

　当面は、為替形成メカニズムを更に改善し、為替レートの決定に対する市場の
基礎的な役割を尊重しつつ、同時にフローティング制度を管理する優位性を十分
に発揮する。為替レートのテバレッジで国際収支を調整し、国内外の市場資源の
配置を最適化し、国際生産能力の協力を促進する。また、為替相場の過度な変動
による国内金融市場や実体経済への被害も避けなければならない。

　為替の柔軟性が高まる中で、通貨当局は為替への直接介入を避けて、市場手段
と政策ツールの組み合わせで為替政策の目標を実現し、通貨当局のマクロ管理の
専門性と公信力を高める。市場予測への誘導メカニズムを確立し、特に、通貨政策、
財政政策、為替政策の合理的な組み合わせを重視し、金利—税率—為替の間接管
理を通じて為替政策目標を実現する。

　人民元の国際市場での使用が拡大するにつれて、世界第 2 の経済体として、中
国のマクロ経済政策は一定のオーバーフロー効果を持つかもしれない。これは中
国人民銀行が通貨政策と為替政策を制定・実施する際に、国内需要を優先的に考
慮し、また適切な疎通と調整メカニズムを通じて主要貿易パートナー国の利益要
求を考慮し、政策摩擦を軽減し、協力・ウィンウィンを実現するよう求めている。

　現行の「1 超多元」の国際通貨システムの下では、中国は他の新興市場国と同様
にアメリカのマクロ経済政策の変化に影響を受けることは避けられない。2008 年
の世界的な金融危機の後に、アメリカは量的緩和やドル金利の引き上げ政策を展
開してきたが、世界で大規模な資本移動を引き起こし、新興市場国の外国為替市場、
金融市場、実体経済に深刻な打撃を与え、多くの国で金融危机が勃発した。この

117

政策の変化は、同様に中国のクロスボーダー短期資本の流動に異常な変動をもたらし、さらに国内の住宅市場、株式市場の価格が大幅に変動し、実体経済のモデル転換に困難をもたらし、人民元の為替レートの安定に巨大な圧力に耐えるようにさせた。そのため、人民元の為替レート管理は米マクロ政策のオーバーフロー効果に密接に注目し、中米戦略・経済対話プラットフォームの積極的な役割を発揮し、米政府との疎通を強化し、ドル・人民元の為替レート調整メカニズムの確立を推進し、過度な為替の変動が双方の経済・金融に与える悪影響を低減しなければならない。

近年では、欧州中央銀行と日本銀行が相次いでマイナス金利政策を実施し、イギリスの「EU 離脱」国民投票により、世界の外為市場で為替相場の変動性が著しく増大し、又は新たな世界規模の金融危機を引き起こす可能性がある。そのため、中国は人民元の為替管理において、SDR 構成通貨国間の通貨政策の協調を呼びかけ、主要通貨間の為替戦争の発生を回避し、共同で国際金融市場の安定を維持する責任と義務を担うべきである。

2、資本流動管理をマクロ・ブルーデンス管理の鍵としている

1990 年代以降、国際資本が大量に新興市場国家に流入し、これらの新興市場国の経済繁栄に貢献したが、資産バブルを形成させ、金融システムの脆弱性を高めた。しかし、これらの国々は、国際資本の流動性が大規模に逆転した場合、例外なく経済金融の大変動やシステミック・リスクに見舞われることになる。中国は、グローバル市場に溶け込むプロセスにおいて、これらの国々の危機教訓を十分に吸収し、国際資本の流動、特に短期資本の流動に対して高度な警戒を維持しなければならない。

次の段階では、中国のマクロ金融政策の選択が策略Ⅱへ移行する時、外国為替市場と資本市場は、海外の投機的なショックの主要ターゲットになる可能性が高い。そのため、資本流動管理をマクロ・ブルーデンス管理の鍵とし、クロスボーダー資本の流動による国内金融市場の連動反応を重点的に識別・監視し、マクロ金融監督・管理を強化し、システミック・リスクの発生を回避しなければならない。

資本口座の開放は、クロスボーダー資本流動の規模と頻度の増加をもたらす可能性があり、金融市場、機構、金融インフラなどの様々な分野に関連していて、金融市場間の連動性も強化されている。伝統的なミクロ・ブルーデンス管理政策とツールは、これらの新しい変化に適応しにくいのである。特にマクロ流動性サイクルの影響に対応するにはどうにもならない。中国金融システムの急速な発展

118

第 4 章　人民元国際化のマクロ金融リスク

と人民元国際化戦略の推進に伴い、マクロ流動性が経済や金融運営に及ぼす影響が大きくなっている。マクロ政策の枠組みを構築し、金融システム全体に対してダイナミックな、全範囲の、差異化された流動性管理を実施し、システミック・リスクを防ぐことができ、金融安定の最終目標を達成し、実体経済の安定的な発展のために良好な金融環境を創造する。

第 5 章
人民元レート：形成のメカニズムと政策の目標

5.1　人民元レートの形成メカニズムが絶えず完備している

5.1.1　為替市場化改革のプロセス

　2015 年 8 月 11 日、中国人民銀行は、人民元がドルに対して為替レートの中間価格の市場化度合いと基準性を強化するために、人民元の対ドルレートの中間価格の提示メカニズムを改善することを発表した。人民元の対ドルレートの中間値が 3 日以内に 4%以上下落し、市場の混乱と恐慌をもたらした。市場予測の分化した衝撃の下、人民元の為替変動幅は拡大し、オフショア市場価格とオンショア市場価格の差は急激に拡大した。人民元の値下げは予想より一層強化され、中央銀行が為替レートの調整を行うのは困難になった。

　2015 年 12 月 1 日、IMF のラガルド専務理事は、人民元を IMF の SDR 構成通貨に正式に組み入れたと発表した。SDR における人民元の加重平均係数を 10.9 ％とし、ドルとユーロに次ぐ第 3 の通貨になった。人民元が SDR 構成通貨に加入した後、人民元建て資産の需要が増加し、人民元の為替変動とクロスボーダー資本流動規模の増加を推進した。国際通貨の安定を維持し、どのように有効な監督管理手段と危機防止メカニズムを設けるか、中央銀行の政策策定に新たな挑戦を提起した。

　中国外貨交易センターは 2015 年 12 月 11 日に「CFETS 人民元為替レート指数」を公表した。人民元為替レートが次第にドルやユーロなど SDR 構成通貨を参考することに切り替わっている。人民元レート指数の加重平均係数では、ドルが26.4%、ユーロが 21.39%、円が 14.68%だった。人民元レートの参考基準が SDR構成通貨に変更されれば、ほかの新興市場国との為替レートが相対的に安定した状態で、ドルに対してより大きな柔軟性を持つことができる。しかし、一般的な

第 5 章　人民元レート：形成のメカニズムと政策の目標

慣行により、貿易企業や金融市場が注目しているのは人民元の対ドルレートである。どのように市場との疎通を強化し、人民元の為替相場予測を誘導するかは、中央銀行は政策決定と現場で解決しなければならない問題である。

中国はこの 1 年間、為替システム改革を深化させ、「市場の需給を基礎として、SDR を参考に調節・管理する変動為替システム」を改善してきた。全体的に見て、人民元為替レートのメカニズムは以下の 5 つの新しい特徴が現れる。

第 1 に、人民元為替レートの市場化度合いが高まっている。基準値の算出方法を「8・11」から変更した後、銀行間外貨為替市場のマーケットメーカーが銀行間外貨市場が始まる前に、前日の銀行間外国為替市場の終値を参照し、外国為替の需給状況と国際的な主要な通貨の為替レートの変化を考慮し、中国外貨取引センターに中間価格のオファーを提供する。変更前に比べて、今回の中間価格改革は、中間価格の形成における政府の決定権を弱め、人民元為替レートに対する市場の判断を十分に反映した。

第 2 に、人民元レートの参考基準がドルから SDR に変更された。CFETS 人民元レート指数の創設は、人民元レートの形成と外貨準備高におけるドルの影響を弱化し、人民元の単一通貨に対する過度な依存を脱し、人民元の為替変動をより独立させた。ドルやユーロの為替相場の動きを重視しながら、新興市場国との為替の動きに関心を持って、人民元レートを更に均衡な為替水准に近づけている。

第 3 に、為替レートの変動幅が拡大した。2015 年 8 月までにドル対人民元の為替レートはほぼ 6.11 ～ 6.14 で安定したが、2015 年 8 月以降、ドル対人民元の為替レートの変動幅は著しく増加した。ユーロ対人民元の中間価格の変動幅も同様に大きくなり、ドル対人民元の変動よりユーロ対人民元の変動がさらに激しい。

第 4 に、為替レートと人民元建て資産の連動性が強まっている。2015 年 8 月までは、株式市場と債券市場は為替変動による影響をあまり受けず、2015 年 8 月以降、株式市場と債券市場の動向とドル・人民元レートの動向との関連性が著しく高まった。ほとんどの人民元の大幅な切り下げが株式市場の急落に伴っていた。また、金利や資本市場の収益率による資本移動への影響も大きく、為替との連動性が高まった。

第 5 には、為替政策のオーバーフロー効果はますます高まっている。世界の主要な経済体通貨政策の分化を背景に、他国の政策オーバーフロー効果は自国の政策の有効性に与える影響がますます大きくなっている。米 FRB の利上げ、ユーロ

121

圏の量的緩和政策など外部政策の衝撃が人民元為替レートに与えた影響が現れている。

　世界的な景気低迷と主要経済体の通貨政策の分化という国際環境に直面し、通貨政策の独立性を保つことが重要である。中国は為替市場化改革を深化させ、段階的な資本口座の開放を堅持し、中国の国情に適した為替形成メカニズムを模索し、国内供給側の改革と中国企業の「海外進出」に合わせ、人民元の国際化と国際金融センターの整備を推進しなければならない。

5.1.2　通貨の両替が為替レートの形成メカニズムに及ぼす影響

　通貨の完全な両替とは、現地通貨は公式（市場）の為替レートに基づいて无制限に別の通貨に換えることができる。完全に両替できる通貨は3つの特徴がある。①この通貨は各国の通貨と両替できる。いくつかの特定の国の通貨に限らない。②どのような目的に関わらず、いくら両替するか、すべて両替することができる。政府或いは他の企業のコントロールを受けない。③為替レートは公式（市場）規定の為替レートで、闇為替レートではない。大部分の国家は両替可能な基準を満たしていないため、両替可能な状況に応じて、完全に両替が可能、部分的な両替、不可能と分類される。内容からすると、通貨の両替は経常取引の両替と資本取引の両替に分けられる。経常取引の両替とは、商品とサービス輸出入などの経常取引に関係する通貨両替を指す。資本取引の両替とは、クロスボーダー資本取引に関係する通貨両替を指す。IMF協定の第8条は加盟国に対し、経常取引での通貨の自由な両替を要求した。現在では、世界の圧倒的多数の開かれた経済体はすでに経常取引での完全な両替を実現した。しかし、各国の資本取引での通貨両替度合いの差は大きい。中国が1990年代に既に経常取引での完全な通貨両替を実現し、資本取引の通貨両替も徐々に開放されている。

　人民元為替レート改革と資本取引の開放に伴い、人民元の通貨両替性も増強している。資本流動規模の拡大も中国が徐々に世界の資本市場に溶け込んでいるのを示した。通貨両替性が強化している状況で、どのように人民元レートの形成メカニズムを改革し、安定したレート水準を維持し、大幅な変動を回避するかということは、現段階で深く議論されるべき問題である。そのために私たちは十分に国際的な経験を参考にして、通貨両替度合いの異なる段階における一国の為替形成メカニズムの変化を分析・研究する。我々の実証研究を通じて、次のような結論が出た。

第 5 章　人民元レート：形成のメカニズムと政策の目標

　まず、短期的な為替変動（切り上げ／下落）の影響要因が変わる。通貨両替の度合いが高くない状況で、短期為替相場の変動はマクロ経済ファンダメンタルズにかかっている。例えば経済成長率、1人当たり GDP、貿易黒字などの要因が挙げられる。通貨両替度合いの上昇に従い、これらの要因の影響力が著しく低下したが、インフレや国内外の金利格差の影響力が大きくなる。それは、資本取引の開放に従い、短期為替相場の変動と経済ファンダメンタルズが次第に切り離れていき、ヘッジファンドの利食うがもたらすバランスを反映している。通貨両替の度合いが高くない場合には、短期為替レートの変動をマクロ経済の変動と解釈することは難しい。通貨両替の度合いが高くなると、短期為替レートの変動は市場雰囲気の影響を受けることになる。その時、マーケットメーカーが利食うなどで為替相場の水準を元に戻すことができる。

　次に、通貨両替の度合いが上がるほど、為替を影響する要因も変わる。通貨両替度合いの高低にかかわらず、為替レートの水準を決める最も重要な要因は経済成長、経済の変動、1人当たりの GDP などである。特に通貨両替の度合いが高い場合には、これらのマクロ経済変数の影響力が強く、かつ顕著である。通貨の実際に有効な為替レートの高低は、自国のマクロ経済ファンダメンタルレベルで決定されている。資本移動の衝撃とその他の国の政策のオーバーフローの影響で、短期的にはある程度のずれが現れる可能性があるが、自国経済が安定的に成長すれば、為替相場が自然に回復する。逆に、自国の経済が悪化すれば、通貨当局は依然として為替水準に関与していて、短期的に高い水準を維持する可能性があるが、最終的には「連木で腹を切る」のようになり、実際の為替レートの下落を有効に阻止できない。注意すべきは、通貨両替度合いの向上に伴い、自国の実質金利の上昇は自国の通貨高にもつながる。金利の上昇で為替レートの、資本が自由に移動する場合は、リスク収益と投資家自信の増加は実際に効果的な為替レートの上昇を促進する。

　最後に、通貨両替の度合いが上がるほど、為替変動の影響要因も変わる。為替変動は複数の要因によって影響され、各要因の影響も不安定だ。全体的に見ると、通貨両替度合の高低に関わらず、マクロ経済の安定は為替変動を減少させることができるが、通貨両替の度合いが高い状況では、この安定効果はあまり顕著ではなくなる。通貨両替の度合いが低い状況では、ゆるやかな通貨政策は、為替変動幅を拡大させる。通貨両替の度合いが高い場合、金利の上昇、資本の流入は為替レートの変動幅を下げることができる。資本取引が徐々に開放されている過程で、資

123

本の流入は為替への影響に限りがある。しかし、資本の流出は為替変動を増大させ、資本の流出を監視する必要がある。

人民元レットの形成メカニズム改革では、以下の点に注意しなければならない。

1つ目に、中国の経済力を向上させ、マクロ経済の安定を維持することは、人民元為替レートの安定を維持する保障である。通貨両替度合いの向上に従い、実際の為替レート水準は更に本国のマクロ経済情勢に依存しており、経済の安定成長は為替変動の安定性を増加させることができる。為替制度は、経済運行に対する制度的保障であると同時に、経済発展の結果であり、それは国の経済に対して、直接的な刺激の作用をもたらすことができない。そのため、人民元レート形成メカニズム改革では、人民元レートの変動を重視し、為替レートの相対的な安定を維持し、中国の経済改革を深化させるために、より大きな空間と良好な環境を創造する。

2つ目に、中央銀行の為替市場への介入は慎重でなければならない。私たちの研究では、人民元レートの短期的な変動をマクロ経済の変数で説明することは難しく、それは市場主体の需要の変化を反映している。バランスレート水準から外れると、ミクロ本体の利食う行為は、最終的に短期為替レートを均衡に戻すことにつながる。したがって、資本取引が徐々に開放されるプロセスで、中央銀行は為替市場への介入を減らし、より広い幅で為替が自由に動くことができるようにし、これは外国為替相場の動きに有利で、中央銀行の公信力を高め、より良い方向に人民元レートの予想を誘導するすることにも役立つ。

3つ目に、資本の流動に対する監視を強化する。通貨両替度合いの向上に従い、資本流動の規模は大幅に増え、大量の投機的な資本流動は避けられない。これらの投機マネーは移動方向が変わりやすいという特徴を持っている。資本流出は為替変動幅を拡大するため、為替レートの安定を維持するため、中央銀行は資本流出に対する管理を強化しなければならない。

5.1.3　人民元の為替レートはより柔軟に

アメリカ経済の回復やドルの利上げ予想、中国国内の量的緩和政策の影響で、人民元とドルのノーリスク金利差が縮小し続ける。中国は2014年の第2四半期から6四半期連続で資本収支の赤字を記録した。2015年第3四半期の資本取引の赤字は累計1219億元に達し、「経常収支の黒字、資本収支の赤字」という国際収支の新常態を迎えた。短期間の大幅な資本の流出によって、人民元対ドルの急

第 5 章　人民元レート：形成のメカニズムと政策の目標

落を招き、双方向の変動で不安定な特徴が目立つ。人民元が SDR に加入した後、
為替レートの変動がもたらす潜在的なリスクを避けるために、その他の重要なマ
クロ経済変数を維持する良好な状況は特に重要である。私たちの実証研究による
と、通貨両替性の度合いが著しく向上した後、一定の輸出黒字を維持し、貿易一
体化の度合いを高め、さらに合理的な資本リターン率を維持することで、資本流
出による為替安定への悪影響を効果的に相殺することができる。

　貿易一体化の度合いを高めることは、人民元が SDR に加入した後に長期的な為
替安定を維持するカギとなる。2015 年に中国の輸出は 1.8%減少したが、輸入は
さらに減少幅が大きく、貿易黒字は 3 兆 6900 億元で前年比 56.7%拡大した。中
国の世界輸出市場に占めるシェアは 2014 年の 12.4%から 13%に上昇し、世界一
の貿易大国の地位を維持した。更に重要なのは、人民元が SDR に加入した後、国
際決済機能の上昇は、「一帯一路」戦略におけるクロスボーダーの使用に役立つだ
ろう。当然、「一帯一路」戦略に関わる国は多く、範囲が広い、インフラ整備やプ
ロジェクト融資などでのみ中国の 3 兆 8000 億ドルの外貨準備高に頼ることはで
きず、人民元は更に使用されなければならない。「一帯一路」戦略の発起国として、
中国は人民元に SDR に加入した後、沿線諸国間の通貨流通をさらに強化し、国際
支払い決済の便利性を促進し、各国よりも大規模な、深いレベルの貿易の開通と
資源、要素の流通、中国と沿線国家との間の貿易の一体化を加速させた。このよ
うな貿易一体化の度合いが深まることによって、為替変動の幅は効果的に緩和さ
れるだろう。

　中国は魅力的な資本リターン性率を維持することができる。ドル利上げ予想と
違って、中国は比較的ゆったりとした通貨環境を必要とし、金利を引き下げ、企
業の融資コストを下げ、経済モデル転換と発展に助力している。人民元が SDR に
加入するもう 1 つの意味は、国際社会が中国経済に対して楽観的な見通しを抱い
ており、人民元の安定に対して良好な期待を持つことである。中国経済の成功的
なモデル転換に伴い、GDP の中・高速成長は、利差の相対的な劣勢による為替変
動を部分的に相殺することになる。

　人民元レートはオンショア市場とオフショア市場の「分離」の影響を受け、予
想超過の調整で短期的に変動が大きくなった。オンショア人民元とオフショア人
民元の市場収益率の差が存在することは、資本の流れ、特に通貨市場のクロスボー
ダー取引が厳しい管理と制限を受けていることを示している。2015 年以降、オン
ショア人民元とオフショア人民元の為替レートは長期的にわずかなマイナスの差

125

益を維持していた。「8.11」の新たな為替レート変更は人民元の切り下げに圧力を与え、マイナスの差益を拡大し、人民元の大幅な切り下げにつながった。市場化自体が人民元レートの双方向の波動の幅を拡大した。資本口座開放のプロセスで、市場予想の調整は短期でオフショア人民元とオンショア人民元レートのマイナス差益の拡大傾向を強化した。人民元がSDRに加入した後、資本取引の両替可能性が高くなり、オフショア人民元市場の予想超過調整の影響を受け、羊の群れの効果で資本移動の規模が拡大し、オフショア人民元の大幅な波動は、オンショア人民元の短期的な変動を増加させ、人民元安に更に大きな圧力をもたらすことになった。

　このように、人民元がSDRに加入した後、通貨両替の度合いが大幅に増加し、為替レート形成メカニズムも変化し、人民元レートの柔軟な特徴が現れた。短期間では、ドル高と中国国内金融緩和の影響で、人民元は双方向の動きで大幅に切り下げられた。しかし長期的に見れば、短期の人民元安による輸出の好調や「一帯一路」戦略で推進された貿易の一体化、経済モデル転換の実現、人民元国際決済機能の向上は、人民元の為替変動を安定させるだろう。

5.1.4　為替改革と資本口座開放がかみ合って

　通貨両替の度合いが異なる段階で、人民元レートの形成メカニズムは異なる特徴を持つ。このため、人民元レート改革は、資本口座の漸進的開放と連携し、時期を見極め、時機を逃さず推進しなければならない。

　まず、資本口座開放の経路を明確にしなければならない。2014年にIMFが発表した世界為替システムの仕組み（IMF's AnnualReporton Exchange Arrangementsand Exchange Restrictions,AREAER）を見ると、アメリカ、ドイツ、フランス、イギリスなどの先進国でも、資本口座の規制は厳しいである。グローバル経済の時代には大国政策の影響力が増大し、資本口座の規制をある程度維持してこそ、自国通貨政策の独立性と自国経済の安定を確保することができる。中国は資本口座開放のプロセスで、「段階的、コントロール可能、調整」という原則に従い、国際情勢と中国金融市場の発展によって、資本口座を段階的かつ秩序的に開放する。資本口座に対する監督、管理を維持し、中央銀行の金融市場に対する監督能力を高め、起こり得るリスクを許容範囲内に抑える。また、資本口座開放は中国の経済システム改革に合わせて調和して進めるべきである。金融市場を活性化させ、中国企業の「海外進出」を促進すると同時に、良好な外部バランス

第 5 章　人民元レート：形成のメカニズムと政策の目標

を維持する。

　次に、人民元レートシステム改革では、市場の道筋を堅持し、短期レートが市場の需給を十分に反映させるべきである。レート変動の幅が大きいだけに、中央銀行はマクロ経済の安定を確保するために適度に介入し、同時に人民元レートの独立性を高め、SRD を参考に人民元の為替水准を確定し、人民元レットの予想を誘導し、螺旋式の切り下げを防止する。適切な為替レートの変動を容認し、金融企業の為替リスク管理能力を向上させ、変動相場制でのシステミック・リスクの発生を回避する。

　為替相場制の改革と資本口座の開放は、新たな不確実性とリスクを生むことは避けられない。中国は、起こりうるリスクを十分に認識し、把握し、未然に防止する必要がある。

　①為替相場制の改革と資本口座の開放は必然的に為替レートの変動を激化させ、これは各国が為替改革に乗り出すためには、必ず経なければならない道である。前に述べたように、短期的な変動の拡大は、マーケットメーカーが絶えずゲームプライングをし、為替レートのバランスを回帰するための必然的なプロセスである。中央銀行は、為替レート変動幅の許容度を高めるべきで、異常な変動が発生したときだけに介入する。また「8.11」為替レート改革後の為替変動を見ると、為替変動の幅は拡大したが、他の国に比べて人民元の変動幅はそれほど激しくはなかった。人民元レートの変動は依然として制御の範囲内にある。

　②資本の移動が中国国内の価格システムに打撃を与える。人民元レートは人民元の価格を代表し、その変動は必然的に人民元建て資産に衝撃を与える。人民元の予期される切り上げは大量の資本流入を誘発し、一定の程度において、外国資本を利用して中国の経済成長速度を高めることができる。しかし、資本は不動産や株式市場などに流入し、バブルの蓄積を加速させ、中国経済のシステミック・リスクを高めた。中央銀行は資本の流入に対し、全面的な監視を行い、異なるタイプ、異なる目的の資本流入を区別する必要がある。「8.11」為替レート改革後、ほとんどの場合、人民元が大幅に下落すると同時に、A 株市場の急落を伴い、人民元建て資産に対する為替レートの影響力はますます高まっている。中央銀行は対応の防止メカニズムを確立し、為替市場が不動産、株式市場、債券市場、銀行、信託、民間金融に及ぼすシステミック・リスクの発生を防止しなければならない。

127

5.2 人民元為替レート政策の目標

5.2.1 為替相場の変動による実体経済への影響

1、為替変動が実体経済に及ぼす影響についての理論的基礎

　総需要理論によると、一国の総生産は消費、投資、政府の支出、純輸出の合計である。そのため、為替変動による実体経済への影響も、消費や投資、政府支出、輸出入への影響に細分化できる。政府の支出は一国の政府が独立して決めた変数で、為替変動は通常、政府の支出に影響を及ぼすことはないと考えられている。

　為替の変動による消費への影響は主に生産コストと富の効果の２つに現れる。もし自国の通貨が切り上げれば、自国の原料生産コストは変わらず、輸入生産原料の価格が低くなり、生産コストが減少する。生産コストを減らすため、商品価格の低下をもたらし、収入の効果によって消費者に通貨の購買力水準が上昇し、消費量が増加する。富の効果で自国通貨は外貨に対する価値が上昇し、相対的に収入と消費が増加するため、消費心理を刺激する。

　為替の変動による投資への影响は、主に国内ローン、外資の利用、自己資金に現れる。自国通貨が上昇し、資本移動に制限がない場合は、短期間で資本の流入や通貨供給の増加、金利の下落が、国内ローンの増加につながる。通貨価値の上昇は、自国の原材料・労働力の資産価格が相対的に上昇し、外国人投資の期待収益率が低下することを意味するため、外国人の投資が減っている。自己資本投資の意思決定は主に金利のレベルに依存している。自国通貨の切り上げは短期資本の流動と通貨供給量の増加をもたらして、金利の下落で国内投資を刺激し、自己資本投資の大幅な増加をけん引する。また、為替変動による投資への影響は単に当期の投資決定に反映されるものではない、為替相場の変動予想や為替による資本移動への影響、為替と金利の連動効果は、未来の投資に一定の影響を与える。また、為替の変動幅が投資のレベルに及ぼす影響は逆になる。為替レートが安定していないことは、自国通貨の価値が国際的に認められていないことを意味する。外国為替市場の変動幅が大きく、その国の通貨や経済水準に対する不確実性が高いほど、外国人の投資は減少し、国内の投資も流出してしまう。２０００年から今日まで、人民元の実質実効為替レートと中国の投資資産資本の完成額の間は明らかに正関係である。

　為替変動による純輸出への影響は、国内商品と海外商品の相対価格に反映され

第5章 人民元レート：形成のメカニズムと政策の目標

ている。自国通貨の価値が上がると、海外商品の価格に対して国内商品の競争力が低下し、輸出が減少し輸入が増える。そのため、通常、人民元高は輸出の減少につながり、下落は輸出の増加をもたらす。具体的に為替変動による輸出輸入価格への影響を分析すると、マーシャル・レナの要件によると、商品の輸出需要の柔軟性と輸入需要の弾力性の合計が1になる場合、為替レートを調整することで通貨価値の上昇や下落を抑制し、対外貿易の輸出入額を調節することで赤字を緩和することができる。

したがって、為替の変動による実体経済への影響については、一般的に次のような結論が出される。最も影響があったのは「バラササミュエルソン仮説」である。この理論によると、一国の経済が比較的高速の成長を長く維持している段階で、他国に対して、その国の国内貿易部門の労働生産性の成長速度は、非貿易部門よりも高くなり、経常収支の黒字は、為替相場上昇への圧力を強めている。

またモンデールの小規模開放経済モデルでは、小型開放経済の通貨政策と為替政策が不確実性を持っている。固定為替レートを採用することで、滑らかな為替レートの変動にするができ、貿易や投資、消費活動などの展開に有利であり、経済成長を促進する。

2、為替変動による実体経済への影響

通貨両替の度合いによって、為替変動による経済成長への影響も違う。通貨両替の度合いが低い場合、為替レートが1％上昇すれば、経済成長率を0.584％に高めることができる。通貨両替の度合いが向上する場合、実勢レートが1％上昇すると、経済成長率の促進効果は0.18％だけ。これは、資本取引がある程度自由化されれば、人民元レートの上昇による経済成長への影響が弱くなることを意味している。実勢為替レートの上昇は純輸出の減少につながるが、通貨両替の度合いが低い状況では、資本の移動が制限され、資本移動の度合いが低い。その国の通貨に対する国際社会の信頼は主に為替水準に確立され、為替レートの下落は国際社会の信頼を失い、消費と投資の大量減少を招くことになる。為替レートの上昇は、実際の為替レートの上昇はその国の経済成長に対する自信を反映している。通貨両替の自由化で、資本の自由な移動により、為替変動はより大きくなり、為替レート上昇による実体経済への影響は、投資家の経済成長に対する自信が変わったからではなく、為替レートや金利、投資、消費などを通じて行われる可能性がある。為替相場の短期的な変動より、為替相場の長期的な傾向に対する経済成長の敏感性は高い。通貨両替の度合いの違いで、為替変動による経済成長への影響

129

も異なる。資本規制の度合いが高く、通貨両替の度合いが低い場合では、為替変動率が1％上昇すれば、実体経済の成長率は0173％下落する。資本移動がスムーズで、通貨が交換の可能な区間にある時、為替変動幅の実体経済への打撃が大きくなり、変動幅が1％上昇すれば、経済成長率は0.298％低下した。資本規制が厳しい場合、為替の変動は公的な規制を受け、為替相場と実体経済との間には厳格な分離があり、為替変動による実体経済への影響は一定の制御を受けることができ、中央銀行は通貨政策によって実体経済に対する為替変動の損害を軽減することができる。資本移動が円滑な場合、為替変動は避けられないほど増大し、中央銀行も為替変動の容認度を高め、為替変動による経済へのマイナス影響で、中央銀行のコントロールが困難になる。資本流動規制の度合いが低い場合、為替変動の幅は、その国の通貨価値と実体経済的な不安定性を反映し、外国人投資の流入を減少させ、国内の投資も流出し、長期的な経済成長を損なう。

為替レートの高低にかかわらず、実勢レートの上昇は実体経済の波動に大きな影響を与えない。その国の経済実態に最も合致する為替レート水準だけが景気変動の減少をもたらす。この水準から逸脱すれば、上昇にしても下げても景気変動の幅が大きくなる。しかし、為替相場の変動幅は、景気変動に対して著しい影響を与え、為替レートの変動幅が比較的低い場合、為替変動幅は1％増加すれば、実体経済の変動幅は0.06％増加する。通貨為替の度合いの向上と資本規制レベルの低下に伴って、レートの変動は実体経済の変動に対しての影響をもっと大きくして、1％のレート変動は0.12％の経済波動をもたらして、効果は倍になる。通貨両替の度合いが低い場合、資本には厳しく規制があり、企業はもっと早く投資と生産の調整ができ、実勢レートのリスクも事前の予防措置で弱くなった。資本取引自由化・通貨両替の度合いが高くなる場合、市場予想と資本流動の衝撃により、為替リスクが金融机関と関連企業、経済安定への衝撃がより直接的かつ顕著になる。

5.2.2　為替変動によるクロスボーダー資本移動への影響

1、為替変動による資本流動への影響についての理論の基礎

クロスボーダー資本流動とは、私的資本または公的資本が高収益の追求、リスク回避、国際援助などの目的で国境を越えた国と国の間の流動で、国際貿易と国際投資などの活動によって発展している。クロスボーダー資本の流動性と資本の収益率が密接に関係しているため、為替レートの変動はクロスボーダー資本の流

第 5 章　人民元レート：形成のメカニズムと政策の目標

動に影響している。

　多くの学者は、生産コスト効果、資本比率理論、相対的な富の仮説などの角度から分析し、多国籍企業による直接投資方式の資本流動について、ホスト国が自国通貨の切り下げで資本流入を引きつけ、直接投資に有利だとみなしている。生産コスト効果の観点から、1 国の通貨安はその国の相対的な生産コストを下げることになり、特に労働コスト、低い生産コストはその国の国際貿易における相対的な競争優位性を高め、FDI の流入を促すことになる。通常、国際資本は資本比率の低い国を選んで投資する。強い通貨国の資本化率が高く、多国籍企業の対外直接投資の方向は、強い通貨国から弱い通貨国への流れであると Aliber が指摘した。相対富仮説によると、相場の下落で、多国籍企業買収活動の中で、特定な資産移動の通貨安を刺激するため、合併型の FDI になった。しかし、予想収益理論から見て、多国籍企業の海外投資の意思決定は未来収益の期待値次第である。1 国の通貨がもっと強くなれば、投資家の市場未来収益への期待値が更に高くなり、更に多くなった FDI を引き付ける。

　収益を追求する短期資本の移動は、主に国家間の税金収益率の違いによるものだ。資本は収益率の低い経済体から高い収益率の経済体へ移動する。1 国通貨の切り下げは、金利水准と為替相場が変わらない場合、同じ外国通貨が自国通貨を多く両替することができ、将来の投資収益の増加は、短期資本の流入を促進することができる。しかし、一国の通貨安で国際投資家がその国の通貨安を懸念するようになれば、資本の流出につながる。全体的に見ると、為替変動は長期資本と短期資本の流れに影響を及ぼし、これは長期資本とはマイナスの関係で、短期資本とは正の関係である。

　しかし、クロスボーダー投資は不確実性が高く、一国の実体経済に衝撃を与えやすいため、多くの国が資本の流動を規制している。資本規制は、ある程度でクロスボーダー資本の流動を防ぐ、短期資産収益率の差は必ずしも利食うする資本の流れを引き起こすわけではない。そのため、為替変動による資本流動への影響について、国によって、為替制度によって、資本規制の度合いによって異なる。資本規制の少ない国家に対して、資本流動は為替に対する敏感性がより高く。

　為替相場制は資本移動への影響が大きく、一般的に言えば、変動レート相場制の下で、資本流入は流入国通貨価値の上昇と経済取引の赤字を拡大し、それによって国際収益のバランスを取る。固定レート制の下で、通貨当局が名目為替レートを維持するために一方的に介入し、必然的に公的準備高と通貨供給量の増加をも

131

たらし、国内資産価格の上昇や実勢為替レートの上昇を招き、経常収支の赤字を
拡大させ、需要を減らす。物価の上昇は実際の通貨残額効果で総需要も減少する。
固定為替レートの下で、外部経済のバランスを実現し、内部経済のバランスを代
償にしている。管理する変動為替相場制と資本が完全に流動しない場合で、保有
の外貨準備高は中央銀行が為替レートをコントロールする政策コードで、保有の
外貨準備高が多ければ多いほど、為替操作の空間が大きくなる。異なる為替制度
の下で、政府は介入または不介入政策を取ることによって、資本流動の通貨効果
に多少の差をつけることができるが、国際貿易赤字が深刻でない限り、資本流入
による実質的な為替レート上昇圧力を避けることは難しい。

　資本規制の度合いによって、為替は資本移動に異なる影響を与える。資本規制
が厳しい国では、外国人直接投資がクォータによって制限される可能性があり、
収益率の差があってもクロスボーダー資本のスイート・ヘッジがうまくいかない
ため、資本の流れは為替相場の変化に敏感でない。資本取引が十分に自由化され
た国では、資本流動のルートが比較的スムーズなため、為替の変動はクロスボー
ダー資本の流れに大きな影響を与える。

　2、為替変動による資本移動への影響のフィードバック回帰

　通貨両替の度合いが低い場合、資本の流動が制限され、為替変動による資本流
動への影響は、全体から見て、目立つものではない。実際の為替レートの上昇率
の変化も、為替相場の変動性の変化も、外国人直接投資に及ぼす影響は大きくない。
通貨両替度合いの向上に伴い、外国人の直接投資は、通貨為替レートの変動と波
動に敏感になり、実質的為替レートの成長率が1%上がれば、外国人直接投資によ
る純流入は17%減少する。しかし、為替の波動による資本移動への影響が大きく、
波動幅が1%上がれば、外国人直接投資の純流入は103%減少し、資本流入をほぼ
完全に止めることができる。以前の理論から分析すると、為替レートの波動は外
貨建て投資のリスクを高め、資本流動への打撃はもっと破滅的である。私たちの
実証結果によると、通貨両替の度合いが低い場合、為替変動によるクロスボーダー
資本流動への影響は目立つものではない。原因は、資本規制の措置が存在するため、
為替変動による収益水準の変化にもかかわらず、外国人投資家らは資本を速やか
に外貨を両替して流出することができない。資本取引が自由化され、通貨の為替
レートが上昇すると、外国人の直接投資に対する為替の影响が現れ始め、主導的
な要因となった。このとき、クロスボーダー資本の移動に対する金利の影響も顕
著になる。外国資本の国際的な投資を行う収益評価の指標で、金利は記ロスボー

第 5 章　人民元レート：形成のメカニズムと政策の目標

コラム 5 - 1　　　　　　　　　**人民元為替レートと資本流動**

　改革開放以来、中国は絶えず対外改革のペースを加速させ、また外資を誘致するために多く
の優遇政策と措置を講じて、大量の外資を流入させた。資本流入は年々増加し、上昇傾向を示
している。1980 年代から現在まで、中国の資本流入は次の 3 段階に分けられる。

　第 1 段階（1985—1992 年）では、中国は資本純流入の状態にあり、流入量も安定した。
1985 年から、人民元レートが連続して下がり、持続的な資本流入が発生し、資本流入量は上
昇傾向にあった。長期資本流入額は毎年 100 億ドル前後を維持し、純流入で黒字を維持して
いた。その主な原因は資本流入の増加速度が加速し、特に対外借入金の増加が比較的速く、更
に外国人直接投資が年間対外借入金の額を下回っていることにある。また、国際収支のうち
経常収支は同期間に数回の赤字を出したが、大量資本の流入で 4 年間（1985、1986、1988、
1989）の経常収支・短期資本収支の赤字を埋め合わせ、国際収支の差を均衡させた。このため、
この段階で資本流入はすでに中国の国際収支のバランスを取る主な手段になった。

　第 2 段階（1993—1997 年）には資本流入が急増し、金融業の構造に大きな変化が起きた。
この期間、資本流入や経常収支は国際収支と同等の重要な位置を占めた。まず、総資本の純流
入は倍に増え、1993 年資本の純流入は 1991 年の 2.9 倍、94 年は 93 年より 130%成長し、
95 年には 94 年より 106%成長し、382 億ドルに達した。次に、長期資本の流入額は倍に増え、
93 年の長期資本流入額は 91 年の 4 倍近い、92 年の 1.8 倍だった。最後に、資本流入の中で
外国人直接投資が急増するスピードが対外借入金より速く、投資額がはるかに多かったことも
資本流入が急増した理由だ。このため、ここ数年間の資本流入の状況は、1980 年代と 1990
年代初めの少ない資本流入とは大きな違いがある。この 3 年間、資本プロジェクトが高流入の
傾向を維持したのは、1992 年の鄧小平の南巡談話以来、中国が対外開放のペースを加速させ、
外国人投資家は中国の良好な経済発展と投資環境を楽観したためだ。

　第 3 段階（1998 年から現在）の資本流入は、東南アジア金融危機の影響を受け、1998 年の
低潮を経験した後、中国の資本流入はまた増加してきた。この段階のクロスボーダー資本流動
はより頻繁に金額が大きく、成長スピードが速かった。98 年から 04 年の段階では、資本流動
は緩やかに増加し、資本の流入と流出はほぼ同じで、金融取引は黒字と赤字の間で動かった。
中国が WTO に加入した影響を受けて、04 年、中国は資本の流入と流出の爆発的成長を経験し
たが、資本流入のスピードははるかに資本流出よりも大きかった。05 年の 1 年間で資本浄流
入額は 1594 億元で、04 年の 818 億元より倍近くの成長を見せた。4 年にわたる資本移動の
高度成長と金融取引黒字の拡大を経験した後、08 年に世界的な金融危機が爆発し、資本流入が
急激に下落し、金融取引の黒字が減少した。資本純流入は 08 年第 4 四半期には最高 1312 億
元に達したが、企業融合の危機発生後、09 年第 2 四半期には 169 億 7300 万元に急減した。
08—12 年、世界的な金融危機の影響を受け、資本流入が減少し、流出が減少しなかったため、
資本収支の黒字幅が減った。12 年に資本流入が回復した。世界の主要経済体が危机から回復し、
中国資本の流入流出ルートが増加し、クロスボーダー資本流動が活発になった。

133

ダー資本の流入に対して比較的顕著な影響を持って、金利は上昇て資本の流入を引き付ける。金利が低くなって、資本の流出を駆り立てる。金利水準が1％を上げると、クロスボーダー資本の流入が0.25％増加する。また、クロスボーダー資本流動のインフレ水準や実体経済の成長率レベルに対する敏感性も高まった。

為替レートの高低にかかわらず、実際の為替レートの上昇と為替レートの変動は短期資本の流れに明確な影響を与えない。通貨両替の度合いが高くなる時、実際の金利やインフレなどの要因は短期の資本流動に影響を与えることができて、これは短期の資本移動が投機的で、それは期待されるリスク収益の影響をもっと多く受けることを意味する。短期資本は予想されるリスク収益の影響によってクロスボーダー流動を発生させ、為替変動と為替波動の推進者である。

5.2.3　人民元為替伝導メカニズムの新たな特徴

SDR入りは人民元の国際化にとって重要な象徴意義がある。これは、中国の世界経済における影響力を認め、人民元に対する市場の信頼を強化した。SDR構成通貨はリスク回避の通貨とみなされ、この地位を得ることは、世界での公共部門と民間部門の人民元使用を増やし、国際的な資産配置における人民元の比重を高めることに違いない。人民元のSDR構成通貨入りは、為替改革や資本口座の開放など一連の金融自由化措置を同時に推進し、人民元為替両替の度合いが徐々に上昇し、経済活動を影響する人民元為替相場のメカニズムも変わる。

1、実体経済は為替レート・国際環境に対する敏感性を高める

前項で述べたとおり、通貨両替度合いの上昇に伴って実体経済がより為替変動の影響を受けやすくなった。人民元の値上げは中国経済の成長速度を顕著に引き上げ、人民元の為替レート変動幅の下落も中国経済の成長速度を引き上げ、中国マクロ経済の波動水準を低下させる。SDR通貨入りで人民元の人気が高まり、堅調で安定した人民元が良好な外部環境を形成し、実体経済の発展、人民元国際化戦略の実施、国際金融センター目標の実現にもプラスになる。一方、人民元が国際準備通貨となることは、人民元がより多くの国際的な責任を負うことを意味し、中国が資本取引をさらに自由化させ、十分に人民元の資産貯蔵としての要件を満たす必要がある。中国は、通貨政策を制定する時、責任ある大国としてのイメージを持たなければならない。

Mussa（2000）は、マクロ経済政策が弱く、資本化度合いが低い、金融システムが脆弱な国が直接国際的な資本市場に参入すると、資本移動の冲撃で危机を迎

える可能性が高いとみている。中国では、中央銀行、金融機関から関連の輸出輸入企業に至るまでに一定の問題が存在し、中央銀行は金融改革モデル転換時期の監督管理がより困難になり、且つ他国の開放プロセスから直接経験を獲得することは困難で、ある程度の政策上の曖昧さと不一致がある。中国の金融机関は経営の国際化度合いは高くなく、国際的な複雑な環境に直面した衝撃の中で、自身の脆弱性が際立っている。関連の輸出輸入メーカはすでに安定的なレート水准に慣れていて、自身は為替の変動に抵抗する能力レベルは限られている。中国は為替改革と資本口座開放のプロセスにおいて段階的に推進し、リスクをコントロールしなければならない。

2、資本移動の伝導メカニズムの作用が次第に高まる

資本口座が徐々に開放され、人民元為替レートが上昇するにつれて、資本の移動は為替レートのバランスで主役を演じることになる。資本の移動は、人民元レートの変動でバランスを取り戻す重要な市場の力であり、人民元為替レートの変動幅が著しく変化の主なプロモーターでもあり、積極的な作用の実現を促進し、マイナスな影響の冲撃を防止するために、政策監督機関が適切な制度を設ける必要がある。

前述のように、資本流出は中国の為替レートの変動幅を高め、マクロ経済の波動をもたらす。中国には今の段階で資本流出の動機があることを我々は認識しなければならない。第1に、資本の分散化投資、多様化投資がリスクを効果的に分担できる。中国の莫大な資本にはグローバルな資産配置の需要が存在している。人民元が国際通貨となり、国際投資家の人民元建て資産に対する需要が増加したが、中国の資本取引の規制はこれをある程度阻止した。グローバルな資産構成の視点から、中国は資本流出の圧力に直面している。第2に、世界の他の国に比べ、中国は私有財産権の保護力が弱く、関連立法や管理がなければ、私有財産権の保護にも持続的な資本流出の動機がある。第3に、2005年以降、強烈な人民元高の予想と厳格な資本規制措置によって、大量の海外投机資本が、偽装の貿易・長期投資によって中国に流入した。人民元値下げの予想によってこれらの資本は中国から流出し始め、現段階では資本流出の圧力もある。為替レートの大幅な変動を回避し、外貨準備高の相対的な安全を確保するために、短期的には中国人民銀行が安定を図り、長期的には改革開放を堅持し、資本移動に対する監視と管理を強化する必要がある。

また、資本移動への監督は「流れを切り」だけでなく、「源を開く」を重視しな

ければならない。資本流入の監視と監督を重視する。金融イノベーションの絶え間ない出現と客観的に避けられない一部の監督管理の弱点で、資本はいくつかの「合法的」なルートを通じて中国に流入する可能性がある。関連の監督機関は監督管理の原則を維持し、すべての資本流動に対して一括的な管理を実行し、銀行取引、外国人直接投資、革新的な金融ツール、多額の資本移動と高いレバレッジの資金に対して重点的な監督管理を行うべきだ。また、経常取引と外国人直接投資とは関係のない資本移転にトービン税を課すことで、資本移転のコストを増やすことができる。しかし、Eichengreen 氏など（1995）は、トービン税は資本流動コストの増加に対する効果が限られているため、予期したほど強力な資金流出を防ぐことはできず、金融革新のツールやオフショア金融市場においても効果的な租税回避手段を提供すると指摘している。したがって、資本移動の時間コストを増加させるなど、他の資本流コストを増加させる方法が考えられ、いかなる資本流入および流出も中国人民銀行で数日の取引日を審査・凍結するべきである。たとえば、資本流動の制度的コストを増やす。一定の信用基準に合致する金融機関（例えば、各国の中央銀行やシステム上重要な金融機関）だけが、膨大な額、高頻度のクロスボーダー資本流動を可能にする。

3、為替・金利連動のメカニズムを強化

中国は現在、国内と国外の資本市場が相対的に分離され、為替・金利間の連動メカニズムが完全には形成されていない。為替相場・金利変動間の影響は大きくない。前節の実証的分析から見ると、通貨の為替レートの上昇に伴って、資本のクロスボーダー移動がより活発化し、人民元為替レートと金利の関連が更に密接になり、連動メカニズムが深くなった。

現在、中国の資本口座開放の度合いは低く、人民元為替レートと金利の相関性は低い。主な原因は、金融市場の不健全化と「複率」形成メカニズムの非市場化である。また、資本取引が完全に自由化されていないうえ、国際資本の流動が厳しく規制され、為替の柔軟性が欠如するなど制度的な要因によって市場経済における金利・為替レートの伝導メカニズムが制約された。金利水準の調整は直ちに為替相場に反映することができず、為替水準のわずかな変動も金利変動の効果を正確に反映することができない。

人民元の SDR 構成通貨入りに伴い、金利や為替市場の改革も加速しなければならない。資本両替の度合いが高まり、為替相場の市場化が進む場合は人民元金利の市場化改革にさらに拍車をかけることになり、金利や為替相場間の連動効果を

第5章　人民元レート：形成のメカニズムと政策の目標

増大させる。中央銀行は最終的に金利や為替に対する規制を緩和し、為替変動の幅や金利の敏感度を引き上げる可能性がある。このような状況で、金利と為替レートは市場メカニズムを通じてお互いに影響を与え、国内外市場の均衡を図る。中国人民銀行は通貨・為替相場と金利政策を制定する時、両者間の連動効果を更に重視し、政策間の協調に注意する必要がある。

5.2.4　人民元レート政策目標の見直し

　中国の為替制度改革の推進と資本口座の段階的開放に伴い、人民元の為替レートは今後一定期間、マクロ経済に顕著な打撃を与えることになる。主に以下のいくつかの面がある。①人民元の値下げと変動の増加は中国経済の成長に圧力を与え、中国マクロ経済の不安定な要因を増加させる。②クロスボーダー資本移動の活発性の増強で、短期的に資本流出の継続的圧力が存在する。③人民元建て資産は為替変動による衝撃の影響を受けて拡大し、システミック・リスクの発生を防止する必要がある。④資本口座の開放は国際政策の衝撃を増幅させた。

　このため、本書では次の期間、特に人民元の為替レート形成メカニズムが絶えず改善され、資本口座が徐々に開放され、中国国内の経済改革が着実に推進されるプロセスで、人民元の為替政策目標は主に以下3つの点を達成すべきだとみなしている。第1に、人民元レートの大幅な変動を回避し、金融システムの安定を保証する。人民元レートの安定は中国が複雑な国際環境の下で良好な経済発展環境を形成し、大幅なレート変動による人民元建て資産の価値変動で引き起こされるシステミック・リスクを回避する。第2に、人民元為替相場の予想を安定させ、政府への信頼を高め、それは人民元レートの安定と資本の流動を正常に行う重要な保障である。中央銀行は自身の発言権と公信力を高め、重大な危機を前に自分が伝えるシグナルが市場を安定させる。第3に、為替レートがバランス水準に回帰するよう誘導し、国内経済改革と人民元国際化のための空間を創造する。

　人民元の為替レート政策目標を実現させるためには、まず、「市場の需要を基礎に、通貨バスケットを参考に調節する管理為替相場制」を発展させ続けることが必要で、為替変動のアンカーを確定する。この為替レート変動のアンカーはできるだけ公開・透明で、頻繁に変動が発生しないようにしてこそ、人民元相場の予期をよりよく管理・コントロールでき、人民元の為替レートの大幅な変動を回避できる。中央銀行が市場への短期的な介入を緩和し、健全で効果的な外国為替市場の形成を促進するのにも役立つ。第2に、中央銀行は外国為替市場への介入頻

137

度と回数を減らし、毎回の介入の強度を高めなければならない。中央銀行が頻繁に市場に介入すると、市場の自己形成と発展を阻害し、市場の価格形成メカニズムを効果的に発揮できず、理性的な市場主体を育成するのにも役立たない。しかし、投機的な資本の衝撃や国際政策の衝撃に対して、為替相場が急激に変動したり、変動幅が大きい場合は、中央銀行が為替市場の安定を維持するという意志をはっきり示すことで、自主的に通貨危機を防ぐべきだ。最後に、中央銀行は外国為替市場と資本の流動に対する監視を強化しなければならない。資本移動は、資本取引の過程で重点的に監視する必要がある項目で、直ちに資本流動を監視することは、起こり得る危機に対応し、危機発生の前に措置を取って、萌芽の中にそれを消滅する。

5.3 人民元為替レート管理の強化

5.3.1 為替制度の選択

3元のパラドックスによれば、一国は通貨政策の独立性、資本の自由な流動、為替相場の安定という3つの目標の間に、2つの目標を選んで1つを捨てるしかない。中国の経済発展の初期に、国内の市場化改革が十分に完成していなかったため、資本の流動をある程度規制し、同時に管理された変動為替制を選択することは、人民元の安定を維持するのに有利である。しかし、人民元の国際化度合いの向上と資本口座の開放につれて、自由な資本移動の需要がますます強化され、国は通貨政策の独立性と為替安定のうち、どちらかを選択するしかない。中国を含む大型経済体にとって、通貨政策の独立性は、中央銀行と政府が経済活動を調節する重要な手段である。だから、固定レート制を放棄し、通貨両替の自由化を徐々に実現することが唯一の選択となっている。この選択は、より柔軟かつ弾力的な為替レート制を実現することに有利であり、実際に人民元の市場価値を反映し、人民元の国際化が促進されている。また、金融自由化が進む新世紀では、大国の影響力が大きくなっている。資本口座に対する規制措置がなければ、通貨政策の独立性を実現することはできない。IMFの為替制度の説明からも分かるように、すべての大国は一定水準の資本口座規制を維持している。したがって、独立した通貨政策、管理された変動レート制、限られた資本口座の開放は今の段階で人民元

第 5 章 人民元レート：形成のメカニズムと政策の目標

の 3 元パラドックスを解決する最も優れた政策選択である。

　3 元パラドックスの 3 つの政策目標から見れば、独立自主の通貨政策は中国が堅持すべきものである。しかし、独立的な通貨政策が有効であることを保証するためには、一定の資本口座の規制を維持しなければならない。丁伯根の法則によって、一定の資本口座の規制措置も中央銀行のために更に多くの管理ツールを提供し、多元的な通貨政策の目標と同時に実現することに役立つ。また、モンデル・フリードミンモデルによると、自由に流動される変動為替制度の下では、通貨政策はより強力な効果を持つことになり、通貨政策の独立性と有効性を保つことは避けられない選択である。

　中国は 2005 年に人民元レート形成メカニズム改革を行った際、「市場の需要を基礎に、SDR 構成通貨を参考に調節し、管理する変動為替相場制」を確定し、10 年来ずっとこれを政策目標として充実させてきた。管理された変動為替相場制は、市場の需給を十分に体現することができ、また、為替レートが極端に変動する状況の下、中央銀行に自身の監督管理主体の地位を利用させ、安定させることができる。これは今の段階での人民元レート制の最も優れた選択である。中央銀行は幅の広い変動区間を設定することができ、区間内で人民元を市場主体の取引行為に合わせて自然なバランスを取るようにする。一定の為替変動を許し、中国企業が為替変動に抵抗する経験を増やし、金融機関の圧力テストを実施することは、中国金融市場の発展にプラスになる。投機的な衝撃や危機が到来した際、人民元の外国為替市場規模は小さく、未熟で、破壊的な打撃を被りやすい。中央銀行は人民元の為替相場予測に対する指導を強化し、適切なタイミングを選んで市場に強く介入し、為替相場を安定させ、危機のさらなる拡大を防ぎ、為替市場の安定を維持する。

　中国の為替政策目標は政府の活動計画と通貨政策目標と協調しなければならず、人民元レートシステム改革と資本口座の開放は構造的経済改革と協調して推進しなければならない。モンデル・フレミングのモデルによると、資本移動の状況や為替制度によって、財政政策と通貨政策の効果は異なり、従来の資本規制や固定為替制の下では、財政政策による経済への刺激効果がより大きかった。為替制度の改革と資本口座の開放によって財政政策の効果が減り、通貨政策がより効率的になる可能性がある。この時も、積極的な財政政策を展開して経済成長を刺激すれば、為替市場の下落圧力につながりかねない。現在のところ、人民元の為替レートにはジレンマがある。一方、人民元の国際化と国際金融センターの整備には、

139

人民元レートの安定と一定の値上げ予測を維持する必要がある。一方、国内には経済の更なる下向きの圧力と債務、デフレリスクが存在し、内部の経済環境は人民元安によって緩和政策のための空間を提供する必要がある。そのため、人民元レートシステム改革は国内の経済改革措置と協調して資源の配置効率を改善し、中国経済に対する信頼を高めなければならない。安定的に成長した国内のマクロ経済環境こそ、人民元の安定的で堅い長期的な保障である。

　資本口座が徐々に開放されるにつれて、資本の流動は無視できない重要な要素となっている。資本の流動はマクロ経済の変数に影響を与え、最も重要なことはミクロ主体の予測と行動である。ミクロ主体にとって、インフレと名目金利が決定した実際の金利水準は、その予想と行動に影响する重要な要素である。中国は為替相場と金利連動のメカニズムがまだ有効ではなく、複雑な環境の中で経済リスクが発生しやすい。成熟した経済体の中で、為替は金利に対して極めて敏感で、中央銀行は自国の金利水準を調節することによって、市場メカニズムを通じて間接的に為替に影響を及ぼすことができる。直接レート市場へ介入するよりコストが安く、中央銀行の公信力を損なうことはない。中国は、積極的に改革のチャンスを探し、金利改革、為替改革、資本口座の開放を着実に推進する同時に、為替市場を間接的に誘導する実効性を高め、政府の公信力を構築・維持する必要がある。

5.3.2　為替変動の管理

　人民元レート改革と資本口座の開放に伴い、為替変動幅の拡大は避けられない。為替改革は複雑なプロセスであり、ややもするとシステミック・リスクが発生する恐れがある。したがって、通貨両替の度合いを高め続ける場合、為替の変動を管理し、為替市場の安定的な運営を維持することは、中央銀行政策目標の重要な一環である。為替変動に対する管理能力を次の幾つかの側面から高める必要がある。

　第1に、「市場の需給を基礎とし、SDRを参考にして、管理する変動為替制」を明確にし、人民元レートの変動に明確な方針を提供する。為替変動幅が大きくなった主な原因は、市場の平均値に対する予測が一致しなかったことで、CEFTS人民元レート指数の発表は、SDR構成通貨の具体的な種類とそれに対応するバスケットを明確にすれば、一定の水準で市場の人民元レートに対して相場レートの予想を安定させることができる。

　第2に、中央銀行は市場への介入回数を減らし、介入の強度を強化し、中央銀

行の為替安定化能力を高めなければならない。資本口座が徐々に開放された後、為替市場の変動は避けられない。中央銀行は、短期的かつ低頻度の変動の時期に為替相場の決定権を市場に任せ、市場の需給変化を十分に反映しなければならない。危機的状況では、中央銀行が市場へ強い介入し、為替市場の安定を維持するという決意を示す。

第3に、政府と市場、企業の交流を強化し、政策の伝導メカニズムを明らかにし、政策への信頼性を高める。中央銀行は政策を制定する時、市場、金融機関、企業と積極的に疎通し、政策が市場主体の客観的な要求をより反映できるようにすべきである。政策を実行する時、政策の目的と効果を市場によく知らせ、政策がより効果を発揮し、政策の「誤読」による市場の変動を避けることができる。

第4に、金融市場を発展させ、金融機関と貿易企業の為替リスクへの対応能力を向上させる。組織的な訓練を通じて、市場の主体に人民元為替市場の波動を十分に認識させ、それが金融手段を合理的に利用してリスクヘッジを行い、日常経営中の為替リスクを解決することができるようにする。金融市場の圧力テストを実施し、為替変動に対応する能力を強化し、経営の健全性を高める。

第5に、資本口座の開放について慎重な態度を保ち、短期資本の流動を綿密に監視する。資本口座の開放は、「段階的、コントロール可能、協調」の原則に従うべきであり、いっぺんに開放すべきではない。資本移動のモニタリングを強化し、高額取引、高レバレッジ取引、高頻度取引への監督を強化し、海外の金融監督部門と連携し、資本の流動を監視する。

第6に、金融監督管理システムの構築を加速し、外貨管理の的確性と有効性を高める。マクロ・プルーデンス管理と監督部門の協調を強化し、リスク管理の手抜かりがないことを確保する。マクロ・プルーデンス評価システムを絶えず改善し、完璧な外貨監視システムを構築し、外貨資金の流量と流れを監視する同時に、金融システムの安定状況を評価し、警報の機能を発揮する。

5.3.3　国際通貨政策の協調

経済のグローバル化が進むにつれて、グローバル経済の構造も変化し、新興経済体はより重要な役割を果たし始めた。特に2008年国際金融危機以降、新興市場国は世界経済の成長に重要な役割を果たし、世界市場でより強い発言権を持つようになった。2008年の金融危机の発生は、各国間の連携の強化をより意識させた。各経済体はもはや独立した個体ではなく、それぞれの国の通貨政策は他の国

に影響を与え、特に大国の通貨政策の影響力は大きい。この政策のスピリット性はミクロの予想とそれぞれの市場リスク・リターンを変え、資本の流動によって他の経済圏へと急速にコンダクションし、大国の政策に対する新興市場国の「リプライ効果」も大きくなっている。

現在、国際環境がますます複雑になり、アメリカは 2015 年末に利上げの周期に入った。ユーロ圏はインフレの下向きの圧力に押され、比較的ゆったりとした通貨政策を展開し、日本はマイナス金利を推進して経済の再生を図った。世界の主要先進経済体の通貨政策は一致しない方向に向かい、リスク回避資産への市場の好みを高め、資本移動の方向と規模はより不確実性があり、世界はデフレに陥り、新興市場国の動向もはっきりとした乖離を見せていた。インドとインドネシアの経済成長率が安定し、新興市場国の中で最も際立ち、中国やメキシコなどは経済成長率が下落し、ロシア、ブラジルの経済成長は後退した。世界経済の成長におけるシステミック・リスクが高まりつつあり、中国はこのような状況で改革開放を行うには、自らの国際交渉における発言権を高め、国際政策の調和を重視し、中国の経済改革に良好な外部環境を作り出す必要がある。

1、人民元の国際地位を強固にし、向上させる

人民元の SDR 構成通貨入りは、人民元が国際化通貨として世界に認められていることを正式に示した。中国はアメリカに次ぐ世界第 2 位の経済体で、改革開放以来、高い経済成長を続けてきた。今后しばらくの間、中高速の経済成長が続いて、これは人民元国際化の基礎である。中国国内の政治環境が安定し、国防力が絶えず向上し、総合的な国力が著しく増大した。これは中国の国際地位を向上させ、世界で積極的に国際事務に参加し、ますます高い発言権を有し、国際通貨基金、世界銀行、国際清算銀行など国際機関の政策決定と交渉の中で、人民元の国際化のためにより広大な空間を図ることができる。中国は人民元レートシステム改革と資本口座の漸進的開放を推進し、人民元オフショア金融市場と国際金融センターの整備を完備させ、人民元が国際貿易、資本流通、公的な準備通貨での使用規模と使用範囲を拡大する。人民元の国際化地位を高め、より柔軟な為替システムを実施してこそ、外部の衝撃による経済発展への影響をより効果的に防ぐことができる。

2、地域協力と通貨流通の範囲を拡大する

ドイツは、ドイツ・マークの国際化を推進するプロセスで、ヨーロッパにおける地域通貨協力、地域経済の一体化、ドイツ・マークのコア通貨地位の確立を通

第 5 章　人民元レート：形成のメカニズムと政策の目標

じて、ドイツ・マークの国際地位を高めた。円と違って、ドイツの通貨当局は、非ドルシステムを選択し、発展させ、ドルの抵抗をある程度抑えた。中国は「一帯一路」戦略を通じて、インフラ、環境保護、貿易投資などのプロジェクト協力で、人民元を決済ツールにし、人民元の流通エリアを拡大した。資本と優勢な生産能力を海外に輸出し、国内産業の構造調整とともに、周辺地域の発展を促進し、地域経済がもたらす利益を求め、それによって人民元の国際地位を高める。同時に海外での人民元建て債券の発行を奨励し、通貨スワップを推進する。しかし、アジアはヨーロッパと違って、文化、経済およびその発展に大きな差異があり、地域一体化の発展は難しい。経済協力を模索する中で、相違点は残し共通点を求め、より大きな発展を模索しなければならない。

3、外部の衝撃に積極的に対応し、交渉を通じて隣人同士の対立を避ける

国際環境の複雑化に伴い、アメリカ、ユーロ圏の通貨政策は中国市場に必ず一定の衝撃を与える。外部からの衝撃に対応するメカニズムを構築し、これらの衝撃による中国金融市場とマクロ経済への致命的な影響を防止しなければならない。通貨安の競争は、すでに百害あって一利なしであることが証明されている。短期的には自国の経済が好転するだろうが、根本的な競争力は高まっておらず、結果的に周辺国の貿易と政策の差別を受け下落することになる。中国は世界第 2 大の経済体として、国際事務における発言権を絶えず増大し、より多くの国際的責任を負い、より多くの義務を履行すべきである。

第 6 章
人民元基礎資産価格の連動とリスクの伝染

2015 年、中国の金利市場化改革は基本的に完了し、為替市場化改革にも飛躍的な進展が見られ、資金は市場と価格レバレッジの影響で市場化の配置を行い、人民元の基礎資産価格の連動とリスクトレーディングメカニズムが形成され始めた。この新しい金融発展の変化を十分に認識し、金融リスクが市場を横断して伝達する規則と特徴を正確に把握する必要がある。

6.1　金融市場リスト及び伝染メカニズム

6.1.1　金融市場リスク要因の変遷

シカゴ学派の設立者であるフランク・ナイツは、世界は確実性（certainty）、リスク（risk）、不確実性（uncertainty）という 3 つの形態で構成されると主張した。この中で、確定性は特定の結果以外の事件が起こる可能性を排除しており、不確実性は我々が将来の可能な結果を知ることができないこと、或いは可能な結果を知っていてもその確率を予測することはできないことを意味する。リスクとは、参加者が経験や物事の客観的法則に基づいて、将来起こる可能性がある全ての出来事およびその確率分布を曖昧または正確に認識していることを意味するが、結果については不確かである。リスクを金融分野に具体化すると、影響のレベルから見れば、システミック・リスクと非システミック・リスクに分類され、リスクを引き起こす具体的な原因から、市場リスク、信用リスク、流動性リスク、コンパスリスクなどに分類される。

金融市場リスクとは、金融市場における価格影響要因の変動で形成された資産の将来に損失が発生する可能性のあるリスクで、各経済主体が直面する主要なリスクの 1 つである。価格変動の把握が難しいや金融機関の負債比率が高い、大量

第 6 章　人民元基礎資産価格の連動とリスクの伝導

の派生商品などを使うなどで、金融市場リスクは不確実性、相関性、高レバレッジ性、伝染性の４つの典型的な特徴を持つ。金融市場リスクをいかに科学的かつ合理的に測定・コントロールするかは、グローバル企業、金融機関、政府が直面する主要な議題の１つである。

　金融市場が大きく動揺する原因は多岐にわたっている。まず、金融市場の自由化・一体化が高まり、市場という因子の自由度を増大させた。例えばブレトンウッズ体制の崩壊や、20 世紀末の金利規制の撤廃、２度のエネルギー危機などは、グローバル市場の変動性が増大したことを示している。第２に、金融派生商品の急速な発展は、同様に市場波動の範囲を拡大した。これらは一方では金融リスクの合理的な分解と移転の条件を作り出し、もう一方では各種の市場因子の相互作用を増大させ、その波動がより不確実性を増している。

　1970 年代以前、金融市場の価格変化が安定していたため、金融市場リスクは信用リスクとして表現されていたが、1970 年代に入って以来、国際金融システムが大きく変化してきた。ブレトンウッズ体制の崩壊を象徴とする国際金融市場の変革は、金融市場の波動性を高め、技術の進歩と経済のグローバル化は、金融市場取引と資本の流動性を加速し、取引量を増大させた。また、金融市場の競争と規制緩和の波が、金融市場のリスクを高めた。金融市場リスクの決定要因を正しく認識することは、適切なリスクコントロール指標と戦略を見つけ、システミック・リスクのボーダーラインを把握することに役立つ。

　具体的には、金融市場リスクとは、資産の市場価格（金融資産価格および商品価格を含む）の変化または変動による将来損失の可能性を意味する。市場リスクを引き起こす因子とは異なり、市場リスクは、金利リスク、為替リスク、株式市場リスク、商品価格リスクなどに分けられる。

　1970 年代以降、国際金融システムが大きく変化し、市場リスクの影響要因は具体的には、

　① 1973 年のブレトンウッズ体制が崩壊し、為替レート制が世界の主要経済国の選択となり、為替リスクが高まっていた。

　② 1979 年、米 FRB は通貨政策の制御目標を金利によって通貨供給量に変更し、欧米の先進国はその後 10 年で金利規制を放棄し、金利リスクを引き起こした。

　③２度の石油危機による石油商品価格の激しい変動は、各国の経済に多大な打撃を与え、さらなる世界の大口商品の価格リスクを引き起こした。

　1990 年代以降、世界の金融市場はまた基礎性の変化が発生して、主に以下のい

145

コラム6－1　　　　　　　　　　　**金融市場リスクの評価と管理**

　金融市場リスク測定の全体的な枠組みは敏感性分析、予想最大損失額 (VaR) と圧力テストという３つの部分に分けられる。このうち、敏感性分析は VaR 測定の基礎で、VaR は、統計的手法を使って、市場リスクの予想最大損失額を算出する指標である。圧力テストは、極端な状況におけるリスク因子の変化から生じる結果を示し、VaR の測定における適切な補完である。

　1、敏感性分析

　リスク測定を行うにはまず、証券とポートフォリオ（複数の有価証券に分散投資した状態）のリスク因子に対する敏感度を特定しなければならない。リスク因子とは、証券や契約価値の変化に影響を与える市場変数であり、金利、為替レート、株価指数、商品価格などを指す。感度分析を利用したリスク管理では、免疫戦略を使い、様々な外部のリスク源に対してポートフォリオ証券の価値に免疫を与え、リスク因子への依存から脱却し、単一のリスク因子のゼロバリアを実現する

　2、VaR

　VaR は現在市場リスク測定の主流な方法であり、ポートフォリオの総合リスクを測定するだけでなく、それを潜在的損失の概念に転化させ、一定の保有期間と与信枠で現有金融ツールまたはポートフォリオが直面する最大の潜在的損失である。保有期間と与信枠の違いは、VaR 値の違いにつながる。与信枠のレベルは、会社のリスクのレベルや損失が VaR の値を超えて支払われるコストを反映する。例えば、バーゼル・プロトコルは、10 取引日の VaR 値を 99%の信頼度で計算するよう銀行系金融機関に求めている。それは、管理者が問題を発見して迅速な救済策を講じるには 10 日かかるという推定である。また 99%の与信枠の水準は、管理者の健全な金融システムを維持したいという願望と、リスク資本による銀行利益への不利な影響を相殺することの間のバランスを示している。具体的に VaR 値を求める過程で、我々は通常、これら資産のリターンを、危険因子の組み合わせに変換し、まず現在のリスク要因からポートフォリオを評価する。それからリスク因子の将来の変化をシミュレーションし、その上でポートフォリオの価値をシミュレーションし、将来の収益の分布を推定し、VaR 値を計算する。シミュレーションの方法には、主に歴史シミュレーション法とモンテカルロシミュレーション法に分けられる。歴史シミュレーションは、リスク因しの歴史データに基づいて傾向を分析し、リスク因子の将来の変化を推定する。この方法、計算が比較的簡単で、現在、多くの機関投資家に選択された。モンテカルロシミュレーション法は、統計的方法を用いて、歴史的に危険因子の運動のパラメータを推定し、それにより計算がより複雑かつ測定することが困難である。しかし、同理論の基礎は歴史シミュレーション法より良いで、今のところ、多くのリスク管理者がこの方法を試すようになった。

　3、圧力テスト

　VaR は異なるリスク源と相互作用から生じる潜在的な損失をより正確に測定する経路を提供しているが、しかし、極端な事件の発生は予想をはるかに超える連鎖的な反応をもたらす可能性があり、システミック・リスクの発生は、大量の会社を倒産させかねない。このため、人々は、VaR 測定の補足として圧力テストを用いている。

146

くつかの方面を含む。

①経済のグローバル化と金融の一体化は、企業市場と資源配置のグローバル化を加速させ、資本の世界における大量、急速、自由な流動は、異なる経済体間の市場危機のリスクを増大させた。

②金融業の激しい競争は、金融イノベーションの波と政府の金融業への規制緩和をもたらし、逆に市場競争を加速させ、金融市場リスクの拡大をもたらした。

このように、市場リスクの影響要因が異なる時期に異なる役割を果たし、時代背景が変わり、市場リスクに影響を及ぼす要因も変わっている。

6.1.2　金融リスクの伝染メカニズム

経済のグローバル化を背景に、国際的に、実物と金融資源の最適化配置が実現されたが、金融リスクの更なる爆発と感染の原因となった。近年の金融危機の過程を振り返って、その影響の深さと広さはますます強くなって、金融リスクの感染メカニズムは、従来の金融理論からは、合理的な説明を見出すことが困難になった。それで開かれた貿易経済を背景にした金融リスク感染の研究を始めた学者も増えている。主に国際貿易、国際的な資本移動、金融市場の連携、国際経済金融協力などの立場から、金融危機が一国で発生した后、どのようにして他国に感染するのかを考察し、その影響に対して量子化計算と理論分析を行い、リスク感染の仕組みをより良く説明する。

学界では、貿易メカニズム、金融メカニズム、予測メカニズムは3つの伝統的なリスク伝染メカニズムとみなしている。ある外国学者は、一国の貿易パートナーや競争相手国の国内で経済危機が発生すれば、該当国の通貨はそれに応じて切り下げられ、投資家の期待を変え、脆弱性を増大させ、投機的な攻撃と金融市場の危機を招きかねないと指摘し、アジア金融危機時のタイはその典型的な例である。

ミクロの観点から、地域的な経済危機が発生した後、危機発生国と貿易関連の会社の株式収益はその国の他の会社との差が大きく、危機の伝達は特定の業界傾向を示し、製品の競争力、収入効果、信用危機、資産再編などの次元から特定の業界の会社に感染する。

一国の金融システムの不安は、金融ルートを通じて他国の金融市場の安定を直撃することもできる。特に、金融システムの流動性を吸収し、危機の拡散をもたらす可能性が高い。金融市場に危機が発生した後、実体経済への衝撃は金融機関資産負債構造のアンバランスを加重させ、流動性の放出を容易にし、金融仲介機

関の資産運用を縮小させ、関連国の資金難を招いた。

　また、実証的な研究では、一国が金融危機に感染すると、通常は資本取引の収支が大幅に逆転するのに伴って、その実質は資本の流出である。危机発生国の投資家は自国経済の先行きに対する情報の優位性があるため、一国が金融危机を発生する時、彼らは国際市場から撤退し、他の国の資金を回収し、他の国の資本流入をストップさせる。資本の流出は一国の金融市場の動揺を招き、金融危機を招く。

　予想伝染病メカニズムとは、両国間に直接的な貿易・政府・金融的な連携がなくても、感染効果があるということで、投機家の期待変化によるものである。

　情報コストと情報の非対称性で、市場の同化を招いた。投資家が市場でよく、他の投資家の決定によって決定し、彼らが十分な情報を得れず、金融市場の基本状況を区分することができない場合、両国の経済状況が異なっても、一国の危機が他の国の金融危機につながりかねない。

　また、情報が非対称的であるため、投資家は各国の金融市場の違いを見分けることができず、すべての金融市場の見通しを更に悲観的に見直すようにして、一国の危机はほかの国に広がった。

6.1.3　中国金融市場の脆弱性と感染しやすい性

　新興市場金融の脆弱性と感染性に関する研究は、主に高インフレ率と財政赤字化の観点から着手した。しかし中国は最近、このような問題が発生していないため、これらの研究を応用して中国金融市場の脆弱性を説明することは難しい。中国の金融システムは、都市銀行を主体とする基礎の上に形成されたもので、住民の投資ルートは比較的少なく、収入貯金の割合が高い。このような背景の下、長い間、都市銀行の流動性リスクに対する警戒意識が薄い。しかし、近年、国営の商業銀行の不良資産が増加し、表外資産と同業業務が大幅に拡大し、同時に銀行の参入緩和に伴い、金利の市場化が推進され、インターネット金融が台頭し、闇の銀行が活発化し、金融システムの生態環境が大きく変わった。目立ったのは、都市銀行の流動性リスクが大幅に増加したことで、金融市場の脆弱性と感染性を招きやすい。

　まず、投資ルートが増加して流動性コストが高くなった。金利市場化やインターネット金融の発展を背景に、株式、債券、基金および金融商品デリバティブなど豊富な投資ルートはますます多元化し、都市銀行の預金安定性には衝撃を与えた。同時に、中国経済システムの金融サービスに対する需要の多元化と、金融機関間

148

の競争の激化で、一連の異なる金融イノベーション革新が現れた。銀行と信用の協力、民間借款など投融資ルートの出現により、大量の資金が銀行システムの外に流れるようになった。都市銀行の流動性資金吸収の難しさはもちろん、関連統計作業とシステミック・リスク管理の難しさを高めた。

第2に、資金コストの上昇は市場リスクの選択を促進した。中国の産業構造を見ると、加工製造業は依然として低付加価値の粗放型成長傾向を維持し、利益率が低く、高コスト融資を負担することが難しい。土地と一線都市不動産の投機は10年の高成長を経験し、成長の勢いは強く、予想収益率は高く、大量の流動性資金を吸収して実体経済の外で循環している。流動性資金が絶えず注入され、バブルが吹けば流れるほど、経済体全体のシステミック・リスクが大きくなった。このような市場環境の下で、収益を上げるために、金融機関は長期的なプロジェクトに資金を投入する傾向が強く、短期貯金・長期ローンの問題が深刻になっていると、貯金期限とローン期限の不一致による貯金・ローンの構造は不安定で、市場の流動性資金需要が急増すれば、各銀行は直ちに資金を回収して調整するのが難しくなり、深刻な流動性リスクに直面することになる。

最後に、激しい同業競争は金融機関のリスク制御基準を下げた。現在、中国銀行系の金融機関に5000社以上、農村信用協同組合3000社余り、村と町の銀行は1000社あまりで、各金融機関は限られた金融資源をめぐって競争を繰り広げている。加えて，金融商品の高い同質性を考慮すると、価格戦が避けられないため、リスクと収益が厳格に合致する原則とエンドラインは、利益の誘惑の前では堅持し難い。多くの金融機関が市場シェアを増加させるため、融資サービスを原価に近い価格または低い価格で提供し、リスク管理基準を緩和し、金融システムがさらに脆弱になった。

6.2　中国金融市場は既に複雑な連動関係になっている

6.2.1　金融改革は市場連動制度の基礎を定める

改革開放プロセスの推進に伴い、中国の金融改革も深化している。人民元のSDR構成通貨入りは、中国の金融改革が深まったことを示すものである。

1、金利の市場化

資金価格は資源配置を最適化し、金融機能を向上させる鍵であるため、金融改

革の重要な一環は金利の市場化改革である。1996年、中国の銀行同士で金利を自主的に決め始めた。過去20年の間に、中国は経済・金融発展の需要に応じて、絶えず実務的に金利市場化改革を推進してきた。表6−1は中国の金利市場化の基本的なプロセスをまとめたものである。貯金金利の自由化に伴い、2015年までに中国金利の市場化はほぼ完了した。金利の市場化は、金融機関が資産価格をダイナミックな予測・形成するのに役立ち、それぞれの金融市場の間で価格の連動を形成するのに有利である。

表6−1　　　　　　　　　　　　　　中国の金利市場化の歩み

	時間	事件
通貨市場金利市場化	1996年6月	中国人民銀行は同業者の市場の金利を間接的に制御することを発表し、双方が自主的に業者の金利水準を確定し、同業者の金利の上限管理をキャンセルすることを発表した。
	2013年7月	中国人民銀行は手形割引金利の規制を取り消し、割引金利を変更＝再割引金利＋起点の方式、金融機関が自主的に決定する。
債券市場金利市場化	1996年	証券取引所のプラットフォームでは、財政部は金利入札、収益率入札など様々な方法で国債を発行し、初の市場化発行国債は1952億元。わが国の債券発行金利市場化は、今後の債券金利市場化改革の経験を積んだ。
	1997年	銀行間債券市場は、国債、中央銀行融資券や政策金融債市場化を実現した金利自由を債券買い戻しと金利は現券売買取引双方によって確定する。
	1998年	国家開発銀行、中国輸出入銀行は債券の市場化を成功させることに成功した。
	1999年	財政部は初めて銀行間債市で金利入札を実施して国債を発行する。
ローン金利市場化	1998年10月	中国人民銀行は金融機関（農村信用社を含まれていない）の融資金利を市場化改革し、中小企業の融資金利が最高の10％が20％に引き上げられ、農村信用社の融資金利の高さが40％から50％に拡大した。
	1999年4月	県以下の金融機関からの融資の金利は最高30％に浮上している。
	1999年10月	中国の商業銀行の中国法人は保険会社法人実験的に行う双方は協議し、多額の定期預金金利。

第 6 章　人民元基礎資産価格の連動とリスクの伝導

ローン金利市場化	2000 年 9 月	外貨ローン金利を改革し、外貨ローン金利を完全に離れる。資金需給の双方は、国際市場の金利変動状況や資金コスト、リスクの違いによって、外貨ローン金利を自主的に決定することができ、外貨預金金利の規制を再開した。
	2003 年 7 月	商業銀行は自主的な外貨の小口預金金利を自主的に決定することができる。
	2003 年 8 月	試点地域の農村信用社はローン金利が浮上し、融資基準金利の 2 倍を上げてはならない。
	2003 年 11 月	商業銀行、農村信用社は郵便貯金協議の預金を開催することができる。
	2003 年 11 月	商業銀行は国際金融市場の金利の変化を通じて、ドル、円、香港ドル、ユーロの小口預金金利を上限に管理することができる。
	2004 年 1 月	商業銀行、都市信用社の融資金利の変動区間は、基準金利の 0.9 〜 1.7 倍に拡大している。農村信用社のローン金利変動区間は、基準金利の 0.9 〜 2 倍に拡大している。
	2006 年 8 月	商業性個人住宅ローン金利変動範囲の基準金利が 0.85 倍に拡大した。
	2008 年 5 月	商業性個人住宅ローン利率の下限は、基準金利の 0.7 倍に拡大する。
	2012 年 6 月	金融機関ローン金利変動区間の下限は、基準金利の 0.8 倍に調整され、預金金利変動区間の上限は基準金利の 1.1 倍に調整された。
	2014 年 11 月	金融機関の預金金利変動区間の上限は、預金基準利率の 1 倍によって 1.2 倍に調整され、その他の各レベルのローンと預金基準利率は対応しており、基準金利の期限の等級に対しては適切である。
	2015 年 3 月	金融機関の預金金利変動区間の上限は預金基準利率の 1.2 倍によって 1.3 倍に調整された。
	2015 年 5 月	金融機関の預金金利変動区間の上限は預金基準利率の 1.3 倍によって 1.5 倍に調整された。
	2015 年 8 月	1 年以上（1 年未満）定期預金の金利変動が上限となり、普通預金と 1 年以下の定期預金の利率の上限（1.5 倍）は変わらない。
	2015 年 10 月	中国人民銀行は商業銀行や農村協力金融機関などに対して、預金利率の上限を設けない。

151

2、資本市場の多様化と開放

　金利の市場化と連携して進めているのは資本市場の秩序ある開放と多元的な発展である。中国は、1990 年代に上海と深センにそれぞれ証券取引所を設立し、1992 年には専門監督機関である中国証券監督会を発足させた。1999 年に『証券法』が制定され、法律の形で資本市場の地位を確定し、証券発行や取引行為が規制された。

　21 世紀の最初の 10 年は、中国の資本市場が改革を深め、市場メカニズムを健全化する 10 年である。2002 年、『証券監督管理弁法』が公布・実施され、証券会社の内部統制とリスク管理について原則的に規定され、海外機関が中外の合弁の証券会社を設立できるようになった。2004 年に『中華人民共和国証券投資基金法』が施行され、機関投資家が中国の資本市場において重要な役割を発揮し、ファンド業界が有法に従う歴史的な段階に入った。2005 年、「国 9 条」の指導の下、本格的に株式分配改革をスタートさせ、大株主が一部の株式を譲渡、流通資格を取り換える方式で、同株式同権の制度的な転換を実現した。また、深セン証券取引所は「中小企業板」と株式譲渡代行システムを設置し、資本市場の融資機能を拡大した。2006 年、中国金融先物取引所が成立し、改正された『会社法』と『証券法』が正式に施行された。中国の資本市場が法制化され、中国証券監督委員会が中国の資本市場をより高度に規範化するための基本的条件を提供した。

　世界的な金融危機が爆発した後、資本市場は深刻な打撃を受け、時価総額の損失は 6 割を超えた。相場を安定し、ヘッジリスクに対応し、価格形成メカニズムを健全にするため、2010 年に中国は融資融券の試験を開始し、上深 300 指数を中金所で上場した。2012 年、創業型、ハイテク中小企業の上場の敷居を下げるために、上海・深セン取引所は創業板を新設し、中国の資本市場に新たな血液と活力を注いだ。

　2013 年、中国共産党第 18 期中央委員会第 3 回全体会議で採択された『中国共産党中央委員会は若干の重大な問題を全面的に深化・改革することに関する決定』は、多層的な資本市場システムを健全化し、株式発行登録制改革を推進し、マルチルートで株式融資を推進し証券市場を発展させ、直接融資の比重を高める」を明確に提起した。同年に、ハイテク・高成長型企業を主体とする新 3 板証券取引市場は全国に拡大し、多層的な資本市場建設が実質的な進展を遂げた。2014 年11 月、資本市場の開放を促進するため、投資主体と株式の範囲を拡大し、香港市場を通じて上海 A 株の売買が可能となる「滬港通」をスタートさせた。2015 年、

第6章　人民元基礎資産価格の連動とリスクの伝導

第12期全国人民代表大会常務委員会第14回会議で『証券法改正草案』が審議され、株式発行登録制の声を上げた。

　3、資本口座の開放度合いは着実に向上している

　金利の市場化と資本市場の改革を背景に、中国資本市場の発展のチャンスと空間はますます大きくなっている。これと関連するのは、資本口座の開放問題がある。図6―1は、中国の資本口座開放の基本的プロセスを総括する。資本市場の発展に伴って、必然的に資金の自由な流れに対する要求が高くなる。システミック・リスクの管理と資源の最適化配置は、世界市場がリスクを共有できるようにすることが求められる。中国の資本口座の絶えない開放と為替形成メカニズムの改革は、中国の資本市場と世界の資本市場の一体化とリスクの共同負担を更に促進するための条件を作り出したが、同時に新たな問題も提起した。グローバル市場統合を背景に、金融リスクのクロスボーダー伝達は、マクロ・プルーデンス管理もミクロ・プルーデンス管理もより複雑化させる。リスク管理の失敗は、金融システムを正常に機能させず、実体経済に損害を与え、深刻な場合、改革開放プロセスのさらなる推進を妨げる。資本口座の開放と為替形成メカニズム改革のプロセスにおいて、一つは必ず回答しなければならない問題は、我々の金融市場と国際資本の流動と為替の波動がどのように相互作用するのかである。金融改革が金融システム効率の向上を促進するためには、リスクのコントロールが必要だ。

1979 ― 1993		1994 ― 2001	2002 ― 2005	2006 ― 2015
社会主義を計画してから市場経済に移行する。外貨を獲得する。外資を導入する。		社会主義市場経済が一応確立された。銀行外貨為替決済。為替レートを一本化にする。経常取引両替自由化。	WTO加入。QFII制度。外貨双方向取引。一部通貨は「マーケットメーカー」制を試行する。	資本取引の自由化を深める。国際金融機関は中国市場で債券の発行を認める。QDII制度、個人の海外投資を認める。輸出企業の収入は海外に保管されるのを認める。外商は人民元決済業務への投資を認める。

図6―1　中国の資本取引自由化の4大段階

6.2.2　市場連動性の具体的な表現

　金融市場は、金融資産取引の主体であり、市場間の連動関係を観察し、対象資産の収益率とその変動の相関性を調査することができる。中国の金融市場は主に

153

株式市場、外国為替市場、通貨市場、派生商品市場などを含み、連動関系の研究には現在、金融市場内での連動関系と金融市場間の連動関系も含まれている。学者らの研究成果を簡単にまとめると、中国は複雑な金融市場連動のメカニズムを形成していることが明らかになった。

1、通貨市場内での連動

中国の通貨市場における取引のタイプまたは方向は、主に銀行同業取引、買戻し、銀行の為替手形と大量の譲渡性預金証書などを含む。通貨市場の連動とは、取引先やターゲットが1つの市場基准金利の影響を同時に受ける。どのような利率指標が通貨市場の基准金利に適しているのでしょうか。方先明・花旻（2009）、蒋先玲など（2012）の研究によると、shibor は中国通貨の基準金利具として一定の合理性がある。宋芳秀と杜寧（2010）は銀行間の市場の同業貸出金利と（7日間）の回購金利は中国通貨の基准金利の代表で、Shibor は短期金利だけで指導の意義がある。李氏と衛星（2010）は、中央銀行の手形金利が通貨市場の基準金利よりも優位にあると判断した。

2、資本の流れと金融市場の連動

資本移動と金融市場の連動関系で、陳浪南・陳雲氏（2009）は、中国の短期的な国際資本移動に影響を及ぼす要因として、国内外の金利差（DIR）、人民元の名目為替（NER）、人民元の為替展望の変化率（EE）、株式市場投資収益（SR）、不動産市場投資収益（RR）などを挙げた。人民元の値上げと上海総合指数の上昇は国際的な「ホットマネー」流入を引き起こしたが、「ホットマネー」の流入は人民元の値上げと上海総合指数の上昇の原因ではない。王国松、楊揚（2006）の研究では、1994年の為替レート改革の前に、中国の資本流動に影響を及ぼす要因は人民元の為替相場の予測である。しかし、1994年以降、中国の当期物価水準と人民元の名目為替レート水準は中国の国際資本流動に対する影響力が著しく高まった。人民元の為替レート予想、物価水準及び名目為替が共に中国資本流動の主な影響要因となっている。つまり、短期的な国際資本が中国国内市場に流入する動因は、人民元の値上げを待つと同時に、株式や不動産などの資産市場に流入して「価格」の収益を確保することである。中国の国際的な資本移動の主な原因は、内部の牽引であり、最も重要な外部要因である利差による資本移動への影響がなく、資本移動と「GDP 差」（特に后退値）との強い関連性を示している。2015年の為替メカニズム改革以来、住宅価格の上昇により資本流出し、更に人民元の即日為替レートの下落と市場の人民元の切り下げ予測を引き起こし、同時に株価も下落し、株

第6章　人民元基礎資産価格の連動とリスクの伝導

価と住宅価格の「バランス効果」がある。

　現在、学界の国際資本市場の収益率に関する結論は、EunandShim（1989）が提示したように、アメリカの証券市場は国際株式市場の伝達において非常に重要な役割を果たしている。また、Soydemir（2000）が提示したように、経済体資本市場間の連動メカニズムの強さと国際貿易の深さには相関関係がある。収益率の相関を除いても、国際市場の流動性関連は2008年の金融危機以降、ますます学界の注目を集めている。主な観点は、経済内の株式市場と証券市場は、非流動性の問題のために一体化しやすく、市場の流動性と実体経済との間に密接な関係がある。

　3、株価と為替が連動する

　資本市場と外国為替市場の連動関係は通常、株価と為替の連動関係によって反映される。Dornbusch（1980）は、経常収支や貿易収支の状況に応じて、経済体の貿易収支や国際競争力にどのように影響を及ぼすかを分析し、上場企業の経営実績に具体的な影響を及ぼすかを検討し、資本市場に反映することを提案した。一方、フランク氏（1983）は、株式のステアリング（stock－oriented）という観点を提出し、ミクロ的にマクロ的に見て、国内株価の変化がクロスボーダー資本の流動に影響を及ぼし、為替レートが変化すると見ている。1990年代に入ってから、Ajay1 and Mougoue（1996）などの研究結果によると、長期的にも短期的にも，為替市場と株式市場が双方向に影響を与える、という研究結果が増えている。

　金利と株価の連動関係については、先進国も途上国も、金利と株価の間に著しいマイナス関係があることが、多くの国際的な研究で証明されている。ワン・フォンと屈文洲（2005）は実証を通じて、中国の金利と株価の連動関係は非常に弱いことを証明している。両方のいずれかの変数が変動しても、もう一つの変数が変化することはない。カン・ジンソンとキンゴ（2001）などは、お互いに導いていく方向で意見の食い違いがあり、株価から金利への伝達が目立つ反面、逆方向への伝達能力は弱いとみている。

　4、人民元のオフショア市場がオンショア市場と連動している

　人民元オンショアは1994年に形成され、中国の外国為替システムの改革に伴って発展している。1994年、中国は初めての大規模な為替システム改革を行い、外国為替の留置、上納と額の管理を廃止し、売出システムを実行し、全国的に一本化された銀行間の外貨市場即ち中国外貨取引センターを設立し、これによって人民元オンショアが形成された。2001年に中国がWTOに加盟してから、貿易駆動

155

型の貿易額が急増した。2005 年の為替レートシステム改革は、市場の需給を基に、SDR を参考に調整・管理する変動為替制の実行を要求し、人民元為替レートの変動は明らかに増加したが、2015 年の「8・11」新為替レート改革は、人民元の中間価格の見積りメカニズムをより一層改善し、マーケットメーカーの見積りを行う際には「前日の銀行間の外国為替市場での為替レートを参考にする」を要求した。これは中間価格に 1 つの参照値を設置し、マーケットメーカーの見積り源を明確にし、それによって中央銀行が中間価格の空間を大幅に縮小し、中間価格の確定の主導権を市場に任せることになる。このため、オンショア人民元レートは市場化に向けて重要な一歩を踏み出した。

　人民元オフショアは 1996 年にスタートし、シンガポールや香港などで中国の多国籍貿易企業のために人民元の先物（NDF）製品を提供し、満期になると、ドル建てで差額を決済し、為替レートの変動リスクを回避する。同製品は 21 世紀初頭まで影響力が最も大きいオフショア人民元の取引品目だった。2009 年、中国人民銀行は「クロスボーダー取引人民元決済モデル管理方法」を発表し、オフショア人民元ソース・ルートを拡大した。2010 年 7 月、中国人民銀行は香港金融管理局と協定を締結し、香港の人民元の預金を銀行間の取引と振替することができるようにし、企業が人民元に両替する上限を廃止した。香港の人民元オフショナ（CNH 市場）はこの 2 回の改革を背景に急速に発展し、人民元の NDF 市場を代替した。香港以外にも、シンガポール、ロンドン、ルクセンブルクなども相次いで人民元オフショアセンターを設立し、人民元国際化のプロセスに共同で助力している。比較すると、人民元オンショアの規模は小さく、現在 1 日平均の取引量は約 600 億ドルで、オフショアは人民元の国際化を背景にますます発展し、一日平均の取引高は 2000 億ドルを超えている。

　中国内外の多くの学者がオフショア・オンショア人民元為替レートの関係をめぐって踏み込んだ研究を展開した。例えば、ウゴーベ・ソン（2012）は、AR － GARCH モデルなどの定量的な分析手法を用い、オフショア為替に対し、オンショア為替の誘導効果があることを発見し、オンショアは人民元為替レートの定価に主動性がある。CheungandRime（2014）は、注文書の流れからオフショアとオンショアの為替の相互作用を研究し、オフショア・レートがオンショア人民元レートに対して大きな影響を与え、人民元の中間価格に対して顕著な予測作用があることを発見した。研究方法によって研究の結論に差があるが、ほとんどの学者が賛成している。国内外の要因はすでにより多くの人民元の即時市場に影響を与え

始めており、人民元の NDF 市場への情報の伝達機能は、人民元レートが価格を発見する役割を果たすようになっている。中国国内の金融市場と海外市場との繋がりは更に密接になり、独立した経済政策の実効は更に困難になる。中国金融市場の対外開放を背景に、市場間の関係は更に密接になり、リスクのシグナルもより迅速になる。そのため、資本規制よりも、為替政策の調整によるリスク管理がより可能で、人民元の為替レート変動の区間を適当に緩和し、「ホットマネー」流動のコストとリスクを増加させることができる。中央銀行によるオフショアとオンショアの人民元市場価格差の調整は、市場調整を促進し、金融のアンバランスとリスクを制御することができる。

　上記の研究では、オフショア・オンショアの為替連動関係における非線形的な変化を考慮することが少ない。この限界を突破するため、王芳など（2016）は閾値誤差修正モデルを採用し、オフショアとオンショア為替の差が小さい場合、オンショア為替による二つの市場為替への誘導効果がより強いことを発見した。オフショアレートの自己調整はオフショアレートとの均衡関係を再構築することができる。この時点でオンショアの為替レートはランダム・コースであり、主にオフショアの為替レート、オフショアの流動性及び投資家によるグローバル資本市場のリスクの判断に影響を受ける。オフショアレートとオンショアレートの価格差が大きい時、オンショアレートは誘導の作用を失い、オフショアは平均値が回帰する特性を現して、オンショアレートは価格が上昇した時は金融商品を買い、下落した時は金融商品を売る特性を現す。2つの市場の人民元為替レートの動向が分離され、市場調整を通じてその長期的な均衡関係の再建が困難になり、より長く時間がかかる。オフショア・オンショア為替レートの価格差が大きい場合、資本の流動圧力が増大し、政策要素の為替に対する作用が強化される。もし、オフショア・オンショア為替レートの連動性をうまく利用すれば、中央銀行は市場の予測を誘導し、外国為替市場への介入までもが事半功倍の効果を得ることができる。

6.3　クロスボーダー資本移動は市場の連動性と波動性を増大させる

　資本の移動と中国金融市場の全般的な変動との関係を総合的に分析するため、総合分析のために資本フローわが国金融市場全体の波動の間の関係を、我々は、

157

より包括的な経済理論に基づいた実証的モデルを用いて、短期資本の流動、オフショアとオンショア人民元市場為替レートの差、資本市場の収益率、外国為替市場におけるトラックリ超過収益と資本市場レバレッジによる投資の相互作用を総合的に考査する。理論的には、オンショア・オフショア人民元為替レートの差、資本市場の収益率と外国為替市場の超過収益の変動は、短期資本のクロスボーダー流動を駆動しながら、短期資本移動の影響を受ける。資本市場のレバレッジの投資は、この過程でしばしば波を大きくする。しかし実際の状況がどうなのかは、確かな実証研究が欠けた状態で正確な判断を下すことは難しい。先行研究のほとんどは収益率の連動にのみ関心があり、市場変動とリスクの連動に関心が低いことを考慮すると、後者は人民元の国際化という背景の下でマクロ市場への監督が極めて重要である。このため、モデルでは我々は収益率と変動する市場間の連動性を同時に調査した。

研究目的に基づいて、我々は代表的な5組のデータを収集・整理し、2015年8月11日の為替レートシステム改革の後にいくつかの新しい変化が現れた。

①市場収益率と短期資本移動の間に単方向の影響から双方向の影響に変え、短期クロスボーダー資本による中国国経済への冲撃が強化され、資本市場の価格とレバレッジのレベルに更に深く影響することができる。

②オフショア・オンショア人民元為替レートの差、外国為替市場における利食うの収益率は、資本市場の収益率、レバレッジと資本移動の影響を下げている。

③金融市場リスクの関連性が増大し、関連性の変動性も増大した。人民元レートの弾力的な増加のもと、短期資本流動性と資本市場リスクとの関連性が強化され、これによりマクロ監督管理に対して新たな要求が提起された。

特に改革を深化させる背景には、資本移動と金融市場との間でどのような連動が起きるかを検討する必要がある。従来の研究は、高インフレ率と財政赤字の悪化の側面から着手したが、これらの問題は中国には存在しなかったため、先人の研究を応用して現在の中国金融システムの脆弱性を説明することが難しい。中国の金融システムは都市銀行を主体とする基礎の上に徐々に形成されたので、住民の投資ルートはとても少なくて、貯蓄は普通、貯蓄の形で行われるため、これまで都市銀行の流動性リスクへの対応意識が薄かった。しかし、近年は都市銀行の不良資産の剥離および与信資産の証券化に伴い、変動金利の推進、インターネット金融と闇金融の出現、金融システムをめぐる環境が変わり、商業銀行が流動性のリスクが大幅に増え、全体から見ると、金融機関のリスクは次の3つに集中し

第6章　人民元基礎資産価格の連動とリスクの伝導

ている。

　まず、投資ルートの増加は流動性コストを押し上げた。第2に、資金コストの
上昇は市場リスクへの選択を上昇させる。第3に、激しい競争は金融機関のリス
ク管理基準を下げた。

　そのため、資本移動による金融市場への衝撃を正確に測定するには、2つの連動
ルールを把握し、金融機関の業務変化と流動性の変動を組み合わせ、市場リスク
と金融机関リスクを有機的に結合させて全面的に分析・研究して、効率的なマク
ロ管理ルートを見つけなければならない。

159

第7章

銀行の国際化とリスク防止

　中国の対外開放及び人民元の国際化度合いを高めるにつれ、中国系銀行の運営を取り巻く外部環境は顕著な変化が起こっている。中国系銀行は巨大な国際化発展の空間を迎え、顧客と製品という2つの要素が海外ビジネスの規模と収入源を拡大させている。海外ビジネスの拡大につれ、資産及び収入の割合は上昇し、中国系銀行はやがて更に複雑な市場環境と監視に直面するであろう。このリスクは数量や構造面で大幅な調整を引き起こし、それによりたゆまぬ管理強化が求められ、リスクが生み出す衝撃を防止しなくてはならない。

7.1　人民元国際化の現状と発展のチャンス

7.1.1　国際化マネジメントが勢いに乗る

　中国の金融システムでは、銀行が常に金融資源を配置し、金融サービスを提供するコア勢力である。対外開放のマーケティング化に関わらず、銀行自身のニーズの変化が必要である。中国系銀行では今、国際化戦略を積極的に普及し、なおかつ銀行の総合競争力の主要な指標の1つとして国際化を図っている。中国系銀行は国際金融市場の資金調達、取引先の拡大、業務範囲の拡大、有効的な資源の配置、資産組合低下のリスクを重視している。銀行は金融商品の多様化と取引先の国際化の2つの視角から着手し、資産の負債表と全体収益の国際化度合いを向上させる。現在、中国の大多数の商業銀行と政策型銀行はすべて国際化のスタートと発展段階にあり、中国銀行は国際化度合い最高の大型国有商業銀行として、2015年にその海外資産割合と海外利益の占める比率がそれぞれ27.01%と23.64%で、多数の「グローバルな重点銀行」に比べ依然として一定の差が存在している。企業の「国際化（走出去）」と「一帯一路」いう戦略に合わせて政策性

第7章　銀行の国際化とリスク防止

銀行も国際化した。2014年末までに中国国家開発銀行の国際業務プロジェクト
は世界115の国と地域、国際業務ローン3198億ドルに達した。中国輸出入銀行
2014年通年の融資ローンは9210億元で、2015年度末に「一帯一路」沿線国家
のローン残高は5200億元を超えた。しかし、資産と利益の角度から見れば、大
型商業銀行の海外資産の割合と海外利益の割合の比較により、中国系銀行は欧米
諸国主流の国際銀行の水準を大きく下回った。

　銀行のグローバル経営の客観的な規律に基づき、初級段階において、銀行は付
き添い戦略を駆使し、自国企業のグローバル経営戦略に伴い、多国籍企業が必要
な金融サービスを提供した。中国企業は2003年から大規模な「走出去」を始めたが、
グローバル経営の時間が短く、しかも地域分布がアンバランスで、これが銀行の
国際拡張速度を遅らせた。新設機構とM＆Aは非常に慎重で、機構の設置数が少
なく、地域化の開拓には限界があった。海外機関の数と水準に制限され、中国系
銀行業務の国際化度合いが高くない、サービスの対象が狭い、業種が少ないなど
の問題が依然として存在している。これらと成熟した国際メインバンクに比べて、
中国系銀行の総合化経営の水準は低く、総資産に占めるローン業務の割合、総収
入に占める利息収入の比率は高い。海外の中国系銀行は基本的に中国国内市場で
のビジネスモデルになぞらえ、企業に向ける伝統的な法人業務を中心に、伝統的
な融資、銀行融資、貿易融資、国際決済と清算がその中心業務となっている。銀
行内部の「業績評価指標」の規模指標を重視し、中国系銀行の急速な成長は海外
業務の信用貸付資産規模によって体現されている。

7. 1. 2　金融商品と金融サービスの多元化

　人民元の国際化が急速に進み、中国系銀行の国際化を推進する良好な条件を創
造した。中国系銀行は銀行業務イノベーションと転換を迅速に実現し、金融商品
や金融サービスの多元化を進んでいた。特に、国際決済、外貨売買、国際信用、
債券発行、国際清算などの伝統的な国際業務を基に、新しい市場需要に基づいて
速やかに多様な人民元建ての製品システムを設計、提供した。

　1、人民元建ての投資と融資に関する商品の需要が大幅に上昇

　人民元の国際化が加速するにつれ、人民元は徐々に国際的に承認された決済ツー
ルとなり、オンショアとオフショア人民元の融資需要を大いに増加させた。例え

1　『国家開発銀行の国際業務に関する報告書』参照。

2　『中国輸出入銀行2014年年報』参照。

161

ば、2015 年に、人民元で決済した直接投資が累計で 2.32 万億元、2014 年の 1.05 万億元より 1.21 倍近く増大し、2013 年より 3 倍近くも増加した。そのうち金融機関の対外直接投資は 11116.31 億元で、2014 年と比べ 35 ％増加し、2013 年より約 53 ％増えていた。[1] 2014 年 11 月、中国人民銀行が『人民元適格国内機関投資家（RQDII）の域外証券投資に関する事項に関する通知』を発表し、人民元適格国内機関投資家（RQDII）業務を正式に始動させ、人民元製品のイノベーションをさらにサポートし、人民元オフショアの成長をサポートするとした。人民元のクロスボーダー使用規模の急速な成長に伴い、香港、台北、シンガポール、ロンドン、ルクセンブルクなどの人民元オフショア預金規模は年々拡大し、オフショア人民元の金融投資市場に資金保障を提供することとなった。これらオフショアに人民元で価格を決める各製品を放出した。それはオフショア人民元預金証明書や債券を中心に、2 者の金額は 2010 年に 415 億元であったものが、2014 年には 5640 億元にもなった。[2]

　市場ニーズの新たな変化に対応し、オンショアとオフショア市場との融合を推進するため、中国系銀行が大幅なイノベーションをし、人民元流動の手配と還流メカニズムのドッキングをさらに改善し、製品ストリーム、資本金ストリームの循環的なインタラクションを形成するようにした。[3] 2014 年に中国系銀行が発行した海外からの資金調達ツールは 3094 億元で、2011 年の 4.89 倍に達し、平均成長率は 171% に達した。そのうち、株式会社型の商業銀行が発行した資金額は 82 億元で、全体の 2% を占めた。

　人民元の国際認可度合いが高まることに従い、投資に関連する金融取引類の製品の需要は急速に増加し、人民元の国際化は貿易を加速させるものから徐々に投資価格計算と金融商品の発展を促すものへと変化していき、中国系銀行の人民元建て投資と融資関係の製品を発展させた。現在の国際金融市場の特徴によると、資本取引における人民元建て債券の取引が大幅に増加することが予想される。主に以下のものが含まれる。

　①固定収益類の製品。オンショアの開放度合いの違いやオフショア人民元製品の種別、人民元建て債券など固定収益類の製品は徐々に国外機関に人民元資産を

1　『Wind 資迅』参照。

2　「人民元国際化の背景の下での中国商業銀行の海外資金調達の研究」、『新金融』、2015（8）。

3　「一帯一路戦略」における商業銀行業務発展のチャンスと策略の提案について」、『新金融』、2015（9）。

配置する第1の投資目標となっている。中国系銀行はすでにオフショアの「点心債」の主要な取引機構になっており、さらにオンショア債券市場にも進出でき、具体的には一定の投資限度額がある。このような機構はオフショアとオンショアの2つの市場での取引の優位性を十分に発揮することができ、中国国外の需要の特殊性に伴い、より多くの固定収益類製品を開発することで投資需要を満たしている。

②人民元通貨基金製品。人民元通貨基金製品には資金配置の融通性、理想的な収益率、低リスクなどの特徴があり、一定の時間内で人民元投資の人気な製品となり得る。中国系銀行は各自の製品優位性を発揮して一定数量の人民元通貨基金製品を発展させ、製品の取引ルートを拡大し、非銀行機関投資家と個人投資家を多数引きつけた。

③人民元建て派生商品。中国系銀行は、ドルやユーロなどの主流投資製品に一定の業務経験を持った後、ドルなどの非人民元投資製品を人民元建て製品に改造する可能性があり、人民元製品の選択肢を豊かにすることを模索し始めた。現在、世界のいくつかの取引所で続々と現れる人民元建て派生品を香港とロンドン取引所に先物取引として推進し、アメリカ CME、シンガポール証券取引所とブラジル先物取引所が人民の米ドルと両替する先物商品先物商品を相次いで発売した。

2、人民元の外貨取引類の製品は急速に増加している

人民元の国際化度合いがさらに向上するに伴い、人民元外為市場の海外参加主体はますます増加し、外国為替市場での人民元の需要はますます大きくなっている。資本口座が完全に開放される前に、オフショアは人民元の資金を得る重要なルートであった。今後しばらくの間に、海外機関を利用して CNH 市場で両替と資産配置を進行し、自身の為替レートと金利リスクを管理し、様々なオフショア人民元建て派生製品と実体経済を合わせ、オフショアにさらに資金が集約することになる。CNH 外国為替取引、両替取引や融資取引の益々の活発化、当期払いや先物為替の人民元両替量が急速に成長し、統計によると、オフショア市場での人民元の為替取引高は約2300億ドル／日で、世界第5位となり、取引の割合は約2.3%で、ドルの42%、ユーロの13.4%よりはるかに低かった。人民元の投融資商品の需要増加は、直接人民元の外国為替取引量を刺激する。今後の外国為替取引の活動は、オフショアおよびオンショア人民元市場の重要性がいずれも継続的に上昇し、取引量が著しく増加するだろう。

3、地域における人民元決済プラットフォームの構築

国際銀行金融通信協会（SWIFT）の統計によると、2015年12月、人民元は国

際決済市場でのシェアが2.31%で、前月に比べ0.03%増加し、世界第5位の決済通貨、第2位の貿易融資通貨の地位を引き続き維持している。[1] 人民元は日ごとに国際決済および投資・融資通貨になっている。人民元の国際清算の需要を満たすために、清算銀行を指定することにより、中国系大手商業銀行の海外機構から地域性人民元清算プラットフォームとして、海外の金融機関に接続し、人民元のグローバルな清算ネットワークを形成し、効率的で便利な清算サービスを提供する。人民元建て製品の多様化や業務の拡大に伴い、中国系銀行の人民元清算業務が増えると、海外戦略の配置が拡充される。同時に海外他の銀行との間の連絡を強化することができ、相互補完の作用を形成することができる。また、中国の商業銀行システム内には常に国外銀行口座と非居住者の口座を蓄積し、さらに大量に海外のルートと取引先の資源を生じる、中国系商業銀行の国際化経営は更なるサービスを提供する（参照表7―1）。

表7―1　　　　　　　　　中国人民元清算銀行の分布区域

区域	地点
アジア	中国香港
	中国マカオ
	中国台北
	ラオス ビエンチャン
	シンガポール
	カンボジア・キム
	韓国 ソウル
	カタール ドーハ
	マレーシア クアラルンプール
	タイ バンコク
オセアニア	オーストラリア シドニー
ヨーロッパ	イギリス ロンドン
	ドイツ ランクボク
	フランス パリ
	ルクセンブルク
	ハンガリー
	スイス チューリッヒ
北アメリカ	カナダ トロント
南アメリカ	チリ サンディアゴ
	アルゼンチン
アフリカ	南アフリカ共和国 ナネスブルク
	ザンビア

資料出所：中国人民銀行『人民元国際化報告（2015）』、北京、中国人民大学出版社、2015。

1　https://www.swift.com.

第 7 章　銀行の国際化とリスク防止

7.1.3　海外進出と機構の配置

　アジア、アメリカ、ヨーロッパ、アフリカなど地域のレイアウトを実現しているにもかかわらず、全体としては、中国系銀行の国際的な配置は深刻にアンバランスである。香港などの近縁地域は依然として多くの銀行の国際化戦略の第 1 選択である。香港を代表とする近隣地区は経済往来の親密度が高く、歴史文化などの要因や、国際金融センターと人民元清算センターの優勢な立地から、中国系銀行の海外業務に重要な構成部分を占める。したがって、どのように営利チャネルの多角化を実現し、国際化戦略を推進するかは、中国系投資銀行が国際競争に参加し、世界の競争力を高める重要な課題となる。

　「一帯一路」構想は、中国の対外経済協力の新たな方向を示し、中国系銀行の海外機関の合理的な配置を推進するのに役立つ。2015 年 3 月 28 日、中国国家発展改革委員会、外交部、商務部は国務院の授権を得て共同で『シルクロード経済ベルトと 21 世紀海上シルクロードの共同建設を推進するビジョンと行動』を発表した。沿線国家のインフラ整備への支援及び沿線各国との協力を通して、地域利益と運命の共同体を形成し、アジア太平洋と欧州経済圏と連携し、世界的な相互接続を実現する。この提案で、「一帯一路」沿線国家のインフラ整備による中長期投資・融資の需要、貿易の利便化がもたらすクロスボーダー取引の成長、経済の相互接続による資金の流動は、いずれもクロスボーダー決済市場をさらに開放し、中国系銀行の発展のためにチャンスを提供することになる。中国系銀行は自身の実力や海外での立地を生かし、銀行ローンの方式を選択し、インフラ整備と大型設備輸出の中長期的な融資需要のための融資サービスを提供し、実際にクロスボーダー取引に対する融資ニーズに合わせて、輸出買主信用、輸出売主信用、信用状などの多種多様な融資商品と国際決済サービスを提供する。

　「一帯一路」戦略の実施は沿線国の経済・貿易を促進し、中国系銀行はより一層の拡大と海外機構の配置を改善し、外国為替市場における資金決済プラットフォームとの協力を強化し、本国通貨・外貨のグローバル決済ネットワークの構築に向けた条件を提供した。2015 年末まで、中国の 5 大国有商業銀行で、中国銀行は644 の海外機構、中国工商銀行は 404 の海外機構、中国交通銀行は 15 の海外機構、中国農業銀行は 17 の海外機構、中国建設銀行は 2 7 の海外機構を保有し、合

1　劉克、王曦「人民元国際化の重要問題および最新進展研究」、『理代管理科学』、2015（7）。

2　夏丹、武雯、汪偉、「『一帯一路』戦略における商業銀行業務発展の契機と戦略の提案」、『新金融』、2015（9）。

165

計 1000 以上の海外機構は世界 50 以上の国家に進出していた。海外機構の配置は多数の先進国と地域に集中している。政策性の銀行では、現在国営銀行は国外に1つの支店と5つの海外代表機構を設立し、さらに 50 以上の海外チームも創設した。中国輸出入銀行は 2015 年末に1つの海外支店、2つの代表機構を開設した。さらに国内外の 1355 の銀行総・支店と委託銀行業務の関係を創立し、委託銀行業務のネットワークは 160 余りの国と地区をカバーしている[1]。

グローバル銀行に比べ、中国系銀行はタイムリミットや取引などのサービス能力が相対的に低い。中国系銀行はグローバルなレイアウトで、営業時間は主流の国際銀行のように全天候 24 時間取引のサービスを提供することはできない、市場の競争力を高める必要がある。

7.1.4　人民元の国際化は新しいチャンスをもたらす

中国系銀行は、「走出去（海外に進出）」のプロセスで顧客の基盤が弱く、成長潜在力不足などの深刻な制約を受けている。人民元の国際化は中国系銀行の顧客サービスの能力を改善させ、それらの機構と「海外に進出する」企業側の顧客の基盤整備を加速し、その長期的な成長の巨大な潜在力を提供する。

1、中国系銀行が「海外進出」するために企業にサービスの能力を増強する

人民元国際化度合いの上昇は、中国企業の海外融資コストをある程度下げ、中国企業の海外業務の発展を促進し、企業の「海外進出」のペースを加速させることにプラスになり、中国系銀行が顧客基盤を開拓するために新たなチャンスをもたらした。

中国の改革開放を深めていくにつれて、海外市場の開拓と戦略的な配置を国際舞台に据えた中国企業はますます多くなるだろう。海外進出とともに、中国の商業銀行が積極的に自身のグローバル水準を高め、製品種類やサービス経験の優位性を政策性の金融と相互補完し、「輸出向け融資、プロジェクト融資、リソースと融資の交換、M&A 融資、銀行融資、融資貸与、内保外貸融資、クロスボーダー担保を一体化」した製品群を創り出す。

中国系銀行は、中国国内で広大な顧客基盤を有し、国内企業の顧客に国際企業の M&A、資金融通や国際決済などサービスを専門金融サービス企業より素早く提供し、企業が地域的優位性の地位を獲得することを支援し、貿易と投資の空間を絶えず拡大させている。国内外連動の実現を可能にするだけでなく、新たな資源

1　各銀行 2015 年年報より。

第7章　銀行の国際化とリスク防止

の開拓と国際業務のチャンスを獲得する。さらに企業にリスクを回避するため為替レートの派生製品、財務コンサルティング、リスク管理、投資銀行などの革新的な業務を提供し、サプライ・チェーン金融方式を通じてより多くの企業の「海外進出」に助力する。

2、中央銀行、主権基金、超主権機関、取引所などの機関の顧客は、中国系銀行の新たな戦略性の顧客になる

　人民元がSDRに加入してから、ドル、ユーロなどの国際通貨と同等の国際準備通貨としての地位を持つ。各国の中央銀行が人民元資産を大規模に保有する技術的障害や法的な障害をある程度取り除いた。リスクコントロールが可能な前提の下で人民元資産を保有できるようにした。これにより人民元がSDRに加入した後、世界各国の中央銀行と主権ファンドによる人民元資金の吸収を促進し、民間金融機関は人民元資産の配置に踏み出し、中国系銀行が顧客基盤を拡充する可能性が高まった。

　長期にわたり、中央銀行、主権ファンド、超主権機関、取引所などの機関顧客は協力銀行に対し、比較的高い敷居を敷き、大多数の中国系銀行は門前払いされ、業務提携を結べずにいた。しかし、人民元の投資と準備通貨機能の強化に伴い、中国系銀行にはまだ経験不足の問題があるが、独自で人民元の製品設計、豊富な業務経験と中国国内の政策と市場を十分に理解・把握することにより、中国系銀行はこのような機関の顧客との連絡を確立するための踏み台を持っている。人民元のSDR構成通貨入りは中国系銀行の業務モデルを優良にし、中央銀行や主権ファンド、超主権機構と交易所顧客のサービスを豊富にし、安定した業務関係を設立し、さらに顧客マーケティングでの進展が顧客層を一新するに至った。

コラム7－1　人民元がSDRに加入した後、中国系銀行が直面するチャンスと挑戦

　人民元がSDRに加入したことで、商業銀行に国際化、総合化及び財産管理の戦略にチャンスをもたらし、銀行、特に大型商業銀行がより一層広大な発展の空間を得た。しかし同時に商業銀行は製品革新、リスク・認識・管理などで新たな挑戦に直面するであろう。全体としてのチャンスは困難より大きい。

　一、4大領域の業務チャンスが商業銀行の発展に繋がる

　ミクロ経済の視点から見て、商業銀行は大陸を越え、海を越え、更には通貨を越える関連業務を新しい発展のチャンスの機会として迎えるだろう。

167

1、グローバル資産の配置の需要向上と個人消費や民間銀行、理財及び資産管理、RQFII と QDII2 のホスティング、信託などの業務の発展

人民元の国際化とともに、内外の金融市場の開放度合いを高め、将来的に、個人投資の領域がますます拡大されるであろう。株式、債券、基金、保険、外貨、派生製品などを含む国際金融系の投資、自然環境の投資、M&A 投資、連合投資など海外実業への投資や海外の不動産投資などは、商業銀行の個人金融部門と民間銀行部門に多くのビジネスチャンスを創り出す。一方、海外投資家は中国の各種資産に対する投資需要を著しく増加させ、商業銀行の海外事業を牽引することになる。また、商業銀行も信託子会社を通じ人民元を海外へ直接投資する業務を展開する。将来更に多くの銀行系信託会社は商業銀行の海外業務の重要なプラットフォーム開拓するようになるだろう。

2、クローバル人民元取引の発展と金融市場の業務の推進、貴金属や国際業務（外国為替）の発展

国営大型商業銀行は、クローバル人民元の主な取引相手の銀行と共にマーケットビジネスの役を演じることが可能になり、人民元グローバル取引市場の重要な価格決定ラインになる。また人民元に関する金利スワップ、外貨決済スワップ、オプションなど派生製品の取引を発展させ、中国国内企業または中小業者に為替レート及び大口商品のヘッジサービスを提供する。人民元もしくは人民元の資産に関する各種指数を研究すると、国際人民元業務の市場主体価格の参考になるだけでなく、銀行に一定程度関係領域内での定価指導権を与えることができる。交通銀行と中国人民大学は 2012 年から毎年人民元の国際化指数を発表し、これは人民元化の重要な指標になっている。

3、人民元建て国際ローンの需要拡大は、貿易融資、国際決済及び信用資産証券化業務の発展を推進する。

オフショアとオンショア人民元の利差変化に応じて柔軟に国際人民元ローン業務の方向性を調整する。2015 年上半期、オフショア人民元融資の資本はオンショアの資本を著しく下回ったが、上海貿易区、深圳前海、青島、泉州、昆山などクロスボーダー人民元ローン業務発展の勢いは比較的顕著であった。しかし下半期では、中国人民銀行が連続して金利を低下させ、FRB の金利引き上げが予定されることにより、オンショア人民元とオフショア人民元の利差が逆になる出来事が起きた。将来このような現象がもし通常化されたまま発展していけば、海外ローンの流れに対応し即座に調整する必要がある。同時に、国内保険海外ローンと海外保険国内の業務にも対応する必要がある。海外ローンが一定の規模を達成する状況下では、クロスボーダー人民元ローン資産の証券化やクレジット流通業務を適時に展開することができる。

4、人民元建て国際債券は投資銀行、金融市場や債券発行、引受業務と投資業務の急速な発展を加速する。

まず、オフショア人民元の債券業務は、多くの注目市場を発生させる。中国とイギリスの経済財経についての対話、中国と韓国の自由貿易協定に伴い、「一帯一路」などの政策や戦略が相次いで推進され、中国香港のほか、中国台湾、シンガポール、韓国ソウル特別市、イギリスロンドン更には中東のドーハ、ドバイなど有望な国々は重要なオフショア人民元の預金と取引の

第 7 章　銀行の国際化とリスク防止

集散地になり、将来オフショア人民元債券市場の分布はより均衡されるだろう。香港の点心負債が継続して逃げているほか、宝島債、獅城債、酋債やイスラム債券など多彩な局面を形成している。前期から香港点心債市場の国際人民元債券発行の比較的豊富な経験に加え、国内外にもネットワークが多く存在することから、いくつかの重要区域の人民元清算センターや大型商業銀行が関連業務でより容易に先制を勝ち取ることができる。債券の種類から見ると、一般的な企業の信用債券のほか、金融債務、主権債務、地方政府債券（市政借金）などの債券がさらに多様化している。次に、中国国内のパンダ債市場は急速に増加傾向に向かっている。2015年6月には、中国人民銀行は、「対外開放を拡大し、さらに海外の機構が中国国内に人民元債を発行することを推進する」を表明した。これはパンダ債がさらに大きな発展のチャンスを迎えることを意味している。ある機関の予測によると、人民元がSDRに加入したことにより、2020年にはパンダ債の市場規模は3000億元を超える可能性がある。最後に、上記と2種類の債券業務のアドバイザー、ブリッジローンなどの投資銀行業務の恩恵を受ける。

　第2に、両者の挑戦は無視できない。より複雑な為替レートは、金利環境の革新的な製品の設計や経営モデルを要求する。人民元はSDRに加入した後、中国のオンショア金融市場とオフショア金融市場のやりとりはより一層頻繁になるだろう。商業銀行にとって、新しい環境は多くの既存の製品と経営パターンの適用を意味しているか、あるいは適用されないことを意味している。同時に中国の金融と資本取引は絶えず自由化して、商業銀行は人民元に関連する製品とサービスのイノベーション力を増大させ、国内外の取引先の顧客を満足させるため日々可能な限り需要と供給に力を入れている。もし、時間通りにいかなければ、取引先の信頼に関わってしまう。

　一方で、内陸を越え、海を越え、通貨を越えるなどの業務、リスク管理の要求はより全面的に広がっていく。一つ目は信用リスクである。顧客が全世界から来ているため、国の特徴を明確に理解していない多国籍企業やインターネットプラットフォーム内の銀行は、その信用状況について理解不足が原因で大きなリスクをもたらす。二つ目は、海外ネットワークの設置や資金調達の不合理で引き起こした部署または短期的な流動性リスクである。三つ目は、貿易の規則の不当、綿密な家庭を通さない操作リスク。四つ目は金利、為替レートなどの市場リスク。5つ目は海外の法律によるリスク。例えばイスラム国家のローンや債券引受業務の展開時、イスラム金融法律の特有の法律リスクに遭う場合がある。商品デリバティブ取引や金融関連法律、金融市場のリスクと市場慣例を十分に認識する必要があるのだ。六つ目は各国の政治経済の激動、政治の衝突、規制の違いなどの政策的リスクである。このように、商業銀行のリスク管理は信用リスクに重点を置いて、信用、流動性、市場、操作、法律、政策などの全面的なリスク管理を実行しなければならない。

7.2 国際化プロセスにおけるリスクと挑戦

　海外業務資産及び収入割合の上昇につれ、中国系銀行は、複雑な市場環境と監視の要求により直面し、そのリスクは数や構造の面で大きな挑戦に直面している。そしてリスク制御メカニズムの更なる強化と様々なリスク事件がもたらす衝撃に向けセキュリティー強化を求められている。

　まず、中国系銀行の国際化は情報の非対称性、投資目標市場の取引の仕組み、規制要件、コンプライアンス制御などの要素が中国の国内市場と違い、多くの時間と精力を投入し、海外自ら投資の専門能力と技術水準に関与し、無形に取引コストを向上させた。

　次に、理論的に中国系銀行の国際化は、主に市場リスク、操作リスク、政治リスク法的リスクなどの4種に直面している。具体的な実践の中で、上述の4大リスクは異なる表現形式を持っていて、それぞれ識別と管理を加えなければならない。

　政治のリスクと法律のリスクは高圧線で、一度このリスクに触れてしまえば、補填しにくい損失をもたらす可能性がある。投資家が必ずシステムの研究や投資先の国の法律法規と対外経済金融政策の把握をしなければならない。国際化のプロセスで法律のトラブルが招く経済損失を避けるため、即座に法律条規定項と政策規の変化に関する情報を把握する必要がある。

　銀行の国際化は、国際資金の出入りの全過程の操作リスクの種類がとても多く、構造の複雑さなどの特徴は特に注目しなければならない。その中で、先進国は、資金調達や規制規制に対する要求が非常に厳しい。海外経営が監視のレッドラインに触れる可能性は無視できない。

　市場リスクは、為替レート、利率などが金融市場の変動に密接に関連するリスクの種類をカバーしている。

7.2.1　資産のグローバル配置の加速がもたらした信用リスク

　中国企業の「走出去」という戦略を追いかけるように出てきたのが中国系銀行は様々なクレジットサービスである。オフショア市場での人民元建てローンはすでに一定の規模がある。例えば、2013—2015年、香港銀行のローン業務の中

第 7 章　銀行の国際化とリスク防止

で人民元建てローン額は 1156 億元、1880 億元と 2976 億元に到達した。台湾
でのオフショア人民元預金は 2013─2015 年に 920.55 億元、1962.97 億元と
2519.5 億元に到達した。2013 年にシンガポールの人民元ローンは 3000 億元を
超え、2012─2014 年にイギリスの人民元決済の輸出入融資はそれぞれ 339 億元、
385.7 億元、334 億元で、2013─2014 年にルクセンブルクの人民元ローンはそ
れぞれ 2350 億元、1458 億元に達した。[1]

　中国国内の投資に比べ、中国企業の海外投資額は政治リスク、法律の衝突や為
替リスクの増加により、ローンの違約確率が上がってしまった。それはそのサー
ビスを提供している中国系銀行もさらなる信用リスクに直面することを意味して
いる。例えば「一帯一路」戦略の中で、中国は近隣諸国のインフラプロジェクト
に参与し、しばしば中国系銀行が融資サービスを提供していた。しかしインフラ
投資は普遍的に収益率の低下に直面し、回収の期間が長く、投資に構造的な過剰
リスクが存在するかもしれないと言った問題が存在する。これは商業銀行の実力
と総合的なリスク管理に対し高い要求を提出し、比較的遅いローン振り込みの循
環を掌握しプロジェクトの存続が可能なのか考慮する必要性を生み出した。プロ
ジェクトにいたる国家のほとんどは発展途上国や新興市場国で、複雑な地緑政治、
社会の安全において法律の環境、経済の発展など不安定な要素が存在し、企業の
海外投資の完成が遅延され、途中で廃止してしまい、多額な予算の問題、ローン
の質の低下もしくは回収不可能、企業や銀行に巨大な損失を与えることも考えら
れる。[2]

　世界金融危機後、国際金融の規制基準が日々厳しくなり、海外監査での規制も
さらに厳しい制約と資本の流動性管理要件を採用した。それにより中国系商業銀
行の海外機関の拡張に圧力を与えることとなり、業務の開拓を制限されることと
なった。[3]同時にグローバル経済・金融が日々一体化を進めるのに伴い、中国企業
と金融機関の国際化は大きく前進し、中国系銀行のクロスボーダー融資はさらに
激しい競争に直面している。[4]一方、中国系銀行は、現地の金融機関および先進国
金融機構の競争圧力に直面し、さらには政策法律的な面や、融資コスト、製品種類、

1　Wind 資迅より。

2　夏丹、武雯、汪偉『「一帯一路」戦略の下で、商業銀行業務発展の契機と戦略』、『新金融』、2015（9）。

3　郭軍軍「商業銀行の国際化レベルを向上させる──中国銀行頭取陳四清氏に聞く」、『中国金融』、
2015（17）。

4　程軍「一帯一路の経済貿易と金融大動脈」、『中国金融』、2015（5）。

171

サービスレベルや認知度などで不利な状況にある。一方で、海外の中国系金融機構同士での競争圧力も存在し、それを各銀行主体の評価が大差なく、製品が単一で差異があまり無いという状況にある。これら全てが中国系銀行のグローバル融資業務における大きな困難である。

7.2.2　資本の頻繁な流れがもたらす流動性リスク

1、銀行預金の安定性と資本口座開放の困難

資本口座規制の相次ぐ取り消しにより、現地資金の流動が頻繁になり、銀行預金の波動性を増加させた。人民元国際化の推進に伴い、対外貿易及び対外投資の決済通貨は外貨だけに制限していたものから人民元と外貨の平行へと拡大し、人民元債券を中心に証券市場の投資・融資を絶えず生み出し、外貨両替の規模は更なる拡大した。これらの要素は銀行資金のクロスボーダー流動を引き起こし、さらに預金の安定性を揺がせた。

預金と貸付の比率を見れば、2015 年に中国系商業銀行の預貸率は 67.24％で、16 の上場商業銀行が平均で 73.48％、そのうち交通銀行が最高で、82.99％にまで及んだ。一方、南京銀行は 49.82％を下回り、2 極化が深刻なのが見て取れる。近年、銀行預金の収益率が低く、銀行預金が他の金融投資方式の分流を受けたことで、一度資本取引を開放すると、預金の流失が急激に増加することが予想でき、商業銀行預貸率の状況は不安なものになる。

2、新たな「脱媒（金融非仲介化）」の誕生と流動性の攻撃

人民元の国際化及び資本口座の更なる開放、企業と機関にオフショア人民元債券を発行することで融資を許可し、低コストの融資ルートの設立が新たな金融「金融非仲介化」を引き起こし、銀行資産の拡張と収益能力に悪影響を及ぼした。中国経済が「新常態」に乗った後、経済成長は徐々に歩みを緩め、経済転換と供給側の改革に協力するため、2015 年から現在まで、中国人民銀行は累計 5 回の利下げ、4 回の預金準備金の調整を行った。金利の変化による為替レートの変動を引き起こし、外国為替市場での人民元決済の上昇を促し、人民元の流動性を縮小させたことで、人民元の海外融資ルートは徐々に熱くなっていった。ますます多くの中国系銀行がオフショア市場、特に人民元オフショア市場に参与し、海外の同業間取引を行っている。ますます多くの市場主体が人民元の債券ツールを発行し、さらに「滬港通」の開通と RQFII の拡大にも伴い、オフショア人民元投融資市場

の供給関係に変化が起こり、オフショア人民元の流動性は徐々に緊迫している。[1]

　同様に、中国国内の同業市場が対外開放に伴い、海外の金融機関も参加するようになった。QFII（人民元適格海外機関投資家）の2012—2015年投資額の同期比率はそれぞれ32.74%、34.65%、21.14%であり。RQFIIの2012—2015年の投資額同期比率はそれぞれ135.07%、90.29%と48.26%であった。。

　海外の金融機関が同業市場に進出すると競争するだけでなく、外部のリスクを中国国内の金融システムに招く可能性がある。故に、中国の民間金融機関にもオフショア市場、海外金融機関にも中国の債券市場流動性危機を引き起こす可能性がある。

7.2.3 為替レートの変動がもたらした市場リスク

　人民元為替形成メカニズムの市場化は為替変動のリスクを増大する可能性があり、商業銀行の外貨業務に対して困難を及ぼす可能性がある。商業銀行自身の外貨投資と取引業務を為替変動の損失に直面するだけではなく、銀行外貨管理や他の外国為替市場の発展に不利な影響を与える恐れがある。為替変動の影響については、前章で十分な分析をしたので、ここではもう言及しない。

7.2.4　海外機関の拡張がもたらすリスクの管理

　海外支店の開拓は中国系銀行の国際化に不可欠な道である。海外支店が銀行のために新型ビジネスモデルと収益方式を創造するのと同時に、銀行のリスク管理に困難を及ぼす。その中で、特に注目されているのは、リスクコントロールである。国内外で支店機構がそれぞれの国や地域の法律、条例が異なるという原因で、より適切な業務システムが必要になる。同時に人民元クロスボーダー決済などの国際業務を始動に乗ったばかりで、商業銀行の海外機関は海外の法律法規を熟知しておらず、従業員の業務も熟練していない。これは、国内外のネットワーク間のサービスシステムの未熟な隙を誘発しやすく、管理層がリスクコントロールの強化をすることが求められる。典型的な事例は2016年2月17日、中国工商銀行スペインマドリード支店がアンチマネーロンダリングや脱税の調査で捜査を受けたことで、総経理、副総経理、部門経理など5名の主要責任者が連れ去られ、銀行も臨時封鎖された。スペイン法執行当局によると、当時の捜索行動は工商銀行の「犯罪グループを手助けし、3億ユーロをスペインから中国に振り込んでいる」件に

1　藍天旻「人民元国際化における中国系商業銀行の国外融資についての研究」、『新金融』、2015（8）。

ついての控訴証拠をつかむためのものであった[1]。この事件は今もまだ確定の結果が出ていないが、中国系銀行の海外業務にリスク警告を与えた。

リスクコントロール以外に、海外機構の拡大が財務リスクをもたらし、銀行のグループ管理に困難を及ぼした。海外支店の開設は銀行資産の負債表を国内からグローバル市場に託し、海外資金業務の往来は資産負債表における海外の項目を拡大させている。新開発の海外市場に直面し、経験不足と業務モデルに対する無知は、資産負債の期限ミスマッチを容易に悪化させる、特に国内外の項目表を並べると、例えば不適切な処理が財務リスクを引き起こしている。また、人民元の国際化が銀行のサービス対象を国際化させ、銀行全体の流動性管理に対する要求を出す。資金の不適切な運用、業者の不合理的な配置および資金価格の評価のずれが財務リスクにつながる。

最後は、経営リスクである。現在、中国系銀行のクロスボーダー人民元業務が香港とアジア地域が相対的に成熟したビジネスモデルと十分な経験があるが、人民元の国際化が深化になるに伴い、顧客群も徐々に国際化し、国際貿易グループは最も潜在力のある新規の顧客群で、関連貿易資金決済の際に、銀行への市場展望性と戦略部署にやや大きな困難を与える。世界のサービスネットワークを良いものにし、海外機関信用リスクの仕分け評価をすることは商業銀行が海外支店開設の際に重点的に展開しなくてはならない仕事である。

中国系銀行は国際化のプルセスでたくさんの外部リスクにぶつかっているにもかかわらず、現在中国銀行業の発展段階から見れば、海外業務に占める割合はやや低い。海外機関収益の割合はやはり比較的少なく、利益総額の貢献度は相対的に低い。銀行が主に直面するリスクの根源は、やはり中国国内にある。例えば、中国銀行の 2014 年の対外投資は、全体投資額の 16.14%を占め、香港、台湾地区、マカオの資産総額がグループ総資産の 16.33%を占め、利益は集団利益総額の 6.44%を占めた。他の国の資産総額がグループ資産総額の 11.08%を占め、集団の利益総額の 6.54%を占めた[2]。中国の経済成長は下り坂であった時に、将来の銀行業のリスクはやはり主に大陸や大陸と関係の深い、マカオ、台湾地域の資産と業務リスクが主要であった。

---

1 「工商銀行マドリード支店がアンチマネーロンダリングや脱税の調査で捜査を受けた」、新浪網、http://news.sina.com.cn/o/2016-02-19/doc-ifxprqea4745381.shtml。

2 『中国銀行年報 2014』より。

第7章 銀行の国際化とリスク防止

7.3 依然として中国国内のリスクを防ぐ必要がある

7.3.1 銀行資産の質低下リスク

中国系銀行の主な業務は貸付で、貸付資産の質の低下は銀行安全の主なリスクとなる。銀行の貸付は企業の主な資金調達ルートであるため、「2高1汚」業の閉鎖と「過剰の生産能力、不動産在庫、レバレッジの削減」の経済構造調整の過程で、銀行の不良貸付規模が急劇に大きくなる。2015年第4四半期、中国系商業銀行の総資産規模の成長率は15.6%で、不良貸付規模が上り、供給レベルが下ったことで商業銀行のカバー率は181%となり、一部分の大型銀行のカバー率が監査レッドラインの150%に迫って、将来大きな圧力に向き合わなくてはならないかもしれない。2015年末までに、銀行業の注意類債権の割合が3.79%、全体的な不良債権率1.67%、供給カバー率は181%となっている。

国際経験と中国の実践から見ると、銀行の不良債権が積み重ねを解決するには、不良資産の証券化、債務の株式化などの方式が取れる。債務の株式化は商業銀行に一定の標準で企業の債権を株式転換することを許可する。債務の株式化は表内の不良資産を処理する新たな手段で、短期間で銀行の不良資産に対する処理スピードを上げることができ、銀行資産の質量圧力と企業の均衡率を下げ、銀行の経営とリスク管理に対して比較的大きな影響を与える。特に注意しなくてはならないのは、この方法が延期貸付を促進し、すでに実質的に破産して売るがまだ不良貸付を納入していない会社が債権を株式転換することになってしまい、短期間で銀行表内資産質量のプレッシャーが上昇してしまうことである。他にも捜査中の道徳リスクと銀行企業間コネクトの問題に対して銀行は厳しいリスク対策をし、利益輸送を防ぐ必要がある。長期的に見ると、銀行は債権の株式化によって消化企業のバランス比率を手助けすることができ、ゾンビ企業を淘汰することができる。しかし銀行は債券人から投資人に変わることで過剰生産能力、不動産在庫、レバレッジの削減に対して一定のコストを負うことになり、きちんとそのリスクを理解して正しいリスク管理策を制定しなくてはならない。

7.3.2 銀行利益減少のリスク

ドラッグ銀行業利益成長の2つの主要な要素は金利差の縮小と資産の質の低下

175

で、「過剰生産能力、不動産在庫、レバレッジの削減」の経済構造調整の過程の中で、このような傾向は今後しばらく続くであろう。中国銀監会が発表したデータによると、2015年第4四半期末までに商業銀行の当時の累計実現純利益は1.59兆元（前年比2.43%、純金利差2.54%）で、第3四半期に比べて1ポイント上昇した。所得コストは30.59%で、1.03%ダウンし、商業銀行の不良債権率は前月比1.67%で、第3四半期より8ポイント上昇し、カバー率は前月比181.18%、第3四半期より9.62%低下した。貸付準備率は3.03%で、第3四半期と変わらなかった（表7—4参照）。

2015年に商業銀行の純利益の増加速度は2.4%で、2014年末の9.6%の成長率7.2%下落した。金利市場化が基本的に完成し、中国人民銀行が数回の利下げ政策を取ったことで、銀行の利息差収入に対して著しいマイナスの影響を及ぼした。銀行は典型的な順の周期の業界で、マクロ経済の下落、資産質量

表7—4　　　　　　　　2015年商業銀行の主な監督管理指標（法人）

	第1四半期	第2四半期	第3四半期	第4四半期
流動性指標				
流動性比率	47.46%	46.18%	46.16%	48.01%
存貸比率	65.67%	65.80%	66.39%	67.24%
人民元超過支払い金利率	2.30%	2.91%	1.91%	2.10%
収益性指標				
純利益（本年累計、億元）	4436	8715	12925	1.5926
資産利潤率	1.29%	1.23%	1.20%	1.10%
資本利潤率	17.76%	17.26%	16.68%	14.98%
純金利差	2.53%	2.51%	2.53%	2.54%
非利息収入比率	24.60%	24.61%	24.27%	23.73%
原価収益率	26.67%	27.21%	27.88%	30.59%
資本充足指標				
コア1級の資本額（億元）	95456	97062	101414	106268
一級級資本額（億元）	98027	99962	104463	110109
資本額（億元）	117594	119949	125073	131030
信用リスク加重財産（億元）	803087	833708	859033	884712
市場リスク加重財産（億元）	7929	8354	8598	8613
操作リスク加重財産（億元）	68530	68672	68814	77226
資本線を適応したリスク財産合計（億元）	895530	926236	950921	973982
コアの一級自己資本率	10.66%	10.48%	10.66%	10.91%
一級自己資本率	10.95%	10.79%	10.99%	11.31%
自己資本率	13.13%	12.95%	13.15%	13.45%

資料出所：中国銀行業監督管理委員会

第 7 章　銀行の国際化とリスク防止

悪化の圧力の下で、銀行の純利益は下りの通路に入る。未来を展望して引き続き
資産品質が悪化すれば、銀行業全体の純利益成長率予測はゼロに近くなり、ひど
い場合はマイナスになる。

　将来の利益成長減速傾向が続いて、銀行の収益モデルが素早く転換する。金利
市場化の前進に伴い、表外業務の革新と発展が日に日に伝統的な銀行業との間で
競争を生み出し、その債務の株式化、不良資産証券化業務再開と買収などによる
総合化経営が、銀行の金利差縮小と資産品質低下の問題を解決する突破口になる。

7.3.3　利子市場化のリスク

　2015 年、預金利子規制の自由化に伴い、中国の利子市場化は 20 年を経て基本
的に完成した。一方で、マクロ経済管理の需要に応えるため、中国人民銀行は準
備金の減少、利下げを幾度となく行い、銀行の貸付利子減少を招いた。さらにイ
ンターネット金融の出現に予知より多くの利子で貯蓄を争奪する必要ができ、銀
行預金の大幅な流失を招き、銀行は貸付利差の狭隘化と預貸率上昇の圧力に直
面した。中国銀監会のデータによると、2015 年商業銀行の預金比は 66.28％で
2014 年の 65.13％に比べ 1.15％上昇した。他にも資本市場の場外資金調達、イン
ターネット金融イノベーションはさらに大部分の預金流出を招き、銀行資産拡大
能力は昔と比べものにならなくなった。将来、銀行の負債はさらに不安定になり、
流動性リスクはさらに大きくなるであろう。

7.3.4　シャドウバンクリスク

　近年、シャドウバンクはサービス経済社会の発展と同時に複雑な取引や管理違
反などの問題が現れるようになった。シャドウバンクは資金を地方政府の融資プ
ラットホームや不動産、「2 高 1 剰」などの業界や分野に投資し、マクロコントロー
ルの有効性を弱体化させ、経済構造の調整を不利にしている。シャドウバンクに
資金源と運用、そして正規金融システムの相互浸透は、ずさんな管理により生ま
れるリスクが正規金融システムにまで伝わる。他にも一部シャドウバンクの中に
は拡大により利益率が高くなりすぎてしまい、リスク管理が行き届かず、金融秩
序と市場環境をかき乱してしまっている。

　信託会社は中国の最も重要なシャドウバンクである。信託業界は景気サイクル
とマクロ環境の変化に対して敏感で、経済が新しい状況に入るとプレッシャーを
受ける。特に鉄鋼、石炭、セメントなどの業界の生産能力過剰調整の課題を背景

177

に信託業も 2008 年以来の高度成長を終え、成長モデルチェンジの高速成長前期へと歩んでいった。高速成長の前期は、金利の設置が高すぎたり、業務不動産に集中しすぎることで、インフラなど分野の問題が信託製品に厳しい支払いリスクを与え、信託会社の直面する業務リスクが集中と解放の困難を生み、信託をルートにする深い介入が銀行に伝染リスクをもたらす。

銀行信託協力モデルの中で、潜在的な信託協力リスクは銀行が注目するに値する。まず、信託会社・銀行からの信託ローンによって、隠ぺい担保の表外リスクが生まれる。規制指標とローン業界への投入などの制限を受け、銀行は証券化などを通じて一部の帳簿内資産を帳簿外に移したが、信託製品が違約した場合には、銀行は相応の損失を負わざるをえない。2015 年 12 月まで 40614 の信託製品の中で、貸付類信託の合計は 3151 に及び、全体の 7.76％を占めた。さらに平均発行規模は比較的多いと言え、19.52％にまで及んだ。現在銀行の帳簿外資産台帳配付比率が低い場合にあって、信託製品にシステム的な違約が生まれると、銀行の不良資産は素早く増加してしまう。そして、銀行は信託収益権の形式で信託製品を買う、もしくは他の信託業務で資金的な支持をし、違約が発生した際には、違約信託製品に関係する銀行投資が全て損失となってしまう。最後に銀行は銀行が展開する信託製品の販売業務と同様に、見えないリスクを有している。このような協力方式では、銀行は主要な取引先の販売などの方法で手数料を取得し、商品の設計に参加しない。信託製品の違約が発生した時、銀行は賠償責任を負うことはないが、もし販売過程に不正行為があった場合、違約責任を分担しなくてはならない。

また、絶対支払い（資産運用会社が絶対的に元利を保証する方式）の後遺症もシャドウバンクリスクを徐々に膨らませる。短期間では絶対支払いも業務の発展につながり、投資者の懸念を取り除くのにつながるが、長期になると投資者がリスクに対して敏感でなくなり、リスクと収益の釣り合いが取れなくなることで逆淘汰のリスクを大きくし、経済が下降をたどった際に予期収益が融資コストをカバーしがたいという状況に陥りやすい。さらに絶対支払いは成熟した金融市場の発展に悪影響を与え、見えない災いをさらに深刻なものにする。

近年、信託会社の独自ルートの拡大と資産管理業界の競争が激化していることに伴い、銀行への依存度が衰え続け、銀行と信託会社の協力が徐々に減少監督層の銀行と信託会社の協力に対する相次いだ規則提示、資産の譲渡、非標資産の割合、リスク資本掲示等の方面で厳しい要求を出し、銀行と信託会社の協力をコントロー

ルしている。

　注目すべきは、同業業務と委託貸付の上着を羽織って信貸を流用するシャドウバンクはやはり勢いがあるという点である。2014年の年末までに、シャドウバンクは約46兆元の規模に達し、その中で同業製品と信託の相互接続の行為は比較的に際立っており、システミック・リスクをさらに拡大した。この背景の下で、2015年1月16日、中国銀監会は『商業銀行の委託貸付管理法（意見募集稿）』を公表し、はっきりと委託貸付資金が銀行授信資金もしくは債券発行による資金獲得ができないこと、また委託貸付資金が資本市場介入などの要求によって変化できないことを提示した。主に根源、方向、金額の3つの角度から委託貸付の管理を展開し、実際経済および資産市場の中でひそかに規定が上がっていく違法行為を修正し、非標準資産が銀行資産負債表内および他の金融市場に移行するのを厳格にコントロールしている。これまでに公表した財政資金監督の『中国銀監会について商業銀行の資産を管理する業務規範投資業務に関する通知』（銀発［2013］8号）と規範と同業業務の『金融機関について規範同業業務の通知』（銀発［2014］127号）を組み合わせてより良いシャドウバンクの管理体制を実現させた。

　地方融資プラットホームの規制が緩まり、同業業務の活動が活発に発展している中で、2015年末の社会融資規模は1.8兆元まで拡大し、シャドウバンクが再び息をふきかえす兆しを見せた。これにより不安定なリスクは注目に値すると警笛を鳴らした。他にもシャドウバンクモデルは段々資本市場の場外分配、ネット金融の革新、不動産仲介などの新領域に浸透して行っており、たくさんの複雑な形態が生まれ、銀行業界全体のリスクを深めた。

コラム 7―2　商業銀行のクロスボーダー人民元業務のコンプライアンスリスク管理

　近年、人民元の着実な国際化に伴って、クロスボーダー人民元業務も発展を始めた。人民元国際使用の政策の枠組みは基本が完成し、経常取引のクロスボーダー人民元業務はすでにすべてをカバーし、十分に利便化を実現した。クロスボーダー人民元の直接投資は政策の妨げにならず、人民元の国際融資は開放された。クロスボーダー人民元業務の実践者として、商業銀行は積極的にクロスボーダー人民元金融サービスを発展させていくと同時に、監督管理の要求をきちんと定め、管理システムを常に改善し続けることで安定したクロスボーダー人民元業務の発展に役立てている。

一、「展業 3 原則」を全面的に実行し、慎重に自律的に業務を展開する

「展業 3 原則」は、「取引先を理解し、業務を理解し、調査を行う」ということで、商業銀行がクロスボーダー人民元業務を取り扱う基本的な原則である。商業銀行は、「展業 3 原則」がクロスボーダー人民元の各業務の操作と管理の一貫を実行し、取引先の存続関係を貫いた事前、事中と後、慎重に自律して、ルールを合わせて経営する。

「顧客を知る」面では、商業銀行は顧客の身分識別を厳格に展開している。顧客との取引関係を築き上げて、取引先の身分を確認し、業務状況などの資料の合法性、真実性と有効性も確かめる。さらに非居住民及び国外の金融機構が業務関係を築き上げる際にきちんとマネーロータリングやテロ融資対策及び国際制裁などの方面で審査責任を負う。顧客との業務関係が存在する期間、顧客に対して調査をし続け、顧客の日常経営活動、金融取引、法律面での正当性など、リアルタイムで顧客の情報を更新し、銀行業務システムで顧客の身分が正しく、合法であることを確保している。「顧客を知る」業務の中で、商業銀行は業務を行う際に国際交易契約、交易背景、商品の種類、投資標的、価格条項、領収書などの要素に基づいて審査を行い、合理的な国際融資の期限と貿易資金の周期期限との兼ね合いを考慮し業務背景の国際物流、資金の流れと領収書の流れに関して追跡調査を行い、顧客が国際人民元の貨物取引、サービス貿易もしくは国境を超えた投融資などのすべての過程に違反がないかを確認し、他のリスクを防止する。「職務調査」では、商業銀行は顧客の身分識別と行為識別をするのみでなく、定期的に顧客および業務指標の変動状況を監視しなくてはならない。特に大金で頻度が高い異常取引については後に再検査を行う。異常の疑いのある情報については、すぐに中国人民銀行などの監督部門に報告をし、検査業務とその後の処理業務でうまく連携を取っている。

二、管理システムを改善とリスク管理メカニズムの構築

健全な情報管理システムは商業銀行が国際人民元業務を拡大していくのに重要になる。第 1 に、クロスボーダー人民元監督政策の枠組み内で、国際慣例や法律制度に注意することは、商業銀行内部をコントロールする基盤になる。具体的な操作過程の中で、リスク対策、反マネーロンダリング、反テロ融資などの要求が発展の大事な要素になる。第 2 に、制度化を行うことが重要になってくる。コントロールできるリスクと、リスク予想の出来る体制はより早く高いリスクを抱える業務や違法な行動を見つけ出すことができ、素早く分析し、修正することにつながる。第 3 に、異常なデータ分析と業務の後続管理を強化することである。多額の怪しげな取引に対する報告制度により、疑わしい顧客の特徴や資金の流れを分析し、規則に従ってリアルタイムで監督部門に報告する。さらに時より顧客のリスクレベルを定め、業務それに応じた策略をとることで、リスク管理のレベルを高めている。第 4 に、各等級のリスク責任をはっきりさせる責任追及制度を定めることである。管理状況の疎かな点、規律や法律違反については厳しくリスク責任追及制度を執行し、責任問題を解決する。

第 8 章
供給側の改革による人民元国際化の地盤固め

理論研究と実践によると、強大な経済力は一国通貨の国際化の基礎であり、人民元の国際化プロセスを順調に推進していくためには、中国経済が国際的な地位を持つことが鍵である。現在の中国経済は困難な構造調整の任務や複雑な国際経済環境の制約に直面しており、新しい問題、新しいリスクといった経済が持続的に成長することによって現れるリスクからの圧力が増加し続けている。どのように中国経済の持続的な成長における問題を打破するのか？供給側の改革は必須条件で、供給側の改革は中国経済が効率よく発展していくための基礎になり、人民元国際化の高い安定性とよりより未来につながる。

8.1　実体経済は人民元国際化の堅実な基礎である

強大な実体経済なくして、一国の通貨は全世界の通貨使用者から長期的な信頼を得ることができず、同国通貨の国際化は砂の中に埋もれて、根をはることもできない。この視角から見ると、中国の実体経済の堅実さに基づいて、これまで人民元の国際化プロセスは順調に進んできたと言える。2015 年、人民元が無事にSDR 構成通貨に加入したことは、間違いなく国際社会に中国の改革開放 37 年の経済成長が認められたのだと言える。

Bergsten（1975）は、一国の通貨が国際通貨になるためには、以下の条件を満たさなくてはならないとした。国際経済システムにおける相対的な優位性を持ち、安定した経済力と価格レベルを備えている。Tavlas（1997）は、最高通貨区の基準に基づいて、貿易一体化の度合いは国際通貨選択の最も重要な要素だとした。Richard Portes and Helene Rey（1998）は国民経済の大きさと経済実力の強さ、対外経済貿易の友好関係と高い地位といった 2 方面の要素が直接国際市場の

一国通貨の認可を決定すると強調した。Bacchetts and Wincoop（2002）は市場シェアは通貨の選択を決定づける要素であると発見した。輸出国が占める市場シェアが高ければ高いほど、輸出国の通貨で価格を決める可能性が上がるのである。逆に、輸出国企業は無理やり勢いのある国外ライバル企業の通貨で価格を決められてしますうゆえに、経済実力と国際貿易での地位は、通貨国際化の必要な前提なのである。

　歴史的に見て、強大な経済実力は、通貨国際化の原動力になる。英ポンドが国際通貨になった前、イギリスは工業革命と自由貿易を通して世界の工場となり、生産した商品は世界市場へと普及していった。経済力および成長率は他の工業国に勝り、イギリス経済・貿易の凄まじい成長は、英ポンドを国際通貨に成り上がらせた。1914 年になると、国際貿易の 90％が英ポンドを通じて行われ、イギリスの海外投資額は西方国家総投資額の半数を占めた。1944 年にブレトン・ウッズ協定で米ドルが国際通貨の鍵になった前、アメリカは歴史の教訓を生かし、経済効率がより高く現代的な工業システムを作り上げ、その経済力は 1970 年にイギリスを超え、世界のトップに名乗りを上げた。ユーロは正式に運用される前、EU の経済力は 1993 年の約 6.7 兆ドルから 2002 年には 10 兆ドルまで増加し、1995 年から 2000 年の間、EU 加盟国の経済は安定して 3％の成長率を保ち、その経済力はアメリカを超え、世界一となった。強大な実体経済を支えとして、ユーロは 2002 年正式に流通し始めてから、米ドルに続く主要な国際通貨となっていった。

　経済の実力と貿易地位のほか、通貨国際化のもう 1 つ必要な前提として、通貨の安定性がある。通貨安定の本質は、通貨供給と通貨の需要が適度なバランス、つまり通貨供給と実体経済成長の間の関係である。1949 年の新中国成立以前は、中国経済はずっとひどく、通貨価値が不安定で、悪性インフレに苦しめられていた。新中国成立後、陳雲などマクロ経済リーダーの果敢な措置をもち、実体経済の需要に目を向け、計画的な組織生産とスムーズな物流を保持し、生活必需品、重要物資の需給バランスを保つことで、すぐに人民元の通貨安定を実現させた。このような通貨の安定は 1978 年の改革開放まで維持された。その後、中国人民大学前校長黄達氏の『財政金融総合バランス導論』という本の思想に導かれ、中国の通貨金融サービスは明確に実体経済の発展に目を向け、特に通貨の需給バランスと安定した人民元の購買力を強調し、金融の「現実から外れ虚構にたどり着く」という状態が自己膨張していくことを防止した。さらにこのような根深い金融概

第 8 章　供給側の改革による人民元国際化の地盤固め

念が中国国内のインフレーション管理だけでなく人民元の対外定価にも影響を与え、人民元を 2008 年国際金融危機以来国際レートの波動が少なく、安定した通貨への仕上がらせた。通貨金融サービスは経済の理論と実践に基づいて立脚し、人民元は通貨安定の思想基礎と実践経験を獲得し、国際化の準備が出来上がった。

　一国の通貨が国際通貨になることで発揮される各機能として、重要な国力や高い経済成長及び強力な輸出が後ろ盾となっていることがある。国際貿易、資本の流れの中で、どの通貨を選び決済をするかというのは、ある程度が交易コストにより決定づけられ、その根本にはこの通貨に対する各方面での信頼がある。この信頼の背景には通貨発行国の経済的な実力や、国際的な地位の認可がある。我々2012 年の『人民元国際化レポート』を発表してから、常に 1 つの基本概念を持ち続けてきた。それは実体経済が人民元国際化の基礎であり、中国の実体経済が世界経済の強大な実力から離れては、人民元の国際化が前進することは不可能であるという概念である。

コラム 8 − 1　　　　中所得のわなを乗り越えるには欠かせない要因

　2008 年の世界的な金融危機以来、国際社会には中国の相場下落を予言した声が常に響き続け、中国国内でも多くの学者や役人がこの状況を懸念した。幾つかの制度と経済の欠陥により、高度成長を遂げてきた中国は、ラテンアメリカの新市場国家のように「中等収入のトラップ」にはまり、経済成長が滞り、社会的な矛盾の出現とともに、比較的長い期間に経済成長の動力と国際競争力を失う可能性がある。

　世界各国の経済発展史を整理すると、世界中で「中等収入の罠」を越えた先進国の 3 つの特徴が見られる。1 つ目は、伝統的な資本主義国家で、イギリスやフランスなどの古いヨーロッパ国とアメリカが該当する。この国々は産業革命で全面的に工業化し、国内または地域の内部で自らの技術を高めるためのシステムを構築した。経済の成長において、また工業化のプロセスでこれらの国家は対外戦争と植民地を通じて海外資源と財産を略奪し、それにより国内で社会保障システムを築き上げることに成功し、国内の矛盾を国外へ流出させた。2 つ目は、日本や韓国、シンガポールなどの国である。この国々は第 2 次世界大戦以降、1 種類目に挙げた国々の国際戦略のもとで技術転移と大量注文を受け、それを基礎に自らの工業体系を確立し、経済成長をすることで先進国の仲間入りを遂げた。しかしこれらの国は政治、経済、軍事など多くの分野において独立しておらず、国際業務の中で第 1 種類の国家に完全に権力を掌握されてしまった。第 3 種類はオーストラリアとカナダである。これらの国では 1 人当たりの経済資源が豊富で、血縁関係を頼りに第 1 種類の先進国に依拠して、資源を供給することで先進国の仲間

183

入りを果たした。これらの「中等収入のトラップ」を越えてきた国には共通の特徴がある。それは彼らは皆工業化を完成したという点で、経済の絶え間ない成長には、自ら成長できる工業化体系が必要なのである。

　それとは反対に、これら「中等収入のトラップ」に陥った国では、国によってかつて1人当たり所得水準がかなり高いところに達して先進国のレベルに近づいたこともあった。しかし残念なことに、▽創造力と競争力を持った生産構造を持っていなかった▽有効な金融サービスの実体経済を保有していなかった▽資本口座の開放後、金融リスク管理能力が劣っていた▽経済成長に伴った民生関係の処理が甘かった、などの理由で労働力コストが急速に上昇してしまい、貧富の差が生じて生産構造のバランスが崩れ、経済のグローバル化の中で経済の自主性と商品の国際競争力を失い、本国経済の大動脈が外資と結びついたことで金融危機が起こるたびに苦しい状況にぶつかることになってしまった。

　中国は最大の発展途上国でありながら、まだ半分の人口が農村で生活している。工業の分野はそろっているが、高度な製造能力が弱く、工業化はまだ完成したとは言えない。国際経済環境の巨大な変化が発生した後、中国の経済構造は不合理な問題が見え始め、経済成長が下降をたどりはじめ、「新常態」へと転換を始めた。中国は国情に立ってその他の国家が罠に陥った経験と教訓を十分に吸収し、供給側の改革と新型の都市化という2つの成長策略を実行し、さらに自力で発展する工業化体系と強大な購買力を持った内需市場を築き上げ、2020年に国民収入が2010年の2倍になって「中等収入のトラップ」を乗り越え、安定した中国経済を基礎に人民元は重要な国際通貨になることができる。

8.2　中国経済の持続可能な成長を脅かす主要なリスク

　過去に伝統的な経済モデルの下、中国の経済は需要の管理を重視し、投資の拡大と輸出の増加で経済の速い成長を実現してきた。現在、中国経済は成長率のシフト期、構造調整の陣痛期、前期刺激政策の消化期という「3期重ね合わせ」の厳しい困難に直面しており、経済成長率の下降に伴う工業品価格の下落、実体企業利益の減少、財政収入増加率低下に伴う経済リスク上昇などの問題がある。明らかに以前に中国の高度経済成長を推進する原動力が失い、投資と、安値で輸出で成長する経済モデルの継続が厳しくなり、経済成長モデルを転換し、新しい経済成長の動力を生み出す必要があり、これこそが中国経済発展のための急務なのである。

第8章 供給側の改革による人民元国際化の地盤固め

8.2.1 伝統的な経済モデルによる構造的障害

　国際金融危機が勃発して以来、世界経済は長い衰退期に入った。対外依存度が高い中国経済は深刻な打撃を受け、国内産業構造の不合理な問題が明らかになった。特に G20 の国が金融危機に対処するため実施した景気刺激策で、中国は粗っぽい経済の拡大をし、それが深刻な負債経営と生産能力過剰を生み、中国経済は重い荷物を背負うことになり、企業の倒産ラッシュが現れ、投資意欲が低下し、成長力不足を招いた。2015 年、中国の GDP は 6.9％成長し、5 年連続で減少した。工業の伸びは 5.9％で前年比 1％減だった。固定資産投資は 10％増加し，前年より 5.7％減少した。工業企業の利益は同じく 2.3％減少した。11 月だけで赤字を生み出した企業数は 54459 社にも達し、17.4％増加した。以前はかなり長きにわたって中国の経済成長を牽引してきた貿易輸出が低迷し、2015 年中国の貿易輸出入総額は 39586.4 億ドルで、8.0％減少した。そのうち輸入総額は 16820.7 億ドルで、14.1％下落し、輸出総額は 22765.7 億ドルで前年同期に比べ 2.8％減少した。伝統的な経済モデルが経済成長の障害となり、持続が難しいとされ、以下の 4 つの方面の課題が挙げられた。

　1、イノベーション能力の薄弱さ

　改革開放以来、技術の全体的なレベルの遅れによる、核心技術の不足で、大多数の中国企業が「3 来 1 補」の委託加工貿易（来料加工、来様加工、来件組立）を従事するのみか、技術レベルが低く、労働集約型製品を生産してばかりで製品の付加価値が低く、さらに企業の革新意識が低く、研究への投資が少ないなどの傾向が見られる。2000 年に中国の研究開発支出が GDP に占める割合は 9％しかなく、日本の 1/3 にも及ばず、科学技術の GDP 成長に対する貢献度は 20％にも及ばなかった。国際金融危機の発生後、中国は経済モデルのアップグレードを強調し、開発資金も大幅に増やし、2010 年にはドイツを超え、2013 年にはさらに日本を超え、2015 年に開発支出は 1.4 兆元にのぼり、アメリカに次ぐ世界第 2 位の研究開発費の投入国となった。現在、中国の研究と開発の支出が GDP に占める割合は 2.10％でイギリスを超え、ユーロ圏域の水準に追いついたが、日本、アメリカと比べるとまだその差は少なくない。中国にはまだ農村人口が半分を占めているため、全国民の教育レベルが高くなく、質の高い人材、特に科学技術の人材不足こそが中国の革新能力を制限している。世界銀行の統計によると、2000 年の中国では R&D 研究者が百万人につきわずか 547 人、同期の日本では 5151 人、アメリカでは 3476 人と、中国研究開発者の数は日本の約 1/10 と、アメリカの 1/6 であった。

185

その後たゆまぬ努力を経て、中国の科学技術人材育成は大きな成績を上げ、先進国との差が急速に縮小された。2013 年の中国の R&D 研究者数は 100 万人当たり 2 倍の 1089 人で、日本の約 5 分の 1、アメリカの 1/4、ユーロ圏の約 3 分の 1 に達していた。2014 年の中国の特許出願数は 127042 件と、2000 年の 26560 件の特許出願数に比べて 5 倍近く増え、アメリカに次ぐ特許大国になったが、体制の制約で科学技術の成果が産業へ反映されず、多くの特許が実験室のレベルに留まり、科学技術経済発展への貢献度が相対的に低かった。アメリカの経済成長に科学技術の貢献度は 70 ％を超えているのに対し、中国の貢献度は 30 ％に満たなかった。科学技術は経済成長に対する貢献率が低いことが、中国の経済成長を抑制しているアキレス腱と言える。

2、経済構造のアンバランス

中国経済の構造的不均衡の主な原因の 1 つは、消費率の毎年の下落と貯蓄率の持続的な上昇である。2000—2008 年の 8 年間、住宅、医療、教育、老後の負担が増大し、社会保障システムが不十分になり、住民の貯蓄意欲が急上昇し、貯蓄率は 36.2％から 51.8％に上昇し、消費率は 63.1％から 49.7％に落ち込んだ。貯蓄と消費構造の変化は中国の国内市場を萎縮させ、対外需要への依頼を大幅に増加させることで、中国経済成長は投資と輸出に頼ることになった。2008 年の金融危機以降の国際市場は疲弊し、国際市場の需要は減って供給が需要を上回る不安定な状態、また一部業界では生産過剰の問題が起こった。一定の経済成長速度を保つため、中国政府は大規模な投資政策と通貨政策をとり、投資による経済成長の割合を高めた。大規模な投資は生産能力を急激に拡大し、消費成長速度はなかなか資本投入と生産能力の拡大速度に追いつかず、需要不足と過剰生産能力の間で悪性のアンバランス状態を生んだ。

中国経済の構造的不均衡のもう 1 つの原因は、一部の業界の生産能力が深刻に過剰していることで、住民の生活ニーズは有効供給の満足を得ていないことである。経済成長モデルチェンジが進行するプロセスで、鉄鋼、石炭、化学工業、建築材料、電解アルミニウムなどの業界は深刻な生産能力過剰が現れた。例えば、2015 年の石炭消費量 35 億トンという予想に対し、中国の石炭生産過剰は 22 億トンで、生産能力の利用率が 70 ％にも満たなかった。2012 年以来、中国の鉄鋼の生産能力利用率は合理的なレベル以下で続いて、2015 年の生産能力利用率は 67 ％未満となり、鉄鋼業界の赤字は深刻を極めた。2015 年鉄鋼工業協会の会員企業の損失は 645 億元にのぼり、50.5％の企業が赤字で経営が非常に困難な数値

第8章　供給側の改革による人民元国際化の地盤固め

となった。窒素肥料、クロールアルカリなど業界が損失を負い、無機塩、メタノールは、タイヤの製造など業界の利益も2年もしくは3年連続減少した。セメント業界の利益は330億元で、前年同期より58％下がり、セメントの生産量は25年間初めてのマイナス成長を遂げた。アルミニウム製錬業の全業界は毎年巨額の損失で非常に重い債務の負担を背負った。

　多くの沿海企業が依然として伝統的な委託加工貿易に従事し、非効率的な生産技術と方式によって、市場空間が大量の安く淘汰されやすい製品に占められ、実質的な供給不良である。改革開放以来、中国が長期にわたって実行してきた「需要が供給を生み、供給が需要を改善する」という成長戦略では、物資が不足し、購買力が弱い時期に、「量」を重視しすぎたあまり、製品の品質とブランド力の面でかなりの不足があった。一度収入のレベルが上がると、需要もそれに伴い上がる、もしくは国外からの低レベル需要の数が減り、国内で多くの業界に生産過剰が現れたり、国民が様々な方法で質の高い海外の粉ミルクや便座、高圧鍋など手に入れるという異常な現象が見られたりする。中国は需要と供給の両サイドに目を配り、きちんと経済構造を調整し、無効でレベルの低い供給を減らし、有効かつ質の高い供給を増やしていけるかは、将来の中国経済成長における重要な要素である。

　3、民間投資の下落

　過去長きに渡って、投資は中国の経済成長の主要な原動力であった。最近2年でも消費は投資と輸出を超え、経済成長の一番の原動力であるが、輸出が下落した場合にあっては、中国経済成長の原動力は投資を特別頼りにするほかなかった。企業は民間投資の主力軍で、その中で小さい企業は最も活気に満ちている。中小企業は中国経済の重要な構成部分と基本的な成長の動力として、市場を活性化して就職の機会をつくるなどの面で重要な貢献をした。中国国家統計局のデータによると、中小企業は企業法人の95％以上を占め、その最終的な製品とサービス価値は中国GDPの50％以上を占めている。思想観念や体制などの問題、政府と市場の関係の不均衡によって、市場は資源配置の方面で2次的な地位に立ち、各々の規定と条件が中小企業を利益が高い新興企業業界に進出するのを防ぎ、中小企業が経済転換を行う際の投資意欲を下落させる。また、銀行主導の金融システム「身分差別」が存在し、中小企業金融サポート面での業績が少なく、中小企業に投資をさせようとしても資金面での問題があり、融資困難の問題が生まれることは今日もまだ解決していない。2015年末、民間固定投資の成長率は10.1％で、2013

187

年の 24.1％に比べ、58％減少した。民間投資の大幅な萎縮は中小企業の発展環境
が悪いことを反映し、その規模の拡張、技術の開発と資金の需要が満足を得られ
なかった。中小企業に十分な活力が欠けていることは、新しい都市化において就
労問題を与え、経済的が柔軟性と弾力性を保つため上で大きな圧力をもたらした。

　4、中国の貿易は大きいが強くない

　2015 年、中国のモノ貿易の輸出入額は総合 24.59 兆元にのぼり、世界一の地
位を保ち、前年からさらなる上昇を見せた。貿易の「量」から見ると、中国は世
界最大の貿易国であり、100 以上の国の最大貿易相手国となっていて、その総額
は世界貿易総額の 8 分の 1 に上る。貿易の「質」から見ると、輸出品の付加価値、
貿易競争力、価格決定権などの面で、中国は貿易強国になるまで依然として道が
遠い。一方、中国の輸出品の多くは付加価値の低い製品で、代替性が強く、輸出
商品貿易額の価格に対する変化は非常に敏感で、伝統的な安い労働力に頼った中
国の製品は過去の栄光を失った。2015 年紡績品、服、箱、靴、玩具、家具、塗
料など 7 大労働密集型製品の輸出総額は 2.93 兆元と異例の低下を見せ、1.7％減
少した。世界銀行の統計によると、世界の主要国（地区）のハイテク輸出の占め
る比率が減少する状況の下、中国のハイテク製品の輸出割合は上昇の傾向にあり、
2000 年の 19.0％から着実に増加し、2014 年には 25.4 を％にのぼり、続々とユー
ロ圏域、日本、イギリスとアメリカを超えた。中国のハイテク製品製造に占める
輸出は比較的に高いが、これらの製品の主な技術や部品は海外から輸入している
もので、生産がその影響を受けるほか、利益率が比較的低くなり、貿易交渉定価
能力が不足する。また、中国では有名なブランドの製造企業数が少なく、製造業
の国際競争力が強くない。2015 年 7 月 22 日、「フォーチュン」は世界 500 強ラ
ンキングを発表し、そこに名を連ねた中国会社数は 106 社で、アメリカに次ぎ、
日本の 2 倍に近くに及んだが、これらの会社は主に資源、エネルギー、鉱業、鉄鋼、

表 8 − 1　　　世界企業トップ 500 社における中国企業の国際ランキング

国際ランキング	企業	国際ランキング	企業
2	中国石油化工集団公司	274	江蘇沙鋼集團
4	中國石油天熱氣集團公司	276	中國醫藥集團
7	國家電網公司	281	中國民生銀行
18	中國工商銀行	282	怡和集團
29	中國建設銀行	288	中國機械之業集團有限公司
31	鴻海精密工業股份有限公司	296	上海浦東発展銀行股份有限公司
36	中国農業銀行	304	渤海鋼鉄集団
37	中国建築股份有限公司	315	冀中能源集團

第 8 章　供給側の改革による人民元国際化の地盤固め

45	中国銀行	316	台湾中油股份有限公司
55	中國移動通信集團公司	321	中國航空油料集團公司
60	上海汽車集團股份有限公司	326	中國冶金科工集團有限公司
71	中国鉄道工程総公司	328	中國太平洋保険 (集團) 股份有限公司
72	中国海洋石油総公司	336	和記黄埔有限公司
77	来宝集團	339	浙江物產集團
79	中国鉄道建築総公司	341	大同煤礦集團有限責任公司
87	国家開発銀行	342	中国華信能源有限公司
94	中国人寿保険 (集團) 公司	343	中国国電集團公司
96	中國平安保険 (集团) 股份有限公司	344	新興際華集團
105	中國中化集團公司	345	中國華電集團公司
107	中國第壹汽車集團公司	354	江西銅業集團公司
109	東風汽車集團	355	和碩
113	中國南方電網有限責任公司	358	潞安集團
115	中国華潤總公司	362	廣州汽車工業集團
143	中國郵政集團公司	364	河南能源化工集團
144	中國兵器工業集團公司	366	中國電子信息產業集團有限公司
146	天津市物資集團總公司	371	中國船舶重工集團公司
156	太平洋建設集團	373	山東能源集團有限公司
159	中國航空工業集團公司	379	山西晉城無煙煤礦業集團有限責任公司
160	中國電信集團公司	380	陝西延長石油 (集團) 有限責任公司
165	中國交通建設集團有限公司	382	晉能集團
174	中國人民保険集團股份有限公司	389	廣達電腦
186	中國中信集團有限公司	390	中國有色礦業集團有限公司
190	交通銀行	391	中國能源建設集團有限公司
196	神華集團	392	中國大唐集團公司
198	中國五礦集團公司	393	台塑石化股份有限公司
207	北京汽車集團	400	開灤集團
218	寶鋼集團有限公司	402	首鋼集團
224	中國華能集團公司	403	中國電力投資集團公司
227	中國聯合網絡通信股份有限公司	409	山西陽泉煤業 (集团團) 有限責任公司
228	華為投資控股有限公司	416	陝西煤業化工集團
231	聯想集團	420	中國光大集團
234	山東魏橋創業集團有限公司	423	仁寶電腦
235	招商銀行	426	中國通用技術 (集團) 控股有限責任公司
239	河北鋼鐵集團	432	中國遠洋運輸 (集團) 總公司
240	中國鋁業公司	437	中國航天科技集團公司
247	正威國際集團	451	鞍鋼集團公司
253	中國電力建設集團有限公司	457	中國保利集團
258	綠地控股集團有限公司	464	海航集團
264	山西焦煤集團有限責任公司	467	友邦保険
265	中國化工集團公司	471	國泰人壽保険股份有限公司
270	中國建築材料集團有限公司	472	臺灣積體電路制造股份有限公司
271	興業銀行	477	浙江吉利控股集團
272	中糧集團有限公司	500	武漢鋼鐵 (集團) 公司

資料出所：財富中文綱

189

運輸、電信、金融などの業界に集中しており、製造企業はたったの3社しかなかった（表8－1）。

8.2.2　複雑な国際環境と外部の衝撃

1、外部需要の低迷による輸出駆動の失効

アメリカ、EU、日本などの先進国と地域の経済は依然として金融危機後の緩やかな回復の段階で、経済成長は未だ力が乏しい。IMF の予測では、2015 年に先進国の経済成長率は 1.9％、2014 年に 0.1％成長したが、世界の経済成長 3.1％の平均値には未だ程遠い。発展途上国の経済成長率は 4.0％で、2014 年から 0.6％下落した。IMF の予測は 2016 年、2017 年世界経済の成長率は 3.4％と 3.6％であったにもかかわらず、成長の動きはかなり弱いものであった。先進国は 2007 年の成長水準に回復しなかったが、発展途上国も 2007 年の成長率の半分しかなかった。低迷した世界経済環境は外部の需要が増加しにくいことを意味しており、中国の輸出はマイナス成長を続ける可能性があり、輸出は経済成長の駆動力として機能しなくなる。

中国の主要な貿易パートナーの中で、アメリカは経済回復の良好な勢いを維持しているが、ユーロ圏域と日本経済は依然として疲弊しきっている。ギャンの 10 年経済循環周期規律によると、アメリカは金融危機から 8 年の歳月が流れ、その影響は段々なくなり、2017 年から経済の上昇周期に入ろうとしていたが、2011 年にヨーロッパで起こった主権債務危機から 5 年であることに加え、難民危機などが合わさって、このトンネルを抜けるにはあと 4—5 年の時間が必要になりそうなのである。2015 年、中国のモノ貿易の輸出入総額は 24.59 兆元で、2014 年に比べて 7％減少した。このうち、輸出は 14.14 兆元で、1.8％減少し、輸入は 10.45 兆元で 13.2％減少した。実際のところ、2010 年以来、中国の主要先進国（地域）への輸出は大幅に減少し、非常に不安定なのであった。例えば、中国からアメリカへの輸出の成長率は、2010 年の 28.1％から下降の一途をたどっており、2015 年には 3.4％まで下落した。同時期、中国から日本への輸出の成長率は 22.7％から 9.1％減少した。ユーロ圏域への輸出の成長率は 33.6％から 6.1％に下落した。対イギリスの輸出増加率は 24％から 4.4％まで下落した。先進国が中国の対外貿易の約半分のシェアを占めているため、もし先進国と地域の経済が回復をせず、このまま中国に対する需要が減少し続けると中国の企業は困難を極める。

新興市場国経済の成長スピードは先進国より速いが、その構造的な矛盾が日々

現れ、技術革新の能力が弱く、経済の対外依存性が強く、外部のリスク管理能力
は弱く。先進国経済復興のスピードは緩慢で、商品価格が大幅に低下し、資本流
出が著しい状況下で、経済成長は普遍的にスピードを緩めていく。現在、新興市
場国が中国の対外経済に占める割合が徐々に高くなっており、中国の半分以上の
対外貿易が新興市場国と発展途上国に支えられていて、特に「一帯一路」の提唱後、
中国と沿線国家の経済と貿易はますます密接になり、多くの投資や貿易もこれら
の国家に転じ始めた。地理的な要因から、中国と韓国、インド、アセアン国家と
の貿易は急速に成長し、2001 年以来、これらの国と地域への輸出の年平均成長率
は 20％を超えた。しかし 2015 年、新興市場国の経済悪化に伴い、輸入需要が低
下し、中国の新興市場国への輸出が大幅に下落した。例えば、韓国への輸出の伸
び率は 2010 年に 28.3％だったところから 2015 年には 1％までに低下した。同
時期、インドへの輸出の成長率は 37.7％から 7.4％まで下落し、マレーシアへの
の輸出の成長率は 21.3％から 4.5％に下落した。

　世界経済の低迷、主要な貿易パートナーの外部需要減少を背景に、有効な措置
を講じなければ中国は輸出競争力、輸出駆動力を失いかねなく、経済成長と雇用
に未曽有の圧力を与える。

　2、中国製の国際競争圧力の増大

　世界的な金融危機の後、先進国は産業構造の調整を行い、金融の「脱現実」現
象を反省し、監視を強化し、金融機関にバランスを求め、より多くの実体経済の
ためにサービスするよう要求した。同時に、経済と技術のリードを維持するため、
それらは続々と実体経済に復帰し、産業の転換を求めて高度な製造業の発展を促
進し、自国の製造業の世界的での競争力を高めた。アメリカ、日本とドイツ、フ
ランスを代表とする先進国は「製造業の復興」戦略を打ち出し、アメリカは「製
造業復興計画」など新エネルギー、新材料、生物技術などイノベーションによる
発展に着目し、日本は機械設備製造、自動車部品製造など世界一の工業競争力を
維持するほか、ロボット、新しいエネルギー、自動車、３Dプリンターと IT の成
長に力を入れる。ドイツは「ハイテク工業 4.0」計画を推し進め、IoT によって生
産システムの最適化・自律化を実現した製造現場のスマート化を実現した。フラ
ンスは「工業新フランス」を提唱し、重点的に知識と技術集約の「7 大戦略産業」
を発展させることを計画した。これらの工業国家の計画は、製造業市場の敷居を
高くし、中国と世界との製造分野での差をさらに開き、中国の技術発展や産業の
アップグレードの要求をさらに高めた。一方で、労働コストの急速な増加により、

中国は労働集約型製品分野での優位を失った。さらに、先進国が先進製造品に力を入れる中でより高い技術障壁を形成し、中国は国際貿易の中での比較優勢が右肩下がりになっており、収入も大幅に下がっている。貿易黒字がGDPに占める割合は、2007年のピーク10.02%から2013年の1.56%まで減少した。この2年間、主要な製品の価格が大幅に下落し、輸入支出が輸出収入よりも減少が大きくなり、輸出の面でマイナス成長が起こったが、貿易黒字はさらに拡大し、GDPに占める経常取引黒字の割合は大きくなった。

3、国際生産能力の協力でもたらす大きな競争の圧力

国際協力を強め、新市場を獲得することは中国製造業の生命周期を伸ばし、産業の転換・アップグレードを実現する上での1つの必然的な選択になる。新興市場国は中国の国際生産協力の主要な対象である。2008年に金融危機が勃発して以来、貿易保護主義が台頭し、新興経済体の製造業は真っ先に多くの貿易障壁に直面した。新興経済体の成長は主に低価格、低付加価値の労働密集型、資本集約型産業に頼っていて、製品技術の障壁が低く、同質性が高い。さらに相互間の競争が激しくて、貿易摩擦を引き起こす可能性が相対的に高い。先進国のハイテク製品は新興経済体が欠けているものであり、製品の代替性が弱いため、新興経済体市場に入る貿易障壁の影響は小さい。同時に中国の豊かで安価な労働力は新興市場国家で明らかな優勢を備えておらず、新興国市場を占領したい場合は、技術を高めなければならない。前に述べたように、主要な工業国は研究・開発への投資を増やし、自国の製造業の優位と国際競争力を重視し、米日のアジア太平洋戦略と新しい世界産業統合波の影響を受け、先進国は東南アジア、アフリカ及び「一帯一路」沿線国家への産業転移と直接投資に力を入れた。中国と比べ、ヨーロッパ、アメリカ、日本などの先進国の技術が優勢なのは明確で、先進国のこれらの地域への直接投資や国際生産能力協力は、中国にとって大きな打撃となる。

8.2.3 資本の流れが経済の安定性に脅威をもたらす

人民元のSDR入りは客観的に中国の金融開放に高い要求を出した。中国人民銀行は、中国側は引き続き金融改革と対外開放を推進し、世界経済の成長を促進し、世界的な金融の安定と世界経済の成長を維持するために積極的な貢献をしていくということを示している。勿論、中国経済はますます開放的なマクロ環境に直面しており、この環境の下、資本の流れ、金融と実体経済の間にはより複雑な関連性があり。実体経済は人民元レート、金融市場、国際資本流動の衝撃を受けるリ

第 8 章　供給側の改革による人民元国際化の地盤固め

スクが大きくなる。

1、資本の流動が実体経済を衝撃するリスク

　資本口座が開放される同時に、短期資本の流動的な衝撃によるリスクを回避することが困難になった。人民元が SDR に加入したことは、中国が世界に 1 種の準備資産提供したことを意味し、必然的に世界からの人民元に対する関心と売買需要は増加し、人民元相場の柔軟性を高めて、逆に人民元資産の為替レートへの敏感度を高め、短期的にはより多くの資本流動を誘発する可能性がある。国際経験から見ると、短期資本の高速流入は資産バブルを起こしやすく、そして急速に大規模な資産流出に伴い金融市場の混乱、ひどい場合には金融危機を引き起こし、実体経済の資金チェーンを破壊し、人為的な経済の変動を起こす。

　資本流入の衝撃から見れば、短期間での大規模な資本流入が引き起こす可能性のある 3 大リスクは、①外国為替市場での自国通貨の供給と需要のバランスが不安定になり、自国通貨切り上げを起こすリスク。②中国国内の過剰流動性、金利水準低下、生産企業の過度貸付による経済過熱リスク。同時に債券市場、株式市場と不動産市場などの価格が高くなり、資産価格バブルを起こすリスク。③自国通貨が高く、金利水準が比較的低い背景の下、本国企業と金融機構の大量外国負債貸し入れは、資産負債表に通貨と期限の不一致を生みかねない。上述の 3 種類のリスクはすべて金融危機の伏線となる可能性がある。韓国を例にすると、経済協力開発機構（OECD）の参入要求を満たすべく、韓国は 1993 年に経常項目と資本項目の自由両替を実現し、1995 年に、海外の投資家が資本市場と通貨市場を開放した。内部金融改革が不徹底の状況下ですぐに金融市場を開放してしまったことで、短期間で大量の国際資本が流入することとなった。1996 年の韓国の外貨準備高は 332 億ドルで、短期外債は 930 億ドルにまでのぼった。金融規制当局の金融開放による為替リスク、流動性リスク、デリバティブ取引のリスク、債務リスクなどは、東南アジア金融危機が韓国で一触即発な状況にまで陥れた。

　短期資本の流動が強い投機性を持ち、いったん流入国の経済予想が変化を起こしたり、金融市場の予想収益低下、主要通貨発行国の通貨政策の変化や国際社会に何か予想外なことが起きたりすると、資本流入の突然の中断、中止、継続方向の逆転が起こり、短期資本が大規模に流出し始める。短期資本の流出において、外資の大規模な流出だけでなく、利益やリスク回避の需要から、国内資本も大規模な流出に参加する可能性がある。短期資金の流出衝撃から見れば、3 つの面での不利な結果を生む。①国内金利水準が急激に上昇し、実体産業の融資資本を上昇

193

させ、資金チェーンの断裂を引き起こし、停滞破産状態を生み出す。そして実体産業は不活性化を引き起こし、実体産業能力は後に国際資本によって安価で買い取られ、外資に働かされる状態となる。②資産価格が大幅に下落し、前期の資本流入に資産バブルを生み出し、国内資産を持つ居住民部門、企業部門と政府部門の資産負債表の資産側が厳しい損害を受ける。③自国通貨の外国為替レートは著しく下落する。過去の大量外貨借金が国内金融と実体産業部門の対外負債を急激に増加させ、破産および外国企業に買い取られるリスクを高める。

2、資本実体経済に対する衝撃実証研究

Hutchison and Noy（2006）、Joyce and Nabar（2009）などは、もし「国の資本の純流入の下げ幅が1年内にその国の資本流動のサンプル平均の2標準偏差以上」であれば「資本流入が突然停止」すると定義した。この「突然停止」の実体経済への衝撃は非常に大きく、一般的な通貨は3年程度で2%～3&しか下降しないものが、「突然停止」によって、13%～15%下落する。

研究によると、先進国のグループに対しても、発展途上国のグループに対しても、資本流入の増加率と資本流人の純成長率は、経済成長への影響が顕著ではなかったため、ここでは深く分析をしない。先進国にとって、資本純流入の変化が経済成長への影響は顕著ではないが、資本流入金額は総生産に著しい影響を及ぼす。発展途上国の結果は、資本流入も資本浄流人も、GDPに成長著しい影響を与え、そして10%のレベルでは、前期の資本純収入が当期純流入資本GDP成長に与えた影響も著しかった（表8—2）。

表8－2　　　　　資本流入と資本流入の経済成長への影響

	資本流入		資本純流入	
	CAPT	CAPT(-1)	CAPN	CAPN(-1)
先進国グループ	0.359**	0.381**	0.138	0.421
	(0.0383)	(0.0443)	(0.5481)	(0.8405)
発展途上国のグループ	0.3068**	0.2387	0.3137**	0.2696*
	(0.0441)	(0.1450)	(0.0313)	(0.0882)

注：表の中でCAPTは資本の流入を示し、CAPNは資本の純流入を示す。各セルの左上の係数値は、* が10%のレベルで顕著であり、** が5%のレベルで顕著である。下側が対応するp値である。

過去13年のG20国家の実証研究によると、資本流入は各国の経済成長に著しい影響を与えていることがわかった。先進国は資本流入が100億ドル増加すると、GDP成長率は約0.36%増加する。発展途上国の資本流入は10億ドル増加す

ると、GDP 成長率は約 0.31%増加する。もちろん、発展途上国の多くは資本純流
入国で、資本純流入 10 億ドル増加すると、GDP 成長率が約 0.31%増加する。逆に、
ある理由で資本が流出した場合、先進国は 100 億ドル、発展途上国は 10 億ドル
で GDP 成長率が約 0.3 ％低下する。

3、過激化する経済仮想化のリスク

　1980 年代以来、情報技術の進歩と経済のグローバル化の影響を受けて、国際
金融は証券化、電子化、国際化の波に乗って、金融の革新が次々と生まれている。
金融派生商品市場が突如として立ち上がり、金融取引も徐々に実体経済から離脱
している。国際清算銀行の統計によると、2014 年世界株式取引額が GDP に占め
る割合は 102.4%、1990 年に同割合は 32%であった。国際的な債務残高の増加率
も実体経済の増加率を大きく上回っている。2008 年に金融危機が爆発する前に、
この平均差は 13 ％に達したが、その後先進国がバランス均衡を図ったことで両者
の差は大幅に縮小した。

　世界的に見ると、過去 25 年の中で、金融活動は自身の製品の派生と取引につい
て注目するようになったのに対し、企業や個人への貸付に対しての注目がますま
す弱くなってきた。つまり、金融はより金融サービスを強調し、実体経済へのサー
ビスではなく、金融業自身が実体経済の自己繁栄を脱し、急速に成長し、巨大な
財産を集める巨大な仮想経済を形成したということになる。中国金融市場の開放
度合いは限られ、金融市場が発達していない状況下で、中国はこのような経済的
な仮想化の影響を受けている。しかし、中国の経済・金融が徐々に世界経済に溶
けていくにつれて、特に人民元が国際通貨になった後、金融の「実体離脱」問題
が現れ、仮想経済は一定の範囲で人気を博した。ある地方政府は非現実的に金融
業の発展を推進し、ある企業家は実業投資を望まず、むしろ資産管理、金融資産
によって「一晩で富豪に」なることを望んでいる。ウォールストリートの仮想経
済デモンストレーション効果の影響のもとで、金融は主に実体経済のサービスの
道具としてあるのではなく、金融商品や金融市場の革新を通じて、「お金を稼ぐ」
手段という観念が中国で大流行した。資本口座がより開放的になった状況下で、
資本の国際流動はさらに頻繁になり、規模も拡大したことで、ある程度で中国の
仮想経済の膨張を刺激し、元々実体経済に投資するはずだった資金を「お金を稼ぐ」
金融商品に変え、中国実体経済の発展を妨げる。他にも国際範囲内で資源配置を
より便利にするために、国内産業に投資するはずだった資金を国外企業に向けた
り、イギリス、アメリカ、日本などの先進国が引き起こした「産業の空洞化」が

人民元国際化の長期発展の土台を損ねる可能性がある。

　注目すべきなのは、世界経済の不均衡、各国の経済サイクルが完全に一致していないことで、投資収益率の国際的な違いはずっとあり、過去20年間で新興国市場の投資収益率は明らかに先進国を上回った。それにつれて、より高いレベルの対外開放、中国住民の海外投資チャンスが必然的に増え、対外直接投資、対外人民元貸出、人民元債券の発行などの方法で、比較的高い投資収益率を得ることができる。このような資金収益率を高める多国籍投資行為は、中国国内の資金を部分的に圧迫するに違いない。発展途上国の経験から見ると、完全な市場メカニズムの効果の下で、高い収益率の対外投資は、国内投資に効果をもたらすか、あるいは国内の投資収益率を引き上げることが示されている。中国は現在、産業構造を調整するプロセスで、第2産業に対する平均投資収益率は低く、資金が収益率の高い株式や金融取引商品への流動につながり、金融資産のバブルを招き、システミック・リスクを増大させる。同時に実体経済は必要な資金支持を得られなくなる。

　人民元国際化のプロセスでは、国際機関の人民元金融資産に対する需要を満たすために、適切な人民元のリカレントメカニズムを構築し、中国は多層的な金融市場を大いに発展させ、多元的な人民元製品の供給を増加させる必要がある。この2つの要素は共同で中国の仮想経済の拡大を促進する。もし金融発展と金融の実体経済に対するサービスとの間で均衡点を見つけ出すことができなければ、この金融拡張に有効な管理や規定を敷くことができず、仮想経済が膨張しすぎてしまい、実業投資の減少と経済の脱産業化へのリスクを増加させるリスクがあり、中国経済構造の安定と持続的な発展に悪影響を及ぼす。

8.3　供給側改革の手がかり

　中国経済の主な問題を解決するには、経済成長の構想と成長のモデルチェンジが必要である。2015年10月に開催された中国共産党第18期中央委員会第5回全体会議では、「革新、調和、グリーン、開放、共有」という5大成長の新理念を初めて提起し、市場が経済成長の中で基礎的な作用を十分に発揮することを求め、

第8章 供給側の改革による人民元国際化の地盤固め

政策の着目点を需要の側から供給の側に変えることを求めた。供給側改革の本質は、生産要素の観点から「生産能力過剰・不動産在庫・レバレッジの削減、コストの引き下げ、脆弱産業分野の支援」を通じて無効の生産能力を減らし、資産を活用し、構造の欠点を補いながら全体的な要素の労働生産性を向上させ、中国経済高速成長の維持に新しい動力を生み出す。もし中国が「十三五」期間に順調に供給側改革の任務を完成することができる経済構造を確立し、人民元国際化の基礎をきちんと固めることができれば、人民元が円のような国際化の苦境に遭遇することを回避させ、最も重要な国際通貨の1つになる。

8.3.1 主な矛盾を捉え、過剰生産能力・不動産在庫・レバレッジの削減

前に述べたように、過去に相当長い期間、中国経済は輸出と投資に対して高い依存をしており、粗放な経済が特徴であった。一部の地方は経済成長を追求する際全くコストを無視して、環境に対して大きい破壊をもたらした。経済成長モデル転換、アップグレードを実現し、人民のより高い質の生活、より美しい生態環境といった新しい需要を満足させるためには、供給側の改革が急務であり、「引き算」と「足し算」をきちんとする必要があった。「引き算」というのはつまり「過剰な生産能力・不動産在庫・レバレッジの削減、コストの引き下げ」で、産業結合の調整にあたり、体を蝕む原因を直接摘出するように、「根本からの解決」をするものである。外部の需要が大幅に減少し、グリーン経済の新理念を確立した後、いくつかの企業に生産過剰の問題が起き、製品がたまり、毎年損失を出し、生存空間を失った。またひどい汚染、高エネルギー消耗と資源消費型企業がグリーン経済の要求に合わず倒産することもあった。企業の負担を強め、不合理な経営コストを下げる必要がある。

需要の観点から見ると、中国の深刻な生産能力過剰の業界は主に5つの種類がある。鉄鋼、石炭、化工、建築材料、電解アルミニウムである。鉄鋼業を例に取れば、中国国家統計局のデータによると、2015年の中国の粗鋼生産量は8億400万トンで、前年同期比2.33%減となり、1981年以来の初のマイナス成長となった。鋼材の実際の消費は6.64億トンであり、1996年以来初めて鉄鋼企業の生産能力利用率は67%に満たず、半分の鉄鋼企業は赤字状態にある。石炭、化学、建築材料、電解アルミニウム業界の状況は鉄鋼業界と同様で、約30%の生産能力を除去しなくては需給バランスのとれた成長を実現することができない。

5大業界の生産能力過剰の原因を深く探究すると、実はそれらはすべて不動産の

在庫の増加と高度に関連し、一致性を内在していることが容易にわかる。1998年、中国が住宅制度の改革を実行して以来、住民の住宅購入意欲が急上昇し、3億人もの農民らが都市に移り住み、住居に対する需要も急激に高まった。その中で2001―2007年分譲住宅売上高の年平均増加率は30％にものぼり、不動産はすぐに中国経済の大支柱となって産業を牽引し、鉄鋼、建材、家電、装飾など60産業の急速的な成長を勢い付けている。2008年の国際金融危機が勃発した後、中国政府は4兆元の経済刺激策を打ち出し、不動産売上高をさらに推進して2009年にピークに達した。2010年以来、中国政府は住宅価格の上昇を制御し、不動産バブル発生を防止し、不動産業界が高速成長期を終え、投資性の需要が下がり始め、分譲住宅の在庫が上昇している。

しかし、20年近い高速成長を経て、不動産は需給のバランスを失い、北京や上海など1線都市の分譲住宅は生産が不足しており、いくつかの3線、4線の都市の分譲住宅の在庫が深刻になっている。中国国家統計局のデータによると、2015年の分譲住宅の販売面積128495万平方メートルと6.5％増加しており、分譲住宅の売り上げ金額はすぐに14.1％増加率にまで戻った。分譲住宅は71853万平方メートルの面積が売れ残っている。2011―2015年、分譲住宅の保留中面積の年平均成長率は22.2％に上った。居住民の投資ルートが狭いため、分譲住宅はだんだん居住機能から離れ、投資の道具になった。中国経済ネットの報道によると、中国の1人当たり住宅面積30平方メートルによって計算された場合、現在、誰も住んでいない「空き」住宅には2.4億人が居住することができる。分譲住宅の在庫が増加し、建築材料と鉄鋼業界の在庫の増加を招いた。

ミクロ企業の観点から見ると、生産能力の削減は生産停止や企業破産を意味する。労働者は職を失い、すでに投入した資本は回収できず、沈没コストになって、多くの企業家は自発的に生産能力を削減したがらない。政府の観点から見ると、上述の5種類の業界はすべて重要な資本型企業で、地方政府の経済成長の業績、税収、就業に大きな貢献をしているため、地方政府は往々にしてこれらの企業を放棄することを決心しにくい。銀行から見れば、以前は生産能力過剰企業こその銀行を支持する大切な顧客で、銀行の巨額な貸し出しを得ていたが、間違いなく、過剰な生産能力・不動産在庫・レバレッジの削減は銀行の不良貸し出しを大幅に増やし、業績評価の圧力の下では、銀行によってこれらの企業への融資を停止するか、貸付方面のバランスを保つか再三ためらう。

このような複雑な状況に直面しては、以下のいくつかの重要な原則を堅持しな

第8章　供給側の改革による人民元国際化の地盤固め

ければならない。①市場の規律を尊重し、市場の配置資源における決定的な役割を発揮する。政府が関与しない限り、生産能力過剰問題の解決を市場に任せて、市場競争の自然淘汰のメカニズムが企業に過剰生産能力を削減させる。②全体の設計を行い、バラバラに過剰生産能力・不動産在庫・レバレッジの削減を行わない。過剰生産能力・不動産在庫・レバレッジの削減は複雑なシステム工程で、多くの関係業界がある。故に単刀直入に進めるわけには行かず、連動効果を発揮する必要があり、不動産を中心に在庫を削減し、矛盾をきちんと把握することで良い効果が得られる。さもないと、相互に生産能力を切り裂いて、独立して生産能力削減にあたることになり、互いに妨害しあって効果が半分になってしまう。③国有企業にとっては、主管部門が科学的な研究結果を出し、市場ニーズに順応する必要があり、きっぱりとしかばね企業の救済を諦め、合併などを進めるとともに雇用を安定させ、社会の安定を保つ必要がある。

8.3.2　内外を並べて、技術とブランドの短い板を補う

供給側の改革を実施し、「引き算」を行うと同時に、大きな力で「足し算」をしなければならない。インフラ、養老、医療、教育、環境保護、文化体育施設への投入、国民の日に日に増加する物質・文化の需要に対して、有効な供給を提供する。科学研究に力を入れて、技術と生産力の向上と、労働生産率を高めるところから出発し、科学技術の経済成長への貢献率を高める必要がある。

1、科学技術の革新を奨励し、産業のコア競争力を強化する。

主要工業国の状況から見て、科学技術はそれらの国民経済の成長の中で50％以上の貢献をした。アメリカでは、科学技術の経済成長に対する貢献率は70％を超えた。中国は「十二五」期間に科学研究経費への投入を増大し、大衆のイノベーションを奨励し、宇宙、4Gモバイル通信、高速鉄道、原発などの分野では世界をリードしている。しかし先進国と比べ、中国全体の技術レベルは比較的に遅れている。中国の経済成長において、科学技術の貢献は50％に満たない。現在中国の9つのハイテク分野のうち、貿易競争力を有しているのはコンピュータ通信技術とバイオ技術の2つの分野のみで、他の7分野の貿易競争力は劣っている。これからの10年で国際産業チェーンの高い競争力を得るために、中国は財政、金融、収入、知的財産権などの分野で総合的な措置を取り、革新と科学技術成果を生産力向上のために転換させられるようにすることで産業の技術力と労働生産力を高め貿易と産業構造のグレードアップを行う必要がある。政府はハイテク企業基金に

199

投資を促し、企業の研究費用への投入を奨励する財政会計制度を設け、ハイテク技術の導入・吸収及び特許技術の転化に関する税収優遇措置を増やし、整った政策の支持を通じて企業の技術革新の原動力を高め、企業を真の技術革新の主体にしなくてはならない。具体的には、自主的な革新型産業と経済活動に対する税収の奨励を実行し、企業の開発投資の税引前所得の控除に力を入れ、企業の技術研究と開発を加速する設備の使用許可、ハイテク企業所得税の減免をするなどに加え、銀行、証券、保険、基金などの金融機関に革新型企業の金融サポートを強化させる。同時に、外国からの投資を高技術分野に向け、低技術産業への投資を制限する。外資企業が徐々に国民待遇を受ける同時に、適切な税収優遇政策と規制政策を行い、FDIより多くハイテク設備製造業、通信設備、コンピュータ及びその他の電子設備製造業に資金を投入し、貿易関連の外国直接投資活動のレベルを高め、貿易を安定的に発展する必要がある。

　企業の開発経費の増加を奨励し、2020年に経済成長に対する科学技術進歩の貢献率が60％に達することを目指し、「中国製造」を「中国質造」と「中国智造」に転換する。このような経済的な「変化」を果たすと、中国経済は国際的な競争力を持ち、さらに産業チェーンのレベルが上がりやすく、人民元国際化の土台はさらに安定する。

　2、先進国の高度な製造業に対する買収を増大させ、高技術の供給を増加させる

　主な工業国の製造業は歴史が長く、多くの企業は国際的な有名なブランドとコア技術を持っている。現在、いくつかの中国企業は強力な経済力と強い先進技術の吸収能力を備えていて、激しい国際競争の中で早急にコア技術を持ち、製品のアップグレードを行う必要がある。コア技術は主に自主開発によって得られるべきで、適切な条件の下で、先進国・先進企業の技術を購入、消化するのも1本の近道として失われていない。特にこの国際金融危機はまだ終わっておらず、ヨーロッパではまた難民危機の衝撃を受け、経済回復の不確実性が増加し、多くのメーカーが市場を萎縮させ生存しにくく、中国系企業はチャンスを見て、実際の需要と産業革新を考慮し、理想の目標企業を選び、合併などにより技術力、ブランド力、国際ネットワークを強め、国際産業チェーンをより早くレベルの高いものにすべきである。

　もちろん、西洋企業に対する買収のような純粋な市場化行為が行われているとしても、欧米の一部の国の中国に対する偏見によって、政治が妨害される可能性がある。故に、政府の誘導・支持作用を発揮し、政治、外交、社団など多方面の

力量を協調し、中国系企業が先進国企業のM&A（企業の合併・買収）を完成し、中国企業の技術レベルを高め、国際マーケティングブランドやネットワークを強め、中国企業のグローバル商品市場への供給レベルを高める必要がある。

　3、質とブランド確立による有効な供給欠点への補足

　中等収入国の段階に入って、消費の面での最も大きい変化はより品質とブランドを重視し、ブランドがなくては市場に居場所がないことを意味する。そのため、大量のブランド企業を育成するのは、中国の実体経済が様々な不利な衝撃を防ぐための予防ラインになる。中国政府は法律・法規を制定し、知的財産権から企業の発展とブランドの必要な市場環境を保護する。そして文化・世論の角度から、国内の製品とブランドの宣伝を強化する必要がある。実際、中国企業の既存の技術と管理水準は、高品質の製品を生産することができるが、海外で大量に日用品として購入させるようなレベルには至らない。しかし、中国企業のブランド意識が弱く、同じ企業は外資で生産する製品の品質を重視し、国内ブランドの品質を軽視することで、自社ブランドの名誉を傷つけてしまった。また、人々が国産自主ブランドに対して長期以来、低質低価格というイメージを持っており、高価なものは輸入品を選ぶという傾向が生まれ、国民が国内の高級なブランド品を買いたがらず、安さに相応した製品のみを選び、より国内ブランドの低品質・低価格というイメージを強めており、真になかなか破ることのできない悪循環を巻き起こしている。したがって、中国企業が世界的なブランドを形成したい場合、国内消費市場を変える必要があり、まず企業が質の高いものを長期にわたって生産することで、評判を得る必要がある。そして国家は法律の範囲内で国内企業のブランドを守り、知識財産権の侵害などの行為を厳しく処罰することで、市場の環境を良くすることが求められる。

　中国の産業成長は国際市場と切り離せない。中国は企業を国外に進出すると同時に、中国ブランドの育成における中長期の計画を立てる必要がある。現地の領事館や華人団体機構を十分に利用し、定期的に様々な国内外の企業ブラントの展示会を企画し、企業に現地の環境や文化を理解させ、海外へ進出する企業に現地の細かい情報を知らせ、さらに海外での販売ルートを整備し、ブランドを広げていく。かつて中国企業によく見られた戦略は、まず国内市場を占領し、外国企業製品の製造を行い、それによって得た名声を元に市場でエージェントを探し、自己のブランドを拡大していくというものであった。この方法はインターネット思考が先行しがちな今日の企業ではなかなか成功を収めにくい。故にユニリーバ、

P&G など多国籍企業のブランド管理戦略に習い、適切な価格で現地の有名なブランド買収し、「インターネット +」を活用し、ブランドの管理方法を革新し、合理的なブランド拡大を行っていくのが良い。

8.3.3　金融サービス実体経済機能の強化

1、産業資源配置の誤りと経済バブル化のリスク

金融は効率的な資源配置の手段であり、発達した金融市場、豊富な金融ツールが実体経済の成長に重要な役割を果たす。人民元が SDR に加入してから中国の金融市場はより開放的になり、人民元オフショア・オンショア市場、参加主体、製品のイノベーションと豊かさには飛躍的な発展が現られ、金融業自体も実体経済からの脱却により自己膨張、自己でサービスを提供するにはより大きな可能性がある。長期にわたり金融業の位置づけを明確し、金融と実体経済との関係を正さなければならない。金融が実務経済をサポートする理念が揺れてはならない。

資金要素の配分において、中国は自国社会制度の優位性を発揮しなければならない。総合的に財政税収政策を活用し、国内金融の超過収益と実体産業の平均利益をバランスよく取れるように、金融の「実体離脱」、自己膨張、自己循環の傾向を抑制する。株式市場、黄金市場、不動産市場、外貨市場とその派生品市場で資産バブルが起こってしまうことを防止し、実体経済への投資を確保する必要がある。

外資の投資に対するガイドを強化し、便利で合法なビジネス環境を育て、商品市場やサービスなど実体経済への外資投資を促進し、中国関連産業の技術と経営管理レベルを高める。

リスクコントロールができる状況下で国際産業能力の協力を深め、中国国内の在庫削減と生産能力の抑圧をより効率的に行うことができる。中国科学技術の向上によって、海外投資の技術的な含有量を高め、中国対外投資（FDI）の技術効果を高めることで、中国の海外投資の競争優位性を保持する。同時に海外投資による収益の国内回帰を奨励し、科学技術の研究開発と産業のアップグレードに投資し、伝統的な実体産業の科学技術革新に投資し、中国国内産業の水準を向上させる。中国は、日本経済の大幅な円高、円の国際化のプロセスでの教訓を十分に吸収し、産業の海外移転を食い止め、産業の空洞化と脱工業化を避けるべきである。そうでなければ、経済は成長の基礎と成長の動力を失い、「失われた 20 年」にならざるを得ない。

第8章　供給側の改革による人民元国際化の地盤固め

2、多様な手段で実体経済が金融のサポートを得るように保障する

①中国国内金融市場の整備を加速する。中国の実体産業の規模に見合った資本市場の規模を形成し、また経済モデルの転換・アップグレードの要求に合致する金融主体と市場を育成させなければならない。それにより様々な企業の投資需要や、個人消費の需要が十分な金融のサポートを受けられ、国内外の資本が国内金融市場で人々を満足させる。同時に、金融の仮想化度合いを重視し、純粋な金融システム内の運営、金融システム内の収益および金融監視の回避を目的とした金融派生製品の発展を適当に制限し、国内で実体産業の発展および国際生産能力の協力が頼りになる相対的に安全な資本市場を形成する。

②資本口座と金融市場を慎重かつ漸進的に開放する。データ技術の応用を強化し、銀行や証券、保険業への監督管理を統合し、資本の流れに対して監視を強化する。資本口座と金融市場開放のプロセスでは、短期資本の流れを抑制するために有利なトービン税を導入するなど、様々な資本フローの検出と管理ツールを設計する。短期資本流動の衝撃を緩和するためには、コストの引き上げや流動スピードの制限などの方法が必要になる。

③マクロ・プルーデンス管理を強化する。トレーダーが市場でもっている多頭と空頭の差額に税金を課し、短期資金の流れに異常が発生した際には、金融機関の自己資本充足率や準備率を上げ下げすることで、金融機関の貸借対照表の期限と通貨種類の誤りを抑制し、資本の短期流動による金融システムへの衝撃を緩和する。日本がこの点で提供した反面の教訓を中国はまじめに受け止めなければならない。プラザ合意の後、日本政府はすぐに国内金融市場を調整することができず、円高に伴う衝撃とリスクを積極的に解消できず、健全でない金融システムはかえってこのような衝撃とリスクを増幅し、巨大な不動産バブルと産業の空洞化をもたらし、多大な代価を払った。

3、中小企業への金融サポートを強化する

中小企業は市場競争を推進し、市場の活力を向上させ、技術革新を促進するなどの面での役割は大きく、国民経済と市場発展の重要な力となっている。しかし中小企業の規模が小さく、収益力が弱い、さらに財務制度の不備や信用理念不足、そして財務諸表の情報不足・不実などの要素が、銀行の貸付前調査において一定の障害があり、中小企業融資困難といった問題が中小企業の発展を妨げる重要な原因となっている。

中小企業の資金繰り難を着実に解決するため、2015年6月、中国人民銀行は預

203

金準備率を下方修正した。経営要求を満たし、且つ「3農」と小企業への融資が一定割合に達す商業銀行に対し人民元の預金準備率を0.5％引き下げるとし、融資資源が「3農」と小企業を支持するようにした。中国銀監会は中小企業にサービスを提供する銀行を指導・監督し、成長率や戸数、申請融資の取得率などから、小企業向け融資の状況を全面的に調査し、「3つの下回らない」という監督管理基準を確立した。「3つの下回らない」とは、効果的に融資の増加量を高めた上で、小企業向け融資の伸び率が各項目の平均の伸び率を下回らないよう努力し、小企業の融資件数は前年同期を下回らない、小企業の申請融資取得率は前年同期を下回らないことである。

　融資取得の可能性を高めるほか、資本市場も中小企業が直接融資できるルートを拡大するために努力している。中国証券監督管理委員会は「資本市場が小企業を支えるための10の意見」を提出し、プライベートエクィティリティ市場の育成と社債範囲の拡大を通じて、中国の資本市場を完備させ、優良な小企業が資本市場に早期に参入し、融資を行うことができる。「新3板」証券市場の設立は非上場株式有限会社の株式公開譲渡、融資の買収などの関連業務サービスを提供し、中小企業の発展に極めて重要な貢献をした。中小企業にとって、「新3板」市場は企業のみに新たな融資ルートを整備しただけでなく、戦略投資者も巻き込み、資金と同時に規範的な会社管理を導入し、企業にとって大きく強い資本と管理の基礎を築き上げた。

　2015年、中国の財政部、国家税務総局は『小型薄利企業所得税優遇政策問題に関する通知』を公表した。2015年1月1日から2017年12月31日まで、年課税所得額が20万元以下（20万元を含む）の小型薄利企業は、その所得税が半分になり、20％の税率で企業所得税を納付することになった。金融機関と小型企業に契約された借金契約は印紙税を免除することとなった。また、一連の政策措置を制定し、中小企業に一定の増値税、営業税の優遇を与え、中小企業の税負担を緩めることで、彼らの収益力を強め、財務状況と信用を改善することで、さらに融資能力を高める。

8.4 人民元の国際化は中国経済のモデル転換にプラスになる

供給側の改革による中国経済の健康で持続な成長は、人民元国際化の物質的基礎を固め、人民元国際化自身がより安定した国際通貨の新秩序を形成し、国際流動性の供給を増加させ、中国の実体経済のモデル転換とアップグレードに良好な環境と推進力を提供することができる。実際に中国経済成長の基礎の上で構築された人民元の国際化は、中国経済の成長と良好な相互作用を持って、ある程度で国内産業の基礎を固め、国際社会からの不利益な衝撃を抑え、中国経済がより早く構造調整を完成し必要な支持ができるよう促進する。

8.4.1 人民元の国際化が直接投資と産業のアップグレードを促進する

積極的に外資を利用し、強力な技術を導入することは、中国の製造業が急速に進歩し、「世界の工場」としての重要な要素である。

14億の人口を持つ中国で、地域経済の発展は不均衡で、まさに新型都市化のプロセスでは、低品質から高品質、第1産業から第3産業、普通の消費品から贅沢な消費財、物質から精神の生産企業が広い市場を提供し、国際投資家を引き寄せる。中国商務部のデータによると、2015年12月末までに、中国の非金融分野の外資投資企業は累計で83.7万社が設立され、実際に使用した外資は16423億ドルであった。人民元の国際化が進んで、特にSDRに加入した後、国際社会の中国経済に対する見方は徐々に良くなり、世界TOP500強の多国籍企業が中国に企業を新設し、または追加投資を行うようになった。その業界は、自動車及び部品、石油化学、エネルギー、インフラ、生物、医薬、通信金融、ソフトサービスなどで、実際に使用した外資は7813.5億元に上り、中国の外資利用金額は世界でトップクラスに名を連ねた。

人民元国際化の推進は外商投資の中国への信頼も増強し、RFDIも便利になった。特に人民元の国際化に伴い、人民元の切り上げが予期されているのは、さらに外資が中国産業のモデル転換に積極的な役割を果たした。外資の利用において2つの新しい特徴が現れた。1つはグリーン投資が増えたことである。以前は製造業、不動産業に投資していたのに比べて、金融、ソフトウェア、医療、保健、健康養老施設に投資する外資系企業は明らかに増加した。2つ目は高技術と高付加価値投

資の割合が増加している。中国は積極的に情報技術を運用し、インターネット料金を引き下げ、「インターネット +」による伝統産業の改造を提唱した。同時に起業や革新を奨励し、各地方政府が奨励措置や研究開発投資の向上に力を注ぎ、技術レベルと技術の吸収能力を高めることで、実際に中国市場の敷居を上げ、外商の投資構造を改善することで高い技術や、資本集約型企業を導入することにつながる。

2005 年の人民元レート形成メカニズム改革以来、一時的な短期的な値下げがあったものの、人民元はずっと着実に上昇している。2015 年 8 月 11 日に人民元為替レートの市場化改革が完成し、人民元対ドルの下落幅が大きかったものの、中国外貨取引センターが発表した CFETS 人民元為替レート指数は、人民元のバスケット加重平均為替相場変動の総合計算によると、人民元は相変わらず値上げを維持している。実際には、人民元国際化のプロセスにおける人民元高の傾向が顕著に FDI 産業の選択に影響を及ぼした。ここ 10 年に人民元が着実に上昇し、人民元で示した国産原材料と賃金水準の国際比較価格が大幅に上昇し、中国の資源に頼っている資源消費型の多国籍企業に不利な影響を与えている。中国の労働力の平均賃金が急速に上昇し、安価な中国労働力の優位性は次第に弱まり、低技術、労働集約型産業の競争が激化し、企業の生存空間は狭く、強制的に外資投資の戦略を、ハイテク製品と業界に向ける。人民元高による FDI 産業移行効果や技術のオーバーフロー効果は、中国の産業や制品のモデルチェンジにも効果がある。

8.4.2　人民元の国際化は国際生産能力の協力を促進する

中国自体は発展途上国で、中国の実用的な技術と管理経験は多くの発展途上国に比べ比較優位にあり、しかも先進国に比べ、発展途上国から吸収されやすく、より彼らの現実需要に合っている。故に、中国の資金を利用し、これらの国家の資本規模を拡大し、本国の経済成長スピードを速め、雇用を拡大し、民生を改善する。さらに発展途上国がより良い技術を得る模範となることができる。中国の実体経済は全体の技術レベルと生産能力はさらに多くの発展途上国の需要に合っていて、中国の資本は中国実体産業の生産能力を媒体として国際協力に参加することは、お互いに良いことでメリットの多い国際化事業となる。実は、中国の高速鉄道技術、通信技術、宇宙技術、原子力技術、家電技術、インフラ技術は世界をリードしているが、先進国も発展途上国もここから利益を得ることができる。故に中国が企業の対外投資規制を緩めて、海外進出を奨励して以来、中国はすで

第 8 章　供給側の改革による人民元国際化の地盤固め

に世界 180 カ国以上に投資し、2014 年に中国の対外投資を初めて上回る外資利用の規模になり始め、純資本流出国となりはじめ、全世界の最も重要な対外投資大国に名を連ねた。

　人民元が SDR に加わり、人民元の国際化プロセスがしっかりとしたものになり、国際社会の人民元に対する需要が拡大したことで人民元建て投資がより受け入れやすくなった。これは中国系企業が対外投資によって得た利便性と収益安定性で、国外投資の環境を改善するに至った結果であり、海外進出による国際生産能力協力をより活発にした。特に、過去に受けた外貨制約や、為替リスク管理能力が比較的弱い民営企業は、その中から利益を得ることができ、彼らは便利ですばやく直接人民元を使用して海外投資をすることができ、双方が第 3 者の通貨を両替する必要がなくなったことで、そのコストを省くことができ、レートリスクも免れることが可能になる。さらに多くオフショア人民元市場を通じて、グローバル経営の中で出現した融資の困難を解決することができ、これにより彼らは国際生産能力協力に積極的に関与しやすくなった上、中国の対外投資が国有企業に頼っていた局面の改変につながった。そして全方位、多主体で中国資本を実体産業を媒体として国際協力を推し進められるようになった。

　2015 年、中国と「一帯一路」沿線国家の貿易総額は 9955 億ドルに上り、中国全国の貿易総額の 25.1％を占めた。中国企業の沿線国家への直接投資は 148.2 億ドルで、18.2％の成長を遂げ、中国と他の国家・地区との貿易、投資レベルを大きく上回った。我々が『人民元国際化レポート（2015）』で出した観点として、大口商品貿易、インフラ融資、産業区の整備とクロスボーダー電子商取引は、人民元国際化の「一帯一路」建設における突破口であるというものがあった。中国は、海外投資と国際生産能力協力の方面で、経済貿易協力地区と産業地区は、現在まさに重要な作用を発揮している。今日までに中国と「一帯一路」沿線国家の協力は、共同で 50 以上の国外経済協力区を建設し、その中で中白工業園、泰中羅勇工業園、中国・インドネシア総合産業区の建設効果ははっきりと出ており、中国の企業は集団軍作戦方式で海外進出や国際生産能力と設備製造協力の重要な媒体となり始めた。他にも、中韓の自由貿易協議は、中国—ASEAN 自由貿易区の交渉をレベルアップさせ、中国・タイの高速鉄道項目の企画が始まり、トルコにも東西に高速鉄道を敷き、ミャンマーチャウピューの経済特区など重要項目が着々と進んでいき、これは中国資本と生産能力の国際協力がさらに上の段階へ行く良いきっかけとなった。

207

ユーロ圏の発展の歴史は、地域経済の中で経済貿易関係が密接な通貨を重要の通貨と選ぶことは、長期的に安定した需要・供給関係を守る上で良いことを示している。これによりレートリスクを免れることができ、経済の一体化を加速させることができる。故に「一帯一路」建設における人民元の国際化は、「一帯一路」沿線国家が経済一体化し、中国の産業転移と国際生産能力協力において新たな動力となることができる。

8.4.3 人民元の国際化は大口商品の物資の供給を安定させる

人民元の国際化は、貿易決済、金融取引と準備通貨の中で、人民元の国際通貨機能を発揮することである。その中で、大口商品の価格を人民元で計算するのは人民元国際化の突破口である。現在、黄金、鉄鉱石の価格をすでに取引所で人民元で計算し始めた。

ブレトン・ウッズ協定が確立されて以来、ドルはずっと大口商品の評価通貨としての役割を果たしてきた。ドルが黄金から離れた後、ドルの流動性がふくらんでいる。特に9・11事件後、アメリカは金融緩和政策を実行し、ドルが氾濫してしまい、主要商品の価格決定が実際の市場の需要供給関係から逸脱し、流動性の変化と投機行為によるところが大きい。主要商品の生産国も、消費国も大口商品の定価時には発言権がほぼない。主要商品の輸出国、輸入国として中国はしばしば「買うと上昇、売ると下落」という難しい状況に陥り、中国経済の安定的な発展に対し大きな脅威をもたらす。中国経済の「大から強へ」の移行に人為的障害を設けた。さらに発展途上の資源国が国力の制限により、国際主要商品市場において先進国と対等に張り合う実力がない。中国は消費で経済を発展させている国家として、主要商品に対しての需要は絶え間なく増加している。例えば中国は現在すでに金や原油の最大消費国として、その中でも「一帯一路」沿線国家からの主要製品の輸入が70％を占めている。中国と沿線国の主要商品生産で協力を図り、人民元で決済するのは、双方にとって利益のある策略である。

人民元で主要商品の価格を決定できるかどうか、主要商品の価格を本当の需要から決められるかどうかは多くの面で主要商品が未来の価格変動の中で人民元の派生製品によって有効にコントロールできるかにかかっている。全ての「一帯一路」沿線国家の主要商品の需要を通じて、単一の中国需要と地域性需要を結合させ、中国は沿線国との自由貿易、交通運輸の統制、大口商品生産の資本参加、金融サービスなど方法を通じて、「一帯一路」沿線国が主要商品市場と消費の中で主要製品

に関する価格決定権を強める。原油を例に取ると、中国、中東、中央アジア、ロシアなどの国家と地区はいろいろと連携し、区域内の原油貿易は人民元で価格の決定、決済を推進し、これによって、上海国際エネルギーセンターの原油先物価格はウエスト・テキサス・インターミディエート (WTI)、ブレント原油、ドバイ原油に続いて、もう一つの原油基準価格となり、中国のこれらの国家に対する原油の価格決定権を向上させる。実際主要商品価格の高い安いは問題の核心ではなく、これらの商品価格と、真実の需要が受け継げるか、資源がコントロールでき価値を向上させられるか、資源輸出国と消費国の間で、相対的に公正に価値を分配してこそ価値が上がり、主要製品の人民元価格決定権を得る目的である。

　つまり、中国の科学技術の進歩、資源配置の改善は今日の有効な供給をもたらし、人民元国際化の足取りを進め、国内・国際の2つの市場における資源の最適化、国際生産能力の協力のペースを加速させ、中国の産業アップグレード・モデルチェンジの中で積極的な役割を発揮し、供給側の改革の有力な推進者となるだろう。注意すべきなのは、供給側の改革を実施し、「生産能力の抑制、在庫の処理、レバレッジ、コスト削減」の任務を完遂し、短期的には経済成長率の下落、銀行の不良貸出率の上昇、政府財政赤字の増加、失業圧力の増大、社会不安などのリスクをもたらすことである。これらのリスクが適時に解決できなければ、金融システム全体に衝撃を与え、実体経済の発展と金融環境を悪化させる可能性が高い、システミック・リスクを形成する。故に科学のマクロ・プルーデンス政策の枠組みを作り、供給側改革のプロセスで誘発されるシステミック・リスクの各段階、各ルート、各リスクを事前に監視と評価を行い、対策案やリスク緩和の方向を定め、供給側改革の成功を確保し、人民元国際化の経済基礎を固めるためには、非常に必要な戦略的措置である。

第9章
システミック・リスクの防止とマクロ・ブルーデンスの枠組み

9.1 マクロ・ブルーデンスの枠組みを構築する必要性

　2015 年 12 月、人民元が SDR に加入したことは、人民元が国際社会の承認を得たことを意味し、人民元国際化のプロセスにおいて一里塚として意義のある重要な出来事である。これを機に、為替レートの市場化や資本口座の開放が加速し、さらに中国金融システムの開放を進める一歩となった。

　このプロセスでは、金融システムの開放がもたらしたのは、資本が世界の範囲での大規模な流動を左右し、中国の為替レートと利率の変動による衝撃を与えたことである。国際資本の流入はある程度マクロ経済の発展に対して積極的な促進作用を果たした。しかし、短期資本が大量に流入した場合、総外債に占める短期外債が高すぎるため、国内通貨と資産が正常な価格から離れ、投資過剰、与信過剰になる傾向があり、システミック・リスクも増大する。一方で、短期間で資本が大幅に流出すれば、自国の資産を売却することで自国の資産価格が下落し、金融恐慌の発生によって、より大規模な資本が流出する。流出の資本が本国の外貨準備高を超える場合、中央銀行は自国通貨対外貨安を宣言するかもしれない。これでより大きなパニックを起こし、悪循環を形成させる。また、人民元の為替リスクは、金融システムがさらに開放されることによって、高まるだろう。これは、より密接になった国内外の資本と国内外の資産投資の双方向交流により、資本の流動性、投資構造などの要因により、金利、為替メカニズムがより複雑になり、コントロールしにくくなったからである。典型的な例に円がある。円の国際化プロセスでは、日本政府は通貨の切り上げることで国際的な地位を確立した。しかし、実体経済の下支えが不足する中、円のスケール机能は徐々に失われ、ドルの抵抗に激しい値変動が生じている。また、現在の中国の全体的な外債度合いは制御できるが、外債の返済問題も金融システムがより開放された後の潜在的なリスクの

210

第9章　システミック・リスクの防止とマクロ・ブルーデンスの枠組み

源の１つである。通貨が両替されれば、前置認可制が外国債の規模を管制するのは不可能であり、為替レートが大幅に変動すれば、外債の返済問題が発生する可能性がある。為替レートが大きく変動すると、外債の支払い問題が発生する可能性がある。一国の借金の割合が高すぎると、支払い能力の低下は信用格付けが低下し、一国の再融資能力を低下させ、金融自信の危機を激化させ、悪循環に入る。

　要するに、中国の金融システムがさらなる開放に伴って為替リスク、外部衝撃、国内金融市場リスク、実体経済のリスクなどが絡み合って、お互いに連鎖し、システミック・リスク発生の可能性が大幅にアップする。2015 年下半期以来の株式市場は、外国為替市場が大幅に変動したにもかかわらず、最終的にはシステミック・リスクを誘発していなかったが、個々の市場または局所的なリスクによる連鎖的なインパクトによるシステミック・リスクの発生確率が上昇し続けている。

　近年、中国では絶えずシステミック・リスクの識別と防犯を強化し、世界のマクロ・ブルーデンス管理・改革へ積極的に参与し、中国国内の監督・実践の中で、さまざまなマクロ・ブルーデンス管理ツールを打ち出し、マクロ経済政策との調和を強化し、システミック・リスクの蓄積を防止する役割を果たしていた。しかし、体制メカニズムの面で中国の実際に合うマクロ・ブルーデンスの枠組みが十分に構築されていない上、中国は「3 期」が重なって経済が下向きになるという特殊な時期にあるため、システミック・リスク発生のリスクは依然として残っている。このため、人民元が SDR に加入した後の重要な戦略的窓口期間に、マクロ・ブルーデンス管理の推進を加速させることは重要な現実的意義を持っている。

　事実上、「マクロ・プルーデンス」（macro prudential）は新語でも新しい問題でもなく、1979 年に国際清算銀行によって提出された。その後 30 年間、マクロ・ブルーデンス管理は「マクロ経済に関するシステム的な規制ガイド」とし、国際清算銀行や IMF などの国際機関による報告のほか、その他にも言及している。1997 年までに起こったアジア金融危機は、理論と実務界がマクロ・ブルーデンス管理の重要性を実際に認識し、今回の国際金融危機においてさらに強化と昇格された。

　マクロ・ブルーデンス管理は、システミック・リスクを抑制し、金融の安定を保障し、金融危機によって生じ得る莫大な経済コストを削減することを主な目標としている。狭義なマクロ・ブルーデンス管理は、システム的な視点に付与されたブルーデンス管理・政策に限られた。広義の概念は、システミック・リスクの分析、識別および監視、政策ツールと実施の伝導および管理構造と制度の基礎な

211

どの方面において、ブルーデンス管理のすべての一環をカバーするシリーズの組み合わせであり、また国際的な通称のマクロ審査をカバーする（Macro prudential Policy）。

9.2　システミック・リスクの識別と評価

9.2.1　定義と分析

　伝統的なシステミック・リスクについての研究は、その定義がリスクを拡散する、すなわち、外部の衝撃は経済に対する直接的な影響だけではなく、金融システムと実体経済の間で絶えず拡散し、最終的に危機を引き起こし、実体経済に破壊をもたらす。この観点は、主に個々機関の倒産への防犯、リスクの外的な発生を強調し、マクロ金融のバランスを無視した前期の累積過程や、金融機関が抱える共同リスクの危機発生過程においても作用することを強調した。

　事実上、全体的な金融システムは、外部要因の衝撃や内部要因の相互関係によって激しく波動し、危機的な可能性を持っている可能性があり、一度システムリスクの衝撃を受ければ、いかなる単体の金融機関も免れない。今回の国際金融危機以来、金融システムの中での共同リスクは、時間によって蓄積された金融バランスを失うことによって、危険な伝播そのものではなく、危機を誘発する要因とされている。伝統的な定義とは異なり、システムのリスクについての説明は、金融バランスの深刻さ、金融システムの順周期性、関連性、及びリスクの内面性などを強調し始めた。

　IMF、国際清算銀行と金融安定理事会の最新の定義に従って、システミック・リスクは全体または一部の金融システムダウンする（実体経済への深刻なマイナス的影響）として、金融サービス（信用仲介、リスク管理、決済システムなど）が中断するリスクである。しかし、時間と国別環境に対する依存度、金融システムの行為及び実体経済のフィードバック効果、政策介入に対する敏感性などの面では表現できず、システミック・リスクの本質を正確に表現できなかった。

　また、多くの研究では、時間と空間の２つの次元から、システミック・リスクを具体的に描写している。そのうち、主要な部門のビルは主に、特定の時間点におけるシステミック・リスクが金融システムにおける分布状況について考え、金

融機関の持つ共同リスクの開放口、個人または1組の金融機関のシステミック・リスクに対する貢献度などを考慮している。近代的な金融システムの下で、金融機関が直接同じか似た資産を持っている、あるいは間接的に他の機構と連絡し合うリスク（取引相手など）や、同じ価値評価やリスクの計量手段などを採用する傾向があり、金融機関間の関連性、同質性、集中度などの問題が深刻化している。

　この状況下で、リスクはさらに金融システム内部で「繁殖」しやすく、同じリスクから開放された「リスクネットワーク」によって急速に広まった。経済的リスクは金融システムや金融システムと実体経済の相互関連を通じて経済周期の波動を絶えず拡大し、金融危機、すなわち金融システムの「順周期性」の問題を招いている。経済の上り期には、金融機関のリスク意識が弱まるため、融資制限が減少し、金融機関はより多くのリスクを持つ傾向にあるとし、金融機関のテッド率の高い企業、市場の流動性が氾濫し、資産価格が高騰している。この過程で、金融機関が十分な緩衝を積み上げていないと、システミック・リスクが蓄積され、金融不安がますます激しくなり、金融危機の種を埋めてしまう。景気が逆転すると、経済は上り期が下り期に転入し、金融失調の釈放が大規模な金融変動につながるとして、それに伴ってテッド化やクレジット供給の供給など金融サービスの大幅な減少に伴い、さらにその傾向を強化する。

　また、時間の次元にまたがる相互関係から見れば、両者は孤立していない。金融機関が保有する共同リスクは、金融機関間の関連性を強化し、金融機関の一致性行動を可能にし、システミック・リスクは、異なる市場主体の連鎖反応によって経済の周期的変動を増大させることができる。

9.2.2　金融システムと実体経済の相互視角に基づく成因分析

1、金融システムと実体経済の理論的解釈

　現代経済では、金融システムは国民経済の重要な部門として、サービス業の一部が実体経済に対し直接な貢献を生み、さまざまなサービスが家庭や企業融資やリスク分担などを援助し、より合理的に希少な資源の役割を配置する。近代的な国民経済システムの確立によって、近代的な金融システムが掌握されていると言える。

　アメリカの経済学者モートンは、金融システムの主な機能は不確実性がある環境の下で、経済要素の希少性の有効な配置を促進することであると考えている。この資源の構成は経済主体、地域を越え時期を越え合理的に、効率的に不足して

いる資源を利用して、より大きい生産効率と報われることを体現している。この機能に頼って、企業は金融機関を通じて融資を行い、大量な資金の投入を必要とする研究開発活動に従事し、経済発展を推進することができる。市場の見通しが明るい場合には、生産規模を急速に拡大し、急速な成長を実現する。家庭では住宅ローンなどを通じて、よりスムーズに消費し、福祉の向上を実現することができる。資源配置という重要な機能をめぐって、金融システムが実体経済に影響を与える6つのコア機能をまとめた。第1に、金融システムは商品とサービスの取引のために支払う決済システムを提供する。金融システムは生まれた日から物易物という効率の低い取引方式から脱却させ、大きな大地が取引効率を高め、取引コストを下げた。近年、インターネット産業の発展に伴い、ネット決済を代表とする新型決済方式が取引効率を向上させ、取引安全性においても著しい進歩を遂げている。第2に、金融システムは小額の資金を集中させることにより、多額の資本が必要なプロジェクト・ファイナンスを提供することができる。この機能は、経済主体にまたぐ資源構成を実現し、その代表的な例が、銀行の貯蓄貸付の過程である。金融業界がない場合は、多くの近代的な大型工事、大量の資金を消費する研究開発工事など、どのように実現するかは想像に難くない。第3に、金融システムはまた、期間横断および地域にわたる資源構成を実施することができる。ある。地域金融の実力が高い時には、外国投資家に直接投資しやすく、現地経済の成長に役立つという研究がある。この結果、金融システムは、地域の資源配置を通じて生産効率を向上させ、経済発展を促進することができることを明らかにした。第4に、金融システムは、リスクを制御するプラットフォームを提供している。この機能は主に2つある。1つは、金融システム自体がリスク分散、保険、先物、オプションなど、一方、金融システムは、実体経済の資源の配置を最適化することによって、全体経済のリスクを低減することができる。第5に、金融システムは、分散決定された市場経済における価格信号を提供する。価格は市場経済の魂で、良好な金融システムは正確で、迅速に価格の信号を通じて市場の需給関係を反映し経済の主体を助けて決定を下すことができる。第6に、良好な金融システムは、非対称情報などの取引が順調に完了することを阻害する問題の発生を緩和することができる。

　元世界銀行上級副総裁・主任エコノミストの林毅夫は金融システムの機能を3種類にまとめた。資金を動員し、資金を配置してリスクを分散する。そして最も重要な機能は、金融システムの資金配置機能であると指摘している。高効率な資

第9章　システミック・リスクの防止とマクロ・プルーデンスの枠組み

金配置は生産効率を高めるとともに、貯蓄を激励して全体の経済リスクを低減する。そのため、金融システムの効率は主にその資金の配置効率を見ることを評価する。理論的には、完全な金融システムは、企業を助ける道徳リスク、逆選択などの資本の流れを阻害する問題を解決し、企業の外部の融資コストを低減し、それによって資源を最も競争力と革新能力のある業界と企業に配置することによって、経済成長のスピードと統合性を向上させることができる。現在の中国経済が直面する最も緊迫した任務は、伝統的な高エネルギー、高汚染の成長モデルから「インターネット＋」と「大衆の起業、万人のイノベーション」を代表とする新たな発展パターンへの転換である。資本配置効率の改善は経済モデル転換の重要な支えであり、効率的な金融システムはイノベーション・起業型経済発展の重要性に対して２つの側面に具現されている。一方で、企業が起業期に必要な外部の融資を得ることができ、また一方で良好な金融システムは発展の見通しを持つ企業を見分けることができる。金融システムと実体経済の相互影響、螺旋状の交差促進の関係を見抜くことは難しい。金融システムは、資源の配置、リスク分散などの機能を最適化することで、実体経済のサービスとして、金融サービスそのものが枠を構成している

　実際の経済成長は、同時に実体経済の成長も金融サービスへの需要を増加し、金融部門の発展を促した。中国が製造業の強国からイノベーション型国家への転換につれて、企業の技術開発への投入も大規模な増加を求めている。一般的に、技術研究開発に必要なコストは大きく、開発リスクが高い。金融部門は企業のために融資を開発することができるし、開発リスクを分散させることもできる。そのため、実体経済の成長に伴い、金融サービスへの需要が高まっており、金融業界の発展を促している。また、中国経済の開放度合いの向上に伴い、企業や投資家が国際経済金融活動により多く参加し、金融サービスの需要がさらに増えている。

　2、金融リスクが実体経済に広がるメカニズム

　①金融ショックの実体経済への影響とその伝染メカニズム。サブプライム危機を例とする。経済全体を反映するいくつかの主要な変数から、金融ショックは産出、資本、消費の平均値を下げ、同時に生産、消費、投資、労働時間の変動率を拡大した。つまり、金融危機が実体経済に対する衝撃とともに、主要経済変数の一段トルクと２段トルクに影響を与え、経済の衰退と経済不確実性の増加を具体的に示している。

215

中国経済は経済内部からの金融危機を経験したことがないため、私たちは2007年から2009年に発生したサブプライム危機を例に、金融ショックが実体経済の中でどのように広がっているかを考察する。金融危機が到来した後、最初に異動を起こす変数は、GDPと個人投資であり、その中で個人投資の低下の主な原因は不動産投資の低下である。商業投資、消費、総労働時間は2008年第3四半期まで明らかに低下し始め、個人投資に比べて半年の滞りがある。しかし、最も低い谷の2009年第2四半期に比べて、経済変数は金融危機の初期の下落幅と大きくない。2008年9月のリーマン・ブラザーズの破綻に伴い、GDP、個人投資、商業投資、労働時間と消費が急速に下落した。最も低谷期において、GDPは2007年第4四半期に対して5.6%下落し、労働投入は8%以上減少し、民間投資は20%以上、商業投資は25%以上の大きな減少となった。従来の経済危機とは、主な経済変数の減少幅が大きいだけでなく、景気低迷が長引いてから緩やかに回復しているという点が異なる。そのため、全要素の生産率の測定指標も3%を超えて下がっているものの、他の主要な経済変数と比較して、生産性の回復は速い。

次に、私たちは家庭とメーカーという2つのミクロ主体の角度から、金融ショックは実体経済にどのように影響するのかを述べる。

金融危機によるクレジットパニックは通常、貸借困難や利差が大きく表現されている。家庭の角度から見ると、信用パニックは2つのルートから家庭という最も基本的な経済主体に影響を与えている。まず、貸付けの制約の引き締めによって、債務度合いが高い家庭は貸借を減らし、債務の度合いを下げなければいけない。これはある程度の上で経済全体の信用需要を減らした。次に、信用を受けていない家庭では、貯蓄などの予防的な措置をとることが一般的で、将来的な金融リスクの激化を防ぐことができる。これは経済の貸付けの供給を増大させる。そのため、貸付けの需要の減少と信用供給の増加によって、均衡状態の下の利率は低下することを示し、つまり信用不安が発生する時、クレジットの需給関係の変化は均衡金利の低下を招くことができる。研究は、経済体が信用パニックの衝撃に見舞われた後、金利はまず深さを追求し、その後、金融ショックの前に低い安定状態に回復する。この金利の超調現象の原因は、金融ショックが到来する前に、高い債務レベルの家庭を維持し、新しいクレジットの制約条件に適応するために、迅速に信用レベルを調整しなければならない。それによって、金融ショック初期の貸付け需要が急速に低下し、金利の深さを導き出す。経済主体の分布が緩やかに新しい安定状態に収斂する時、信用需要の不足による圧力が減少し、金利は緩

やかに新たな安定状態に回復する。一般的に、金融ショックを受けた場合、負債が高い家庭は、レバー率を低下させなければならないため、消費と労働供給の増加によって債務の水準を調整する。経済の中で名目金利の剛性が存在する時、総生産は主に消費の需要によって決定して、それによって金融ショックは産出の低下をもたらした。さらに不利なことは、名目金利がゼロに近いか、あるいは開かれた経済では、中央銀行は安定した為替レート、資本外流防止などの目的のために名目金利をさらに下げることができない場合、金融ショックによる産出の低下はさらに深刻である。さらに、理論的には、不動産という一定の投資できる耐久消費品を考慮したとき、信用パニックの衝撃で借金を強制した家庭がレバー率を下げ、住宅の消費を減らす一方、予防的な措置で一部の家庭が住宅などの耐久消費品への投資を増やすことになる。そのため、経済学の理論は不動産投資が金融ショックの下でどのような反応を呈するかに答えられない。しかし、アメリカの2007年の金融危機を例にとると、大量の実証研究は、不動産システムの崩壊と信用パニックの関係は非常に緊密であり、生産、消費、および雇用の下落の重要な要素であることを明らかになった。現在、中国全体の債務度合いはあまり高くないものの、監視システムに組み込まれていない新型の金融ツールの拡張による家庭のてこ率の急速な向上を警戒している。

　経済のもう1つの重要なミクロ主体はメーカーである。次に、金融ショックが実体経済に広がることについてメーカーの視点から考察してみよう。実際の経済運行の中で、メーカーは完全に自分の意志で投資、生産、研究開発などの活動を行うことができなくて、信用の制限、運転資金の制限、在庫の制限などの制約に直面しなければならない。良好な金融システムを実行することは、企業がこれらの制約がもたらす不利な影響を弱めることができる。資本は良好な利用を得ることができ、経済全体の生産効率を高めることができる。反対に、発展途上国は完全な金融システムを備えていないため、資源の間違う配置が頻繁に現れる上、経済体の生産効率性も低い。経済体が金融ショックに見まわれた時、それに伴うのはしばしば信用収縮である。この信用収縮による最も直接的な影響は、企業の流動性不足で、企業がリストラなどの措置を通じて運営を維持せざるを得なくなることである。それによって企業が人員削減などの措置を通じて運営を維持しなければならないことである。更に深刻なことは、信用収縮により、最適化された投資を行うことができる一部の企業はこの制約の影響を受けることになり、最適化以外の投資計画を選択することがしかない。最適化以外の投資計画の選択で、資

本配分の効率性が低く、経済体の生産性が低くなった。創業型企業にとっては、信用収縮による打撃は更に大きい。このような企業の生産効率は通常より高いものの、資本の蓄積が不足し、さらに外部からの融資に依存しがちである。逆に大手企業は、自己資本が十分であるため、信用収縮は収束した場合でも、その制約によるものではなく、むしろ低い金利と相対的に安全な資産を利用して企業規模を拡大することができる。2007年末に始まったアメリカのサブプライム危機による小企業の労働投入の低下は、大企業の2倍であることが明らかになった。大企業は小企業に比べて活力不足、生産性が低下しがちであり、資本は大企業へのミスマッチングによって経済全体の生産性が低下した。開放経済では、金融ショックに見舞われた経済体の外国人直接投資への吸引力が低下し、新技術の導入可能性も低くなる。中国で特に注目すべきことは、不動産企業のレバレッジと負債水準である。当面の生産能力の維持、在庫の処理、レバレッジの増大という大きな背景の中で、不動産企業が政策優位を利用して無理に拡大し、むしろレバレッジ率を高める可能性を警戒しなければならない。

　金融ショックがもたらしたもう1つの結果は、経済不確実性の増加である。つまり、投資の将来の収益がさらに曖昧になり、リスクが大きくなる。不確実性が増す直接的な影響は投資意欲の低下である。投資意欲の低下は、従来の技術レベルを使った投資規模の低下を表現する一方で、技術開発による大量の減少となっている。これらの結果は短期的な金融ショックが経済体に長期的な負の影響をもたらすことになる。開かれた経済の中で、不確実性の増加はまた資本の外流として表現される可能性がある。資本の外流は為替レートを下げて、為替レートの下落は資本のさらなる流出を招くことがあります。両者は互いに影響し、相互に強化され、一国の経済が衰退に陥る可能性がある。

　いずれにしても、金融ショックは企業が信用収縮、運転資金制約、在庫制約などの経済・金融の制約を多く受け、企業のリストラや投資の低減、研究開発などの活動を余儀なくさせた。企業の異質性を考慮していると、金融ショックは小型企業や起業型企業への影響が大きく、大手企業への影響が小さいため、資本配置のミスにより経済全体の生産性が低下している。

　②過去の金融危機の成因論理。

　アメリカの有名な経済学者、プリンストン大学経済学のエレン・ブリンダー教授は、金融危機の要因を7つにまとめた。その上で、我々はこれらの要素をさらに5つの種類にまとめ、そして日本金融危機の類似の誘因を比較して議論する。

第9章　システミック・リスクの防止とマクロ・プルーデンスの枠組み

　第1に、資産バブル。資産バブルは2つの面で、つまり不動産バブルと住宅価格が持続的に上昇している住宅ローン債を代表とする債券のバブルを体現している。アメリカの経済学者カール・キャス（Karl Cle）とロバート・シードが開発したケスチュール家屋の価格指数によると、アメリカは1997～2006年の間に実質的に85%上昇した。これは、データ統計以来、アメリカの住宅価格の平均上昇幅をはるかに超えた。このように、日本の不動産価格は1980年代後半にも驚くほど暴騰した時期である。両国の不動産市場の繁栄の時期、不動産価格の上昇によって、返済能力の低い住宅ローンの持ち主であっても、再融資を通じて新たな抵当貸付を得やすく、旧金利の高い担保ローンを落とすことができる。そのため、この時期、住宅ローンの違約事件は極めて異例である。低い違約率は、住宅ローン債のリスクが非常に低いレベルに達している。事実上、住宅ローン債券だけではなく、全体的な経済の繁栄の表象は様々な債券のリスクが高く評価されている。長い市場の繁栄は、バブル期の低い違約率が投資家に誤った信号を伝え、つまり債券の違約率が長期にわたって低い水準を維持することができ、それによって債券バブルが発生した。しかし、このような超低リスクの出費は持続可能ではない。

　歴史を振り返ると、アメリカと日本の不動産バブルと債券バブルが共通の引き金になっていることを発見した。2001年にアメリカ経済の小規模な不況に対応するため、FRBは連邦基準金利を1%に下げた。同様に、1985年の「広場協議」の後にもたらした日本の輸出の弱さに対応するため、日本の中央銀行は1987年に法定金利を2.5%まで下げた。超低金利は、金利が高いとされ、違約率の低い担保証券が流入した。不動産市場に直接投資する。大量の資金の流入は不動産価格の上昇を推進して、それによって不動産のバブルと債券の泡を生んだ。

　第2に、過度のレバー。アメリカの金融システムは危機前の脆弱性において主に高すぎるテコ率を体現していた。住宅ローンの融資の割合が低下し、ゼロ頭金の出現により、アメリカの家庭テコ率が大幅に上昇していた。また、商業銀行の表外資産規制の欠如によって、アメリカ銀行業が一般的に構造投資ツールを運用して表外資産取引を行うことになっている。これらの構造的な投資のツールは往々にして巨大なバレッジ率を持っていて、それによって銀行が国家の金融部門の監視を回り回ることができるようにすることができる。さらに深刻なのは、高収益に対してより高い追求がある投資銀行は、往々にして高いレバー率で取引されている。当時のウォールストリートの5大投資銀行を例にして、平均レバー率は30：1、40：1である。金融危機の前に、アメリカの家庭から商業銀行まで、また

219

投資銀行まで、すべてハイパーの投資という糸の上でひらひらと踊っているということができる。

　第3に、金融システムの不合理な激励のメカニズム。この不合理な激励のメカニズムは主に2つである。1つは金融業界の業者の報酬システムであり、もう1つは格付け機関の激励システムである。まず、金融業者の報酬システムは冒険を奨励するシステムである。具体的には、金融取引は、往々にして大きなリスクに伴うが、投資が成功すれば、得られる収益は非常に豊かである。トレーダーにとって、ある投資が成功すれば、彼は高い報酬を収穫し、投資に失敗した場合、投資家が負担する。このような激励メカニズムは、金融事業者がリスクの大きい取引を行うことを避けることが困難であり、それによって、金融システム全体が大きなリスクにさらされている。今回の金融危機の中で、この激励メカニズムがもたらした最も主要な問題は、住宅ローン資格のリラックス、つまりサブプライムローンの出現である。これはサブプライムローンベースの金融デリバティブの最終の暴落に今回の金融危機の引き金となった。一方、格付け機構製品の支払人もその評価対象の発行者であり、審査機関が金融製品の評価に対して一定のずれをすることが多い。投資家は、情報の欠如により、格付け機関に依存しているため、投資家はリスクを正確に判断することはできない。また、格付け機構は、ある金融製品のリスクを評価する場合、製品そのものだけに注目し、マクロのシステム性リスクを無視している。しかし、システム性のリスクが爆発すると、単一の金融製品の微観リスクは、往々にしてわずかに見える。

　第4に、高度の複雑化した金融誘導体。資本の大量の流入に伴って、すぐに来たのは急速な金融イノベーションである。高度の複雑化した金融誘導体は、もともと情報の劣勢にある投資家が投資の入札のリスクを正確に判断しにくく、投資の盲目的性を高めた。

　第5に、あまりにもゆとりのある金融規制と大規模な拡張の影バンクシステム。金融危機が勃発する前の長い間、アメリカの金融規制部門は大部分が自由主義を信奉しているので、金融業界の監視をリラックスさせる思想が多かれ少なかれある。監督者のリラックス管理の大きな表現は、サブプライムローンの過度な放縦によって、サブプライム規模の極速拡大を招いて、アメリカの金融システムの時限爆弾になります。緩やかな規制は、アメリカ国際集団の例にも表れている。アメリカ国際グループは、当時世界最大の保険会社であり、自身の非常に優れた信用格付けを利用して信用違反という誘導体市場の最も主要な売り手となっていた。

220

第9章　システミック・リスクの防止とマクロ・プルーデンスの枠組み

しかし、2000年には、「商業先物近代化法案」は、派生製品に対する規制を明確に禁止することを明らかにした。規制不足の条件の下で、アメリカ国際グループが2007年に5000億ドルの信用リスクを蓄積した。最終的に、金融危機の爆発につれて、FRBは数百億ドルをかけて国有化することになり、破産を免れるようにした。また、狂った影の銀行システムは、当時の監督システムの外に遊離していて、その規模が伝統的な銀行システムよりはるかに遠いので、金融業界の一部の現実はいかなる監督部門の監督に耐えられない。2005年にこの影銀行システムが保有しているサブプライムローンは、総額の80%を占めていたという。20世紀80年代後半の日本金融システムは、21世紀初頭のアメリカ金融システムのように複雑ではないが、当時にも大量の非伝統的な銀行類の金融機関が大量に現れた。その典型的な代表は、住宅ローンを目的とする「住宅金融専門会社」（「住専」）だ。率先して衝撃を受けたアメリカの房地美と房利美の両大機関が同じように、日本では「住専」の破綻は、日本の金融危機の第1波とされている。アメリカと日本の経験・教訓から、金融リスクの蓄積や金融危機の爆発を防止する重要な条件は、金融業界に対して特に影の銀行の投機主義行為によって整備された監督システムである。

コラム9－1　　**金融危機の起源と拡散―――例えばアメリカと日本**

　2008年9月15日、当時のアメリカの第4大投資銀行リーマン・ブラザーズが倒産したことを発表し、大不況以来、最も深刻な金融危機の一歩一歩をクライマックスに押し上げ、数年にわたる景気後退を引き起こした。この金融危機の影響が速い拡散実体経済、リーマン・ブラザーズ破産の後の最初の四半期のGDPは3.7%の年間平均アメリカ実際速度に下落し、2008年第4四半期、下げ幅を拡大した直後の年平均8.9%、2009年の第1四半期GDPの下げ幅は5.3%。この1ラウンドは、システム的な金融リスクの爆発によって発生した景気後退は、アメリカや世界経済に大きな影響を与えているといえる。このコラムでは、2008年のアメリカの金融危機の起源を、金融システムでの拡散と、20世紀90年代の日本の経済危機と対比することを振り返る。

　アメリカと日本の2回の金融危機は、不動産バブルの破滅に由来している。アメリカでは、不動産価格は2006年の初めに歴史の頂点に達し、その後、住宅価格は比較的緩やかな小幅の下落を経験し、2007年に急速に大幅な下落を開始しました。住宅価格の下落に従って、サブプライムローンの所有者は再融資を通じて返済を行うことができないため、違約することしかできません。デフォルトの増加さらに不動産価格を低くして、それにより、より多くの住宅ローンの所有者を選ばなければならない違約、ひいては生まれた住宅価格が下がって違約増加さら

に多くの住宅価格が下がったと違約発生循環を生んだ。この悪循環をもたらしただけではなく不動産バブルの崩壊、より重要なのは、それをそのベースの金融商品デリバティブで、大量に影響を与えたレバレッジ率の高い全体の金融システムであった。最初に影響を受けたのは、住宅ローンを大量に保有してベースの担保債務証憑（Collateralized Debt Obligation、CDO）の投資銀行とフレディ、ファニーメイの2大住宅ローンの融資大手で、2008年3月、住宅ローン担保証券業務への過度の依存や不動産バブル破滅の加速、ウォールストリートの第5位の投資銀行ベアースターンズまず流動性の問題に遭遇した。続いて、市場での自信の喪失、この問題の進化になって更に深刻な債務超過問題によって、この有名な会社の経営危機に瀕した。最終的に、FRBは、290億ドルの損失を吸収するために、モルガン・チェース銀行のベルスルートの買収を促し、システミック・リスクの大爆発を見合わせていた。

　しかし、良い景色は長くなく、不動産市場の崩壊の傾向によって停止していないため、住宅ローンとその証券化業務の住宅利米、住宅利美、ウォールストリートの他の投資銀行が相次いで衝撃を受け、倒産や破産の縁に向かっていた。これらの会社はその後、国有化されたか、大手銀行に買収されたか、倒産した。その中で最も有名なケースは、リーマン・ブラザーズが2008年9月に破綻したことで、金融危機の分水嶺になって、システミック・リスクが爆発した。住宅ローンの証券化事業の崩壊に苦しんでいたのと同時に、アメリカ国際集団は、被害を受けなかった。そのために「信用違約交換」（サブプライムローン債券の上に構築された金融誘致品）の巨大な投資は、不動産バブル崩壊時に、アメリカ国際グループが深刻な危機に見舞われた。この危機は、最終的に米連合が850億ドルを出資して79.9％の株式を獲得した後で収まることができた。また、リーマン・ブラザーズと通貨市場の共同基金は密接な連絡があって、リーマンの破産は金融恐慌を通貨基金の分野に延びていた。続いて、大量の不良担保ローンを持っているため、多くの商業銀行が衝撃を受けた。商業銀行が受けた衝撃は、所持している不良担保ローンや関連した金融誘導体による損失に限らず、それより重要なのは、国民の信頼の喪失によって、預金の流出である。国際的には、同様に大量の不良担保ローンを保有している関連金融製品によって、イギリス、フランス、ドイツなどの金融機関も、大きな直接損失と伴う金融恐慌による間接的な損失を受けています。金融危機の被害も金融システムにとどまらず、実体経済全体に広がった。金融市場の流動性が急速に低下したため、実体経済は融資困難などの局面に直面しており、実体部門の正常な運用に影響し、失業率の激増や経済増速はマイナスなどの全面的な衰退につながった。

　日本では、不動産バブル崩壊の誘因は、1989年5月の日本中央銀行の法定金利と、1990年3月の日本大蔵省の不動産融資による総量規制とされていた。それは不動産価格の下落と株価の下落である。アメリカと類似して、不動産価格の下落は、住宅ローン業務に従事する多くの住宅ローンの業務に従事する「住宅金融専門会社」が、大量の不良債権を保有していることから、倒産に直面しなければならない。これらの不良債権を直ちに整理することができなかったため、日本経済は20年にわたる衰退に陥った。

　アメリカと日本の経験から見ると、不動産バブルを放置した金融システムに大きな嵐が積まれているリスクは、バブルの破滅も関連した金融製品によって金融システムの各方面に巻き込まれ、最終的には実体経済に大きな打撃を与えた。

第9章　システミック・リスクの防止とマクロ・ブルーデンスの枠組み

③通貨政策と金融市場の相互作用とマクロ経済に対する影響——株式市場を例
とする。

　我々は、短期と長期の制約を同時に加えた構造性ベクトルを利用し、回帰モデ
ルになり、通貨政策と金融市場（株式市場を例に）の同期関係を分析し、通貨政
策と金融市場の相互作用とマクロ経済に対する影響を考察する。従来のVARモデル
とは異なり、通貨政策と株価が存在する可能性がある同期関係をモデルに組み
入れるために、従来のSVARモデルでは、株価が当期の通貨政策の影響や通貨政
策によって当期の株価の影響を受けないことを想定し、株価と通貨政策が互いに
当期の影響を受けているとする。また、モデルを識別するために、我々は、通貨
政策の衝撃が株価に長期的な影響を与えていないと仮定するため、長期的に見る
と、株式価格は主に上場会社の利益能力などの基本的な要因の影響を受けて、通
貨政策の長期の中性的な性質を受けて、株の長期価格に影響を与えないようにし
た。

　私たちは1997—2015年にサンプル区間として、月度のデータを採用し、イン
フレとGDPなどの主要変数を研究する通貨政策の衝撃と株価の衝撃に対するパル
スに応答した。金利の衝撃もM2が衝撃を受けても、株価には著しく影響が出て
いない。これはある程度、中国の通貨政策と金融市場間の伝導ルートが依然とし
て渋滞していることを説明し、通貨政策と金融市場の関連改革をさらに推進する
必要がある。2つの通貨政策の衝撃はインフレに対して顕著な作用があるが、産出
の影響に少し差があるが、M2は衝撃後5期から産出の著しい正向作用があるが、
金利効果は比較的遅かった。2つの通貨政策のツールはいずれも良い通貨政策の仲
介の目標であることが分かる。株価は金利とM2の供給に著しく作用したが、M
2に対する役割は金利を遅らせて、中国の通貨政策の制定を反映して株式市場の状
況を考慮し、資産価格はインフレの産出情報を含んでおり、通貨当局は資産価格
の変動に反応するべきである。これを除いて、株価はインフレと生産の作用に対
しても顕著で、株価の上昇はインフレにつながるとともに、短期的な刺激で産出
の成長を起こす。中国の株式市場は国民経済の中ですでに比較的重要な地位を占
有していることを説明し、政策の面で十分な重視を得るべきで、これも株価の衝
撃の通貨政策に対して著しい影響の原因があるのかもしれない。

9.2.3　中国のシステミック・リスク評価

　1、現在のシステミック・リスク評価方法の主要な進展

20世紀末には、国際金融機関と各国の監督当局がシステミック・リスク評価に

223

力を入れ始め、評価方法を開発した。資本の十分性、資本の品質、利益獲得の能力、流動性の大きさなどを量的な指標である CAEL と CAMEL システムは、20 世紀 90 年代前に、各国の監督当局に個々機関のリスクになる事前警備として使用されている。IMF と世界銀行は 1999 年に金融部門評価計画（FSAP）その他の KLR 方法、FR モデル、金融圧力指数などの使用を開始し、今でも多くの国に使用されている。危機の後、市捨て 3kk・リスク評価方法の探索が強化され、IMF、国際清算銀行、FSB はこれらの測定方法についてまとめた。

①単一の指標システムまたはモデル

第 1 に、経済バランスの総量指標。マクロ経済データまたは資産負債表の指標（例えば銀行のクレジット、流動性、期間の誤り、為替リスク、外部のバランスなど）について、金融システムや実体経済におけるリスクの蓄積を評価するために使用されている。例えば、信用と GDP の比は、銀行体系内のシステム性リスクの核心指標として、逆周期資本バッファのフック変数として使用されている。

第 2 に、市場条件の指標。これらの指標は、景気後退を引き起こす金融市場の条件に注目している。例えば、リスク偏好の指標（利差、リスク過剰など）、市場の流動性指標などがある。

第 3 に、リスク集中度指標。これらの測定方法は、カウントダウンのシステムのリスクに関連している。リスクの伝染と拡大メカニズムに関心を持つ。規模と集中度の計量に加えて、金融機関と公私部門、金融市場の主体と国家間の共同リスクの開放と関連度に注目している。例えば、ネットワークモデルは、大量の仲介機構間の関連度と潜在的な伝染性を測定するために使用され、バーゼル委員会は指標の計量に基づいてグローバルシステムの重要性銀行を識別することを開発した。

第 4 に、マクロ圧力テスト。伝統的な圧力テストと体の弾力性を測定するツールとは異なり、マクロ圧力テストは金融システム全体の圧力によってテストされている。一方で、この方法は、市場の極端な情景（尾部リスク）およびネットワーク効果によるリスク拡大メカニズムを市場のダイナミックなメカニズムに溶け込むことができる。一方、それはまた、多輪不良のフィードバック効果を含む方法を通じて、金融システムと実体経済の関係性をより良く評価することができる。

②総合指標システムまたはモデル。

単一の指標と比べて、総合指標システムやモデルは、システムのリスクをより効果的に識別し評価することができ、IMF の開発を含むグローバル金融安定図（Global Financial Stability Map）、グローバルリスクメトリック法（Global Risk

224

Appetite Measures）とシステムリスク計器盤（Systemic Risk Dashboard）などの
システムリスク評価モデル、そして、米銀美林が発売するグローバル金融安定指数、
ヨーロッパ中央銀行のシステムリスク総合指標と恵誉格付けのマクロ審査指標な
どがある。上述の方法は、国の特異性を十分に考えているだけでなく、信用、レバー
率などのシステム性リスクを評価する評価指標を網羅し、マクロ審査のための規
制政策の実施に有力な支持を与えた。

　その中で、IMF が開発したシステミック・リスク計器盤は、顕著な単一の指標
が欠けている場合、各国の実態によって、1 組の指標を選択して監視することがで
きる。この方法は、衝撃の可能性とその潜在的な影響と、高周波および低周波の
監視ツールを明確に区別し、さらに 1 つの次元では、早期警報の実践の中で最も
安定していることと有効な分析ツールを 2 つ選択した（表9―1）。ヨーロッパ中
央銀行は、7 歩法でシステムのリスクを評価します。第 1 に、金融の脆弱性の源
を確定する。第 2 に、潜在的なリスクの情景に設定され、第 3 に、リスクを引き
起こす衝撃的な事件を決定する。第 4 に、上記の情景の発生確率を計算し、第 5
に金融システムの損失を推定する。第 6、計算強さ、第 7 に、リスク評価を行う。

　全体的には、多くのシステム性評価の方法はすでに実践の領域に入っているが、
その有効性はさらに考察することができる。まず、単に数量性のツールに依存して、
システミック・リスクを評価することはできない。これらのツールは他の定性ツー
ル（市場情報と監督など）と互いに結合したときにこそ、本当に効果を発揮する
ことができなる。第二に、システミック・リスク評価の有効性は、データの獲得
性と確性に依存している。現在、FSB、IMF、国際清算銀行、世界銀行などは、デー
タと情報への分析・評価に力を入れている。最後に、システミック・リスク評価
と一国の経済発展のレベル、金融システムの構造、通貨政策、為替政策や経済開
放の度合いなど存在しない密接な関係があるので、普遍性の評価方法をとること
が出来る。

　2、総合指標システムに基づく中国のシステミック・リスク評価

　人民元が SDR に加入した後、システミック・リスクは金融政策のリスク、金
融市場のリスク、金融機関のリスクと外国為替市場のリスクを含む全体的なリス
クである。そこで、私たちは劉瑞興（2015）の方法を採用し、2005 年 7 月～
2015 年 12 月の間の月間データを利用し、金融政策環境、金融市場、金融機関、
外国為替市場などから、中国のシステミック・リスク指数を構築し、それによっ
てサンプル区間のシステミック・リスクを測った。

表 9 − 1 　　　　国際通貨基金システミック・リスク計器盤の指標システム

総合量	
低週波	高週波
危機リスクモデル	係統的または債権分析（CCA）
衝撃の可能性	
資産品質 / ずれている価格角度	
低週波	高週波
クレジット / GDP の住宅価格	金融市場の波動的な躍動 （金利、通貨、株式市場）
住宅価格	
・集中度 / 関連度の角度から	
低週波	高週波
銀行間のリスク	危機の関連性（JPod,BSI）
コア / 非コア負債（総量）	
潜在的な影響	
・貸借対照表によるリスク	
低週波	高週波
テッドの量	システムの重要性について主要金融機関（SIFI）の予想違約週波数（Expected Default FrequencyEDF）の度量
マクロ圧力テスト	
相互関連度を通じて	
低週波	高週波
ネットワークモデル	対結合損失のハイパー関連測度
銀行システムのシステムにまたがるリスク	

資料出所：IMF（2011）

①金融政策リスク

　人民元は SDR に加入していたが、ある程度で前に向かって人民元が自由に両替できるようになるのを励ましている。この全面的な開放は中国国内の金融市場と国際金融市場のさらなる融合をもたらして、それによってまた金融政策の制定と監督の方にもっと大きな挑戦をもたらした。同時に、金融の発展はマクロ通貨と財政政策の影響を避けられないので、私たちはまず金融政策のリスクを量ります。

226

具体的には、通貨の供給膨張率（M2/GDP）の変動率、実際金利の変動率、財政赤字とGDPの比率を選択し、主要な指標として金融政策のリスクをはかる。この部分と本節のさまざまな金融リスクに対して評価を測る場合、我々は各種類の金融リスクに影響する具体的な指標の標準的な差を逆算し、この具体的な指標の重みを決定することを採用している。

②金融市場のリスク。人民元がSDRに加入した後に、中国国内の金融市場と国際資本のさらなる融合をもたらした。一方、これは中国の金融市場の発展に寄与し、金融システムの中国経済における役割と影響をさらに拡大した。一方で、中国の金融システムが国際金融市場の波動の影響を受けやすいことを意味している。そのため、金融市場のリスクも中国のシステミック・リスクの重要な源の1つである。金融市場のリスクを反映する指標は、株価指数、国債指数、不動産市場を反映する国房景気指数がある。これは、株式市場、債券市場、不動産金融市場は、金融市場を構成する主要な構成部分である。国際と中国国内の経験から見ると、金融市場のバブルや金融の波動を引き起こしやすい。

③金融機関のリスク。

金融機関は金融システムが実行する具体的な実行主体であり、その運営状況も往々にして金融システムが効率的に運転できるかどうかについても関係している。いくつかの金融機関は、その体量が大きいか、あるいは他の機構との関係が多く、自身の安全性も、金融システム全体に影響を与える重要な要素を構成している。また、人民元がSDRに入るにつれて中国の金融機関もますます多くの国際金融活動に参加することになる。そのため、システミック・リスクを評価する場合には、ミクロ金融機関のリスクに対する評価は欠かせない。現段階では、銀行は依然として中国の最も主要な金融機関である。このため、本節では、銀行ローンのGDPに占める割合を採用し、銀行間の同業金利の変動率と銀行間債取引金利の変動率を、金融機関リスクの主要な指標とする。

④外国為替市場のリスク。

人民元がSDRに加入した後、人民元は世界貿易、外貨準備などの面での役割がますます重要であると同時に、より大きなリスクと挑戦に直面している。これは、通貨の為替レートが国内資本と国外の資産投資の双方向対話をマークしており、それによっては金利、為替レートなどのメカニズムがより複雑かつ制御しにくいためである。そのため、我々は外国為替市場のリスクも金融システムのリスクの量の中に組み込まれている。本節に選択された主要な指標は、人民元の為替レー

トの変動率と外貨準備残高の変動率がある。

　中国のシステミック・リスク指数によると、2005年7月―2015年12月の10年間で、7回のシステミック・リスクが高い時期を経験した。具体的に見てみると、2005年7月21日、中国は人民元に対して市場の需給を基礎とし、SDR通貨を参考にして調整し、管理するという浮動為替レート制度を実施し、人民元はもう米ドルのみとの連動ではない。

　これに基づいて、為替改革による衝撃はある程度で当月のシステミック・リスクの発生と蔓延を押し上げ、2010年初めに急速に上昇したシステミック・リスクは、高いインフレである。その後、2010年中期から2013年初期の安定期を経て、2013年6月には短い流動性リスク（銭荒）に見舞われ、システミック・リスクが上昇した。最近2回のシステミック・リスクの上昇は、2015年中期の株式市場の激動と、その年の年末の人民元レートの急速な下落によって起こる。

　中国のシステミック・リスクは、いくつかの短い上昇を経験したが、その原因を究明するのは難しい。リスクソースはすべてある単一の市場から来ているため、システミック・リスクの爆発やリスクが続いていることはなかった。2015年の下半期に、中国のシステミック・リスクは2回の大きな向上を経験していた。この現象は歴史的にあまり見られない。そのため、関係部門は、システミック・リスクに対する緊密な監視を強化し、応急処理措置を充実させ、リスクが爆発した場合でも損失を一定の範囲内に抑えることができる。

　注意に値するのは、システミック・リスクが金融システムの各方面から来ている可能性があるが、単一の金融部門のリスクはシステミック・リスクと見なすことができない。システミック・リスクは、複数の金融部門や実体経済のリスクに同時に影響を与えることができる。その主な判別は、複数の金融部門があるかどうかと同時に異動を生じている。ある金融部門のリスクの影響がこの部門そのものに限られているならば、リスクによる変動の幅が大きくても、システミック・リスクになることはできない。

　システミック・リスク源の多様性によって、システミック・リスクに対する評価は全体的な把握が必要であるため、統一的な、全面的な金融規制と監視システムを確立することが重要である。また、近代的な金融発展の中で、高周波取引の存在により、金融変動は短い時間で迅速に拡大し、システミック・リスクとなっている。したがって、より高い周波数のデータ（周度データ）を使用して、システミック・リスクを評価・監視することを提案する。

9.3 マクロ・プルーデンス政策枠組みの主な内容と運営システム

9.3.1 マクロ・プルーデンス管理ツールの選択

マクロ・プルーデンス管理ツールは、個々機関のリスクを内部化することによって消費者や投資家の保護目的を達成することを目的として、自身の「外部性」問題を無視することを目指している。しかし、高度な金融システムの中で、個々の機構が緊密で複雑なネットワークシステムにおいて、非常に明らかな外部性がある。この場合、個々機関は、他の機関に対して発生する圧力コストの「内部化」を完全にすることはできないので、金融機関のための追加の動力を提供し、これらの仕事を完了する必要がある。具体的には、金融システムの安定性を向上させ、金融システムの順周期性を緩和し、金融機関間の関係を抑制するなどの政策ツールを利用し、個々機関の「外部性」に対する「内部化」を迫られる。

マクロ・プルーデンス管理ツールは、主に逆周期政策ツール（「時間のビル」）と、金融システムの集中度と関連度を解決する管理ツールの2つの種類に分けて、以下の共通の特徴を持ってる。第1に、マクロ・プルーデンス機能を与えられたミクロ監督管理ツールであろう、マクロ・プルーデンス管理ツールであろう、いずれもシステミック・リスクを抑制し、金融を安定しなければならない明確な指向性を持っている。第2に、政策の有効性を保証するために、マクロ・プルーデンス管理ツールは、明確なマクロー・プルーデンス管理の権限を持ち、責任と操作の独立性を有する機構によって支配されなければならない。同時に、マクロ・プルーデンス管理ツールは他の政策の有効性に対して破壊することができないだけではなくて、また既存の政策の有効な補充になる。第3に、マクロ・プルーデンス管理ツールは主に金融の不安定性に対して予防によって非管理を行うために使用されて、後者は危機管理の範疇に属する。第4に、マクロ・プルーデンス管理ツールは、個々の機関がシステミック・リスクに対する貢献度に基づいて調整しなければならず、その上いかなるシステム上重要な機関（その機関のタイプに関係がない）はすべて監督の範囲に組み込まれなければならない。

「時間の緯度」から見て、マクロ・プルーデンス管理ツールは主に経済繁栄期に資本緩衝の蓄積でその政策の機能を実現する。経済繁栄期において資本蓄積の過程は比較的容易でコストが高くない一方で、金融市場の主体的なリスク負担を抑

制する役割を果たすこともでき、経済繁栄の「ブレーキ」の役割を果たすことができる。一方、経済不況期において、蓄積した資本緩衝によって損失を吸収し、金融システム自発的な危機拡大メカニズムを緩和することができる。現在、「時間の緯度」の政策ツールは、主に逆周期資本のバッファ、資本緩衝の留保、動態的なローン損失準備金制度、流動性要求、レバー率、ローン価値比および圧力テストなどの逆周期ツールを含む。「部門横断の緯度」から見て、マクロ・プルーデンス管理ツールは、上から下への方式で、個々の機関がシステミック・リスクに対する貢献度に基づいて、第1に、システム内の端末リスクを測定し、個々の機構がリスクに対する影響を計算し、管理ツール（資本金要求、保険料など）を調整することが必要である。これは影響が大きく、貢献度が高い機構に対して、より高い監視基準を実行する必要がある。これとは対照的に、ミクロ・プルーデンス管理は、すべての機関に対して実行されている共通の基準であり、その上一般的に自分の下で達成される。現在、「部門横断の緯度」という管理ツールは、主に「大きくて倒れない」問題の解決策や、異なる機構のリスク貢献度によって設計された特定の政策ツールなどが含まれている。

　事実上、マクロ・プルーデンス管理ツールは、ただ今回の国際金融危機から大規模な実践の中で規制された（別表9―1参照）。最近では、IMFは119か国で2000―2013年間のマクロ・プルーデンス管理ツールの使用状況を調査した。その結果、先進国より途上国の使用頻度が高い、しかも両者の使用頻度が時間の経過とともに向上している。資本アカウントの開放の有無は、ツールの使用頻度について一致しないが、異なる管理ツールの使用頻度と開放度との相関性は高くない。

　近年、中国の監督管理当局は実践の中でマクロ・プルーデンス管理を強化しており、多くの強い実効性のある政策ツールを打ち出した。実施機関は主に中国人民銀行と銀監会などで、ツールには時間緯度のリスク、部門横断のリスク、マクロとミクロの両方に対応するツールなどを含め、システミック・リスクの防止に大きな役割を果たしていた。

9.3.2　マクロ・プルーデンス管理とマクロ経済政策の協調を実現

　現行の金融安定の枠組みにマクロ・プルーデンス管理を取り入れることは、政策の枠組みを徹底的に再構築するのである。特に、マクロ・プルーデンス管理とマクロ経済政策の境界を明らかにし、相互の調和と協力を通じて、金融安定目標

第9章 システミック・リスクの防止とマクロ・プルーデンスの枠組み

の実現を保障する。

　新しい枠組みの中で、各種の政策ツールはその目標の実現を保証する同時に、金融安定のプロセスで新しい役を演じる。通貨政策とミクロ・プルーデンス管理の協力を例にして、通貨政策の重要な目標は通貨の安定であるが、ミクロ・プルーデンス管理の重要な目標は個々金融機関のリスクを抑制することであり、実践の中で、両者の効果的な協力だけが金融の安定的な目標を実現することができる。具体的には、中央銀行は政策を決定する際に、短期インフレを唯一の目標としてはならないが、信用と資産価格の実態を同時に考慮し、付加的な政策操作を通じて中長期の金融とマクロ経済の安定を実現する。同時に、ミクロ・プルーデンス管理は、個人金融機関の安定性を考慮しただけではなく、マクロ審査の視点に広げ、個々の機構が金融システムの中でのリスク露出度を考慮し、これは客観的にも金融安定目標の実現に有利である。

　具体的にみると、我々は、通貨政策、財政政策、為替政策、マクロ・プルーデンス管理の目標システムを再定義する必要がある。

　第1に、通貨政策。中央銀行は、通貨政策を制定する際に、主と次の目標の実現を同時に兼ね備え、両者の相互関係と実施順序を正しく処理しなければならない。まず、通貨政策は依然として伝統的な政策の道具を利用し、通貨の安定を第一の要務として保障する。次に、金融の安定を次の目標に組み入れて、より対称な政策の操作で金融のアンバランスを下げ、金融安定の目標を保障することを実現する。具体的には、経済の上向け期には逆方向の操作をとって、法定金利、預金準備金率を向上させ、信用収縮、中央銀行の手形と買い戻し協定を発行することによって、経済の過度な繁栄を抑制する。一方で、経済の下向き期には、定金利、預金準備金率を下げるなどで経済を活性化し、過度の不況を避ける。

　金融の安定を保障するために、通貨政策の操作はより対称的な方式をとる必要があり、経済の繁栄期においても不況期においても、通貨政策はさらにバランスのとれた政策の効力を発揮しなければならない。もちろん、これは、通貨政策が資産価格を政策目標に組み入れなければならないという意味ではない。事実上、通貨政策は逆方向操作でシステミック・リスク発生の可能性と金融不均衡の蓄積を最大限に減少し、資産価格と経済指標を直接通貨政策目標に取り入れることではない。

　第2に、財政政策。通貨政策のように、財政政策はしばしば逆周期的な需要管理のために使われるが、それを制定し実施する過程で、金融システムでの拡張や

緊縮に備え、一定の財政バッファリング (fiscalbuffers) を保持するか、解除するか
を考慮しなければならない。つまり、財政政策も、租税調整、自動安定装置 (自律
安定装置) のような最優先機能を果たしながら、金融安定のためのよりバランス
の取れた政策を展開しなければならない。経済の上行期には、債務レベルを下げ、
金融部門の税率を引き上げるなどの方法で財政バッファリングを図ることは、政
府の債務を合理的なレベルで維持することを意味する。経済の下向き時期に景気
後退を緩和するため、資本注入、預金および債務保証、金融機関の一括危機救助
案などの方法で金融部門を支援する。

　第 3 に、為替政策。ほとんどの先進国で、特にインフレ目標制を採択している
通貨当局は通常、為替政策を通貨政策と連動させ、通貨政策がインフレに及ぼす
影響により多くの関心を持っている。しかし、一部の小国と新興市場国では、為
替政策は違う。ミシュキン (Mishkin,2008) の研究では、小国は為替に注目し、為
替市場への介入によって変動に影響を与えている。このようなやり方は、金融安
定の保障と景気変動の減少に、より明確な効果をもたらすことが実践で示されて
いる。これまでの危機の中で、資本移動の激しい変化や、その他の要因による為
替変動が金融安定を深刻に害し、実体経済に大きな破壊作用を及ぼすことになる。
特に貿易依存度が高かったり、通貨ミスマッチがあったりした国では、被害の範
囲と波及度が大きかった。

　第 4 に、慎重な政策を調べる。

　ミクロ・ブルーデンス管理の目標は、主に個々機関の安定性を維持し、情報非
対称、有限責任、その他の直接・間接的な政府保証などの欠陥による市場の障害
を是正することで、マクロ経済における役割は長期的に無視され、金融監督管理
はマクロ経済政策の役割で現れていない。危機以来、システム・リスク、金融シ
ステムの順周期性、流動性リスク、ダーク・バンクなどの必要性に欠けていると
非難されてきた。危機以降、一方で、マクロ・ブルーデンス管理を強化することは、
学界においても政策層においても基本的な共通認識に達し、マクロとミクロを兼
備したブルーデンス管理を構築し、金融安定を保障することが絶対多数の国の共
通の目標となっている。一方、マクロ・ブルーデンス管理はマクロ経済管理の重
要な手段として、通貨政策、財政政策などのマクロ経済政策と相互に組み合わせ、
金融安定を共に守るためにより多く用いられている。

第9章　システミック・リスクの防止とマクロ・プルーデンスの枠組み

9.4　中国の実際に合ったマクロ・プルーデンス政策の枠組みを構築

　危機以来、中国は全世界の範囲内でマクロ・プルーデンス管理を強化し、金融監督管理の改革を推進し、続々と多種の効果的なマクロ・プルーデンス管理ツールを出し、システミック・リスクを防止・解消するために良好な役割を果たした。さらに近年、中国政府の重要文書は、マクロ・プルーデンス管理のための枠組みを構築することを繰り返した。しかし、現行の改革の取り組みは、ツールイノベーションに限られていない、監督システム改革の核心に触れなかったため、マクロ・プルーデンス管理の整備と制度の基礎を完全にできなかった。そして、本格的な経済的な金融発展と一致し、中国の実際にあるマクロ・プルーデンス管理の枠組みを構築し、株式市場や為替市場などの単一市場の大幅な変動をもたらし、システミック・リスク発生の可能性がある。

　習近平主席は『「国民経済と社会発展に関する「十三五」計画の提案」の説明』で、「最近頻繁に表面化している局所的なリスク、特に最近の資本市場の激しい変動は、現在の監督管理の枠組みが中国金融業の発展に適応しないシステム的な矛盾があることを説明し、また改革を通じて金融の安全を保障し、システミック・リスクの効果的な防止が必要であることを改めて注意している。市場化改革の方向を堅持し、現代金融の特徴に合致し、監督・管理の統合・調整、有効な現代金融監督管理の枠組みの構築を加速し、システミック・リスクが発生しないアンダーラインを固守する」と述べた。

　そのため、人民元がSDRに加入して、中国は国際競争に溶け込んだ重要な時期に、国際経験を十分に参考にし、中国の金融監督管理システム改革の原則を明確にして、中国の実際に合致するマクロ・プルーデンス管理の枠組みを構築することを加速しなければならない。具体的には、

　第1に、現行の金融監督管理の枠組みの中で「マクロ・プルーデンス管理の緯度」を増加させ、マクロ・プルーデンス管理の具体的な実施部門を明確にしなければならない。危機以来、各国の監督管理改革は、現行の監督管理枠を増やすマクロ・プルーデンス管理を中心に、システミック・リスクのモニタリング、評価、防犯を強化し、さまざまな方式（専門委員会またはプルーデンス管理局など）でマクロ・プルーデンス管理を実施する具体的な部門を明らかにした。例えば、米

233

国は「ドッド・フランクウォールストリート改革と消費者保護法案」に基づいて設けられた金融安定監督委員会（FSOC）に投票権を持っている10人と、投票権のない5人で構成されている。投票権を持つメンバーは、連邦金融監督機関のメンバー9人と保険専門知識を持つ独立メンバー1人である。議長は財政部長が務め、国会に責任を持つ。同委員会はシステム上な重要機構、ツールと市場、システミック・リスクを全面的に監視し、関連対策を提起し、各メンバー部門の紛争を調整・解決し、情報共有と監督・調整を促進する機能を担っている。「パンヨーロッパ金融監督管理改革法案」の規定によると、EUはEUシステミック・リスク委員会（ESRB）を設立し、欧州中央銀行総裁が委員会の議長に就任し、メンバーは各メンバー国の中央銀行総裁、欧州中央銀行の副総裁、EU委員会代表、EUマクロ・ブルーデンス管理機構責任者などを含む。同委員会はデータ情報の収集と分析を担当し、システミック・リスクの監視、分析と評価を行い、マクロ・ブルーデンス管理の実施をメンバー国に提案するとともに、メンバー国間の疎通と調整などを強化する。新金融サービス法によると、イングランド銀行理事会傘下に金融政策委員会（FPC）が設けられ、頭取が議長に就任した。メンバーは通貨政策委員会議長、監督監督局主席、金融行為局主席である。同委員会の主要な機能は、システミック・リスクの識別、評価、モニタリングを含み、金融安定を全面的に保障すると同時に、マクロ・ブルーデンス管理の主導権も与えられる。具体的には、マクロ・ブルーデンス管理のツールを決定し、新たに設立された審査管理局または金融行為監督管理局が具体的に実施する「指令権」、および、マクロ・ブルーデンス管理局と金融行為管理局に具体的な提案を行う「提案権」を求めている。フランスは「経済近代法」と「銀行金融規制法」に基づいて、中央銀行を中心として、マクロ・ブルーデンス管理局と金融市場監督管理局を含む規制の枠組みを確立した。同時に成立した金融規制とシステミック・リスク委員会は、システミック・リスクを監視し、国内外の相互監視管理と協力、交流などの職能を持っている。

　第2に、通貨安定の維持に加え、中央銀行はより多くの金融安定を保障し、金融監督を強化する機能を与えられるべきである。危機の前に、金融監督管理と通貨政策の衝突を解決し、中央銀行通貨政策の独立性を保障するために、中央銀行は一般的に金融監督管理の機能をはがされた。しかし、通貨の安定が金融安定をもたらしたわけではなく、逆に金融危機が頻繁に爆発した。過去30年以上の間、先進国も途上国も金融危機の衝撃を受けた。危機後、各国はシステミック・リスクへの対応、金融安定の保障を監督管理システム改革の核心目標とし、中央銀行

の金融安定と金融監督の機能を強化し、さらにマクロ・ブルーデンス管理の改革とマクロ経済政策の協調を推進している。例えば、FRB は、システム上重要な機構、金融ホールディングスと重要な金融インフラストラクチャに対する監督管理権を付与された。ユーロ圏は単一の監督管理機構（SSM）を設立し、欧州中央銀行の金融監視機能を付与する。2014 年 11 月から、欧州中央銀行は、このメカニズムの枠組みの下にあるメンバー国のシステム上重要な信用機構、金融ホールディングス、ハイブリッド金融ホールディングスを直接監視することができる。信用機構はこのメカニズムのメンバー国によって設立された支店などである。イングランド銀行は、システム上重要な金融市場のインフラストラクチャにマクロ・ブルーデンス管理を行うとともに、ミクロ・ブルーデンス管理の機能を与えられている。新たな「韓国銀行法」は、銀行に金融安定を保障する機能を明確に与え、それに応じて監督権限を増加させた。

　第 3 に、機能とメカニズムから通貨政策、マクロ・ブルーデンス管理、ミクロ・ブルーデンス管理と行為の監督管理の関係を明らかにし、相互の協調を強化しなければならない。危機以来、各国の金融監督管理システム改革の重点は、通貨政策、マクロ・ブルーデンス管理、ミクロ・ブルーデンス管理と行為管理の有効な組み合わせ、合理的な機構設置である。現時点では、主に以下のようなパターンがある。1 つは、通貨政策、マクロ・ブルーデンス管理、ミクロ・ブルーデンス管理を中央銀行に帰する大中央銀行のモードである。例えば、2015 年にイギリスが発表した「イングランド銀行議案——技術諮問稿」は、自国の金融監督管理システム改革をさらにアップグレードし、通貨政策を担当する通貨政策委員会、マクロ・ブルーデンス管理を担当する金融政策委員会と、ミクロ・ブルーデンス管理を担当した審査委員会がイングランド銀行の下において、当初はイングランド銀行の付属機としてイングランド内部に完全に組み込まれ、中央銀行が主導する大規模な監督管理システムを形成した。また、ロシアは、危機後に構築された中央銀行が銀行、証券、保険、その他の非銀行金融機関の監視機能を担う統一の監督管理システムもこのようなモードである。もう 1 つは、金融安定監督委員会を設立し、中央銀行の金融監督管理機能を強化する「委員会＋強化版の中央銀行」モードである。このモードは、多部門による監督管理の方式を留保し、金融安定監督委員会がシステミック・リスク対策と処理および監督管理などの機能を担い、FRBにより多くの監督管理機能を与えられている。もちろん、このようなパターンを取るのはアメリカが最も発達・複雑な金融システムを持っていることを考慮して、

長期にわたって連邦、州の2級の多部門の監督管理システムを実行し、それに対して単一の監督管理システムの改革を行うならば、多くの制度と法律の面の障害を受ける。事実上、EUの新たに設置されたEUシステミック・リスク委員会とより多くの監督管理機能を与えられた欧州中央銀行のモードも、アメリカの監督管理改革の方向と一定の類似点がある。さらにもう1つは、「マクロ・ブルーデンス管理＋行為監督」のモードである。このモードの主な特徴は、マクロ・ブルーデンス管理と行為の監督管理を厳格に区別することで、中央銀行はマクロ・ブルーデンス管理の核心的役割を明確にする。オーストラリアの監督管理モードは、中央銀行がマクロ・ブルーデンス管理を担当し、中央銀行外部の独立したブルーデンス管理局、証券と投資委員会はそれぞれミクロ・ブルーデンス管理と行為管理の職能を引き受ける。オランダは、中央銀行がマクロ・ブルーデンス管理とミクロ・ブルーデンス管理の機能を担当し、金融市場局は監督管理を担当している。

　第4に、金融データの取得可能性と正確性を全面的に向上させ、システミック・リスクのモニタリング、分析、評価を全面的に、タイムリーな情報を提供する。今回の国際金融危機の前に、政策部門がリスクの蓄積と変化を確実に把握しなかったのもの危機の爆発と広がる一因であるため、政策介入のタイミングを誤る。マクロ・ブルーデンス管理部門は、全面的、タイムリー、国際的に正確に大量の経済金融データ情報を把握し、全体的に金融業全体の運行と発展状況を把握し、より効果的な判断と決定を行うことができる。現在、金融安定理事会、IMF、国際清算銀行、世界銀行及び主要経済体は、中央銀行の職能を強化し、法律の枠組み、統計システムを整備し、統計の範囲を拡大するなどの方式を通じて、データ・情報獲得の可能性を強化し、様々な金融情報の共有と協調を促進する。

　第5に、有効な危機処理メカニズムを確立し、金融消費者の保護を強化する。危機以来、危機の再発や広がりを防ぐため、各国はそれぞれの危機処理能力を強化してきた。その中で、FRB、イングランド銀行はいずれも一定のリスク処理機能を与えられた。新たな監督管理システムは、FRBが連邦預金保険会社と共同でアメリカのシステミック・リスクに責任を負うことを明確にした。イギリスの金融危機処理当局として、イングランド銀行は金融機関の処理策を策定した。新たな監督管理法は、イングランド銀行が金融機関の処理策を制定したり、更新したりした場合、重要な情報を財政部に提供し、政府が公共資金に対するリスクを迅速に評価するために必要な情報を提供する。EUは、ヨーロッパ銀行業連盟の構築によって、銀行業の監視、処理、預金保険の仕組みを統合した。また、一部の国は、

第9章　システミック・リスクの防止とマクロ・プルーデンスの枠組み

金融消費者の保護をさらに強化するために専門的な機構を設立した。例えば、FRB
は、独立した消費者金融保護局を設立し、消費者の権益保護の役割を統一している。
世界と中国の主要なママクロ・プルーデンス管理ツールはそれぞれ表9—3と表9—
4に分けてみる。

表9—3　　　世界の主要なママクロ・プルーデンス管理ツール

ツール	概要
時間の次元	
ローンの価値比率と制限 （Caps on the LTV）	ローンの価値はローンの頭金で家庭の貸借能力に対して制約をもたらした。理論的には、住宅価格と家庭の貸借能力（貸借能力は家屋の抵当価値によって）順周期的な方法で相互影響を与えるため、このような制約は実際には担保ローンの順周期性を制限した。LTVが常に調整しているかどうかを問わず、適切なレベルに設定すれば、システム的なリスクを解決することができる。しかし、LTVの調整に対して効果的な逆周期性政策ツールになった。
債務の収入比率と制限 （Caps on the DTI）	債務収入は、単独で提案された場合、銀行の資産品質を保障するためのプルーデンス調整ルールを指す。しかし、LTVと同時に使用すると、DTIは、家庭の貸借能力を制限することで、抵当金の周期性を抑制する。LTVと同様に、DTIの調整は、逆周期的にシステムのリスクに対応することができる。
外貨貸付制限 （Caps foreign currency lending）	外貨建て融資は、為替ヘッジを行わなかった融資者が、外貨建ての危険にさらされ、融資者が信用危険にさらされる。このようなリスクが拡大し、増加すると、システミック・リスクの危機に発展する。外貨に対する規制（またはより高いリスク重み、預金準備金など）は、ファンダメンタムが外貨に起因するシステミック・リスクを防ぐのに使用できる。

237

クレジットまたはクレジット増加上限 （Ceilings on credit or credit growth）	クレジットの上限は、全体の銀行ローン又は特別部門からの融資とすることができる。前者は主として、クレジットまたは資産価格の期間、すなわちタイミング間のディメンティリティのリスクの蓄積を抑制するために使用できる。後者は特定部門のリスクオープンを減らすことができる。空間次元のリスクを解消することである。
純通貨ポジション制限 / 通貨ミスマッチ （Limits on net open currency positions/ currency mismatch）	このようなブルーデンス管理ツールは、銀行が直面する外国為替リスクを減少させた。また、これらの制限は、銀行の集中的な購入による外貨の大幅な変動問題を解決するために使用することができる。この外部の効果は高い外貨負債で、対向操作をしていない借り手の信用危機を増加した。
期限ミスマッチ制限 （Limits on maturity mismatch）	資産／債務の期限切れの選択によって、1種の外部効果をもたらす。危機の中で金融機関が期限切れによって短期債務の償還に力を入れなければ、その金融機関は、資産清算を余儀なくされ、保有している資産に対して安売りを行うことによって、感染効果の爆発的な危機によって資金不足機構が発生する。
預金準備金要求 （Reserve requirements）	この政策は、2つのレベルからシステム的な危機に対処することができる。第一に、預金の準備金は、信用成長に直接影響を与えているので、信用・資産価格の循環を抑制する可能性があり、つまり、システム的な危機の時間の信頼を抑制することがある。
逆サイクル資本要求 （Counter cyclical capital requirement）	このツールは、比率やリスクを調整する形によって、経済上り期に信用拡大を制限することで、下り期の低下による資金緩衝を提供することができる。長期の資金の緩衝も往々にして経済の上り期に建設されて、経済の下り期はキャンセルして、逆の周期の資本と同様の作用を持っている。

第9章　システミック・リスクの防止とマクロ・プルーデンスの枠組み

時が / ダイナミック引当金 （time-varying /Dynamic provisioning）	伝統的な動設金は、銀行の特定の損失によって調整されたものであるが、それは金融システムの周期性を抑制することができる。経済の上り期は高い備金を調整して緩衝の作用を果たすことができることを要求して、そして信用の拡張を制限しする。要求の調整は、一定の基準にかかっているか、あるいは政策制定者の判断によって決められている。
利益分配制限 （Restrictions on profit distribution）	未分配の利潤は銀行の総資本に加算されることになるため、景気下り期において、このような制限は往々にして銀行の貸出しに対して逆周期性の影響を生むことが多い。バーゼル協議 III における資本留保バッファも似た役を演じている。
部門横断の次元	
システム重要な金融機関に追加資本要求 （Systemic capital surcharges）	バーゼル協議 III は、システム重要な金融機関に対して 1 ％から 2.5 ％の余分な資本金を要求することを規定している。
金融機関に課税 （Levy /Tax on Financial Institutions）	世界銀行や金融機関に税金を徴収し、救助基金を構築し、将来の銀行など金融機関の救済コストをカバーするために使用されている。金融安定税（FSC）、金融機関活動税（FEC）、金融取引税（FTT）など
銀行間のリスクを制限し口 （Limits on Interbank Exposures）	銀行間のリスクを制限することで、銀行間でのリスクを低減する可能性を低下させ、大きなリスクを解決した大規模なリスク爆発などの問題を解決することができる。
集中度制限 （Concentration Lim-its）	リスク集中度は、銀行資本、総資産、全体のリスクレベルに対して、完全に分散化していない個体リスクやリスク集による正常経営のリスクに影響を及ぼす可能性がある。金融機関のリスク集中制限に対して、全体のリスク集中度の形成確率を下げることができる。

239

未中央相手側の取引を清算するより高い資本要求（Higher capital charges trades not cleared through CCPs）	バーゼル協議Ⅲは、国境外取引のリスクにさらされた資本の要求を高め、場外の誘致品取引を中央相手側に集中することを奨励し、銀行などの金融機関の誘導体市場を解決することができるシステム性リスクを解決する。

表9—4　　　　　　　　　中国のマクロ・プルーデンス管理ツール

ツール	実施機構	政策目標
時間の次元		
個人住宅ローンの価値の要求	中国人民銀行銀行監督委員会	不動産価格不動産関連資産業務
差別準備動態調整メカニズム	中国人民銀行	貸付けの増加資産価格
ダイナミック準備要求	銀監会中国人民銀行財政部	緩和親周期経営行為損失吸収能力の貸付けの増加
逆サイクル資本規制	中国人民銀行銀行監督委員会	緩和親周期経営行為損失吸収能力の貸付けの増加（補助目的）
レバレッジ率要求	銀監会	特定グループ成長資産の微調整
周期のリスク資産にまたがって加重計測方法	銀監会	緩和資本計量の親周期性
合意ローン管理メカニズム	中国人民銀行	銀行業金融機関での時期に融資総額を投入するリズムと投入規模のコントロール

第 10 章
結論と政策提案

10.1　主な研究結果

【結論 1】人民元が SDR 通貨バスケットに加入したことは、人民元が一つのマイルストーンを越えたことを意味する。5 つの方面からの動力の共同推進のもと、人民元の国際化指数は 3.6 に急上昇し、5 年間で 10 倍を超える上昇となった。新しいプラットフォームで、中国はマクロ・ブルーデンス管理を強化し、人民元の国際化が「一時的な現象」を防止する必要がある。

2015 年は人民元の国際化が実りを収めた年である。クロスボーダー貿易の人民元決済は累計 7.23 兆元で、中国貿易総額の 29.36%を占め、世界貿易決済のシェアを占める割合は 3.38%に上昇した。人民元決済の対外直接投資は 7362 億元で、前年比 294.53%増加した。中国国内金融機関の人民元建て海外貸付残高は 3 兆 153.47 億元に達し、同 58.49%増加した。中国人民銀行はすでに 33 カ国と地域の通貨当局とスワップ協定を締結し、通貨交換残高は 3.31 兆元である。人民元建て金融資産の国際的な魅力は上昇し、QFII と RQFII は比較的早い伸びを見せ、合計 295 件と 186 件に達した。一部の外国政府は、中国で人民元建てのパンダ債を発行し、人民元資産を公式準備に入れ始めた。人民元がますます重要な国際通貨の機能を発揮することを考慮して、IMF は 11 月 30 日、人民元を SDR 通貨バスケットに編入することを発表し、人民元国際化のマイルストーン事件となった。2015 年に人民元の国際利用度合いを総合的に示す指標 RII は 3.6 に達し、5 年間で 10 倍以上増加した。

人民元国際化指数の急速な成長の主要な原動力は、5 つの側面から来ている。まずは、中国経済が 6.9%の中高速成長を維持し、国際社会が人民元に対して自信を

241

持っていることである。第2に、金融改革を深化させ、資本口座の開放を引き続き推進することである。2015年、中国の金利市場化はほぼ完了し、8月に市場主導の為替レート形成メカニズムの改革を実施し、企業による外国債発行の規制を緩和し、より多くの海外機関が法律に基づいて中国銀行間の外国為替市場に参与できるようにした。中国の資本開放度合いは0.6502に達し、2011年と比べて資本市場の開放度は34%増加した。第3に、人民元のインフラが段階的に完備し、関連する付属システムは国際とレールの接続にある。クロスボーダー人民元決済システムCIPSがオンラインで稼動し、世界をカバーする人民元決済ネットワークを基本的に確立し、IMFデータを採用して特別標準（SDDS）を公布し、経済金融統計の標準性と透明性を向上させた。第4に、「一帯一路」戦略を秩序良く推進し、中央・欧州経済金融協力がブームを巻き起こした。中国は31の国・地域と一連の協力協定と覚書に調印し、多数の重点建設プロジェクトが着地し、アジアインフラ投資銀行（AIIB）を設立・運営し、沿線諸国の人民元使用に堅実なキャリアを構築した。EUはすでに中国最大の貿易相手国、第一の技術導入由来地と重要な投資協力パートナーとなっている。注目されるのは、人民元建ての直接投資とクロスボーダー融資が、RIIの比較的早い上昇を促進する新たな動力となった。第5に、大口商品分野における人民元の使用度合いが増加した。ドル高の中で、中東地域は人民元の使用度合いを高めた。2015年、人民元はアラブ首長国連邦、カタールが中国大陸と香港地域に支払う常用通貨となった。その支払う比率は74%と60%に達した。ロシアで人民元はドル、ユーロに次ぐ顧客の人気を集めて3番目の通貨であり、モスクワ取引所も人民元の先物取引を披露した。ロンドン金属取引所は人民元を通貨として受け入れ、中国(上海)自由貿易区のクロスボーダー人民元の大口商品先物取引がスタートした。

2015年には主要通貨が分化した。米FRBは金利引き上げプロセスを開始し、ドルが大幅に上昇し、ドルの国際化指数が55.82まで上昇し、すでに2007年のサブプライム危機発生以来の失地を取り戻した。ギリシャ問題、難民危機、イギリスの「EU離脱」リスクは、ユーロの将来性を暗くし、ユーロの国際化指数は24.29まで下がった。日本経済は緩やかに回復し、企業所得が大幅に伸び、円の国際化指数は4.06を保った。イギリス経済は期待よりも、貿易と投資の伸びが速く、ポンドの国際化指数は4.82で、国際的地位は小幅に上昇した。

人民元のSDR入りが、人民元国際化目標の実現に等しくない。人民元国際化の最終目標は中国の経済と貿易の地位に相応する通貨の地位を実現する。そのため

第10章　結論と政策提案

に長い歴史的なプロセスを経なければならない。IMF は、公式的には人民元の国際保有資産の身分を認めているが、主要国際通貨の 1 つになるかどうかは、国際金融市場での使用と保有の実態にかかっている。円が SDR 構成通貨に入った経験から見ると、国際通貨の「公的な身分」が自然に「市場の地位」を生むとは限らない。「一時的な現象」という円の歴史教訓を参考にし、政策の立場をしっかりと固め、市場の機会をとらえることで、国際通貨競争において対抗する態勢を整えることで、円の二の舞を踏まないようにしなければならない。

【結論 2】経典理論とドイツ・日本の歴史的経験から見ると、人民元の国際化度合いが徐々に向上するにつれて、通貨当局は必ずマクロ金融政策調整及びマクロ金融リスクをもたらす厳しい試練に直面する。マクロ・ブルーデンス管理の枠組みをシステムの保障として、為替管理をマクロ・ブルーデンス管理の主要な手段をとして、資本流動管理をマクロ金融リスク管理の重要な切り口として、破壊力のあるシステミック・リスクを取り除き、人民元国際化戦略の最終目標を実現する。

　通貨国際化度合いの向上に伴って、通貨発行国は資本口座の開放、為替レートの安定、通貨政策の独立性という 3 大マクロ金融政策の目標を再選択する必要がある。歴史の経験から見ると、ドイツと日本は異なる政策を選び、両国の経済と金融の運行に対して全く異なる影響を与えて、両国の通貨国際化への道は明らかに差が生まれた。ドイツはまず、ドイツ・マークの国際化を実現し、それから完全に資本口座を開放した。その期間に、ドイツは為替・通貨政策の安定に対して偏執的な追求をし、慎重な態度で資本口座を徐々に開放・調整した。このような調整政策は、ドイツが工業の核心競争力を高める黄金時期を獲得しただけでなく、ドイツはドイツ・マーク国化の後に出現した様々な金融市場の変動に対して、技術手段と政策手段を十分に準備し、最終的にドイツ・マークとドイツの国際金融市場での地位を成し遂げた。日本はあまりにも急進的で、1960 年代から資本口座を大幅に開放しようとした。また、自国は実体経済が為替レートの切り上げショックに対応する能力を過大評価した。円相場の安定をうまく保持できていなかった。円高による産業移転で経済の空洞化が進み、自国の実体経済が深刻な損失を受けた。1980 年代に日本は金融緩和政策と金融市場開放によって自国の経済を刺激しようとしたが、実体経済の衰退はもう避けられなくなり、最終的に円の

243

国際化が水の泡になると同時に、東京金融市場の発展を妨げた。

　一国の通貨が主要な国際通貨の仲間入りをした後、通貨当局は「資本の自由流動＋変動為替レート＋通貨政策の独立性」というマクロ金融政策の組み合わせしか取れない。これは同様に中国にも適用される。しかし、資本口座と人民元為替レートを軽率に開放すると、システミック・リスクが発生し、実体経済と金融の発展が深刻な損失を受け、人民元国際化のプロセスが中断される可能性が高い。

　通貨の国際化度合いが高くなった時、通貨発行国にとって、主要な挑戦は為替レートの変動である。しかし、為替レートの過度な変動は金融市場に悪影響を与え、実体経済の健全な成長にも悪影響を及ぼす。この問題については、中国はドイツを見習い、通貨国際化の初期には為替ルートの安定を第一の目標にすべきである。資本口座の開放に伴い、中国の外国為替市場と資本市場は海外の投資と投機資本の主要な目標となる。国際資本の流動衝撃によって金融危機を誘発した新興市場国の教訓を十分に吸参考にし、国際資本の流動、特に短期資本の流動に対して高度な警戒を維持しなければならない。したがって、マクロ・ブルーデンス管理は資本流動管理を重要な切り口とし、クロスボーダー資本流動による中国国内金融市場の連鎖反応を重点的に識別・監視し、マクロ・ブルーデンス管理を強化し、システミック・リスクの発生を避ける。

　現在、通貨当局のマクロ・ブルーデンス管理の核心任務はより全面的、適切なマクロ・ブルーデンス管理の枠組みを構築し、金融安定の目標を追求し、人民元国際化戦略を推進するために必要な前提条件を提供することである。為替政策と通貨政策、財政政策などの手段を協調して使用する一方で、物価の安定、為替レートの安定、マクロ経済の安定成長などの政策目標を金融安定の最終目標の枠内に統一する。一方、ミクロ・ブルーデンス管理を引き続き充実させ、金融機関のリスクコントロールと管理を重視し、金融消費者の権益保護を強化するとともに、マクロ・ブルーデンス管理を積極的に模索する。また金融システムの健全な運営に着目し、金融と実体経済の調和的な発展を強化し、システミック・リスクの防止を金融安定目標実現の重要な柱とする。

【結論3】人民元の国際化を引き続き推し進めることは、より厳しい金融リスクの挑戦に直面する。中短期と長期の為替決定要因はさらに複雑で、為替変動と中央銀行の為替管理が世界的な焦点となっている。中国国内金融子市場の間、国内

第 10 章　結論と政策提案

外の金融市場間の資産価格連動性と金融リスク伝染性は明らかに高くなり、クロスボーダー資本の流動による衝撃はより敏感である。中国系銀行の国際化には国内外二重のリスクの試練に耐え、市場拡張とリスクコントロールのバランスを実現することはさらに困難である。

　人民元の為替レート形成メカニズムの継続的な改善と資本口座の開放度合いが徐々に高まっていくにつれて、人民元為替レートの決定要因は明らかに変化するだろう。国際経験によると、マクロ経済は基本的に長期為替レートの決定に対して強い影響力を持っているが、短期為替相場の変動に対する影響力は低い。短期為替相場の変動は主にクロスボーダー資本流動による衝撃と国家政策のオーバーフロー効果の影響を受けるが、市場の差益取引は為替レートの長期均衡レベルへの回帰を促す。為替変動性は短期資本の流動に大きな影響は及ぼさなかったが、経済成長の安定性に対する影響は大幅に増加し、外国投資家の直接投資に対する影響は特に強い。

　人民元はより多くの国際通貨機能を実行するにつれて、人民元の為替レートは中国国内の経済と金融活動に影響するだけでなく、周辺国の為替レート、地域貿易投資、国際金融市場全体にさえも大きなオーバーフロー効果をもたらすため、人民元為替レートの予想管理を十分に強化する必要がある。2015 年 12 月 11 日、中国外貨取引センターは正式に CFETS 人民元為替レート指数を発表した。市場は過去、人民元対ドルの 2 国間為替相場を注目してきたが、次第に SDR 構成通貨を参考にして計算した有効為替レートを、人民元の為替レート水準を測る主要な参考係として、新しい為替レート形成メカニズムを理解して受け入れる。

　より敏捷な人民元為替レートシステムは、クロスボーダー資本の流動と金融市場の関連度を高め、外国為替市場、通貨市場、資本市場の間、及びオフショアとオンショア市場の間で価格連動性とリスク伝染性を強め、中国国内金融市場に無視できない脆弱性が存在している。研究によると、中国「8・11」為替改革後、中国資本市場価格、レバレッジとクロスボーダー資本の純流入との関係は、従来の一方向駆動関係から循環的な相互作用の関係になり、その上、著しい正相関がある。市場収益率と短期資本の流動には双方向の影響があり、短期資本の流動による衝撃が資本市場の価格とレバレッジレベルに影響するということを示している。これまで資本市場の収益率、レバレッジ率、資本流動に大きな影響を与えてきたCNH と CNY の価格差、外貨市場のカバーなし利子平価の影響力は徐々に低下して

245

きた。

　人民元のSDR入りはより多くの国と地域と中国資本の金融機関との協力を強化する意欲を高め、中国系銀行に巨大な国際化発展空間をもたらし、お客様と製品の2次元化を推進し、海外業務規模と収入源のアップを加速させる。このプロセスでは、中国系銀行はより複雑な市場環境と監督管理の要求に直面することが避けられなくなり、銀行のリスクが数量と構造の方面に露出され、新しい特徴が出現する。中国経済は生産能力、レバレッジ解消の構造調整段階にあるため、銀行の国際化プロセスでは国内外の2重リスクの試練に直面しなければならず、資産品質の低下、利益増加の減速、流動性リスクの上昇などの問題が発生し、銀行のリスク耐える能力が低下する可能性がある。これらのシステム上重要な銀行にとって、リスクコントロールの問題をうまく解決できない場合、国際競争力を低下させ、国際化発展のチャンスを逸し、国内金融システムの安定を危うくする。

　【結論4】中国経済はモデルチェンジの不適応、イノベーション能力の遅れ、貿易は大きいが強くなく、民間投資の萎縮などの成長障害に直面しており、主要な矛盾を把握して供給側の改革を行い、実体経済のリスクを低減し、人民元国際化の物質的基礎をしっかりと固めなければならない。人民元の国際化は直接投資、技術の進歩、貿易のレベルアップなどの方面と供給側の改革で良性のインタラクティブを形成し、リスクを回避し、中国経済構造の調整とモデルチェンジグレードアップを共に推進することができる。

　実体経済の高速持続可能な発展は、人民元国際化のしっかりとした基礎である。実体経済は一国通貨国際化の土台である。強大な経済力、膨大な国際貿易量、安定した通貨、資本の自由な使用、有効なマクロ政策などは通貨国際化の必要前提条件である。

　2008年国際金融危機以来、国際経済環境の変遷によって、深刻な輸出依存と投資の駆動という中国の伝統的な経済成長パターンが苦境に直面し、実体経済の構造的な障害が絶えず勃発した。目立った表現として、①イノベーション能力が弱く、国際産業チェーン分業の中高端に入ることができない。②経済構造の不均衡、貯蓄率が高すぎて、消費が経済の牽引不足になり、一部業界の生産能力が過剰である。③中小企業の融資難、民間投資の萎縮。④欠乏する国際貿易のオルガナイザーと

246

第 10 章 結論と政策提案

価格決定権、貿易は大きいが強くないなど。これと同時に、主要な貿易パートナーの経済低迷、また経済を回復させるのは困難であり、輸出は中国経済に対しての駆動を失効させる。先進国は次々と製造業を立て直し、レバレッチに行き、実体経済に回帰し、中国製造に大きな競争圧力をもたらした。

　一方で、G 20 のクロスボーダー資本の流れに対する実証研究によると、人民元国際化は開始されて以来、資本の流動による衝撃は以前より複雑で、更に頻繁で、実体経済の波動性を激化させた。

　供給側の改革を推し進め、長い目で見ると、中国の実体経済のリスク蓄積問題を解決するのに役立つ。革新型工業システムの構築は経済の持続可能な発展を確保し、人民元国際化の物質的基礎をしっかりと固める。人民元の国際化が着実に進められていることは、国際社会の中国経済に対する自信と需要を増加させただけではなく、そのもたらす貿易の歩合決済と投資の利便性、また対外貿易と国際協力の拡大にも役立ち、多国籍の買収と技術の進歩を促進し、大口商品の新たな供給モデルを形成し、国内外のより広い市場で資源の最適化配置を実現している。特に人民元の価値は国際化のプロセスで着実に上昇し、貿易構造のアップグレードを余儀なくされ、産業チェーンのローエンドから中高端に向かって、中国経済の増長動力の転換を加速する逆推進メカニズムを形成した。したがって、ある意味で人民元の国際化と供給側の改革は互いに助け合っており、内在的な相互促進メカニズムを備えており、人民元国際化自体は中国の実体経済モデルチェンジグレードアップの大きな推進者である。

　【結論5】 クロスボーダー資本の流動性による外部衝撃は、中国国内金融市場リスク、機構リスク、実体経済リスクなどと入り混じり、互いに伝染する。単一市場または局部的なリスクによる連鎖的な衝撃によってシステミック・リスクが発生する確率が高まる。中国のシステミック・リスク指数を作成し、システミック・リスクの評価と監視を強化する必要がある。中国の実情に適したマクロ・ブルーデンス管理の枠組みを構築し、システム・メカニズムの面でシステミック・リスクの警備と管理を実現する。

　全体の金融システムは外部要因の衝撃と内部要因の絡みによって激しい変動や危機が発生する可能性がある。中国の金融改革と人民元の国際化が進むにつれて、

247

クロスボーダー資本の流動で中国国内のシステミック・リスクが著しく上昇している。いったんシステミック・リスクの衝撃に遭うと、いずれの単一の金融機関にも影響が及ぶことは避けられない。言い換えれば、システミック・リスクは複数の金融部門及び実体経済に同時に影響を与えるリスクであり、主に複数の金融部門が同時に異動を発生するか否かを判別する。

システミック・リスクの根源は多様的であるため、システミック・リスク評価を行うためには全体的な把握が必要である。私たちは金融政策環境、金融市場、金融機構及び外国為替市場リスクなどの方面から、加重平均方法を用いて総合的に評価し、中国のシステミック・リスク指数を構築し、システミック・リスクを正確に計量と客観的に評価するために科学的根拠を提供する。研究結果によると、2005年7月—2015年12月の10年間、中国は7回システミック・リスクが比較的高い時期を経験した。具体的に見ると、2005年7月21日、中国は市場の供給を基礎にバスケット通貨を参考に調整しながら変動為替システムを実行し始め、人民元相場がドルだけと連動することはなくなった。この時の為替システム改革は強烈な衝撃に伴い、同月のシステミック・リスクを高めた。2007年10月と2008年12月には2度に渡ってシステミック・リスクが激化し、結果的に米国のサブプライム危機の勃発と蔓延を生み出してしまった。2010年初めに起こった急速なシステミック・リスクの上昇は急上昇のインフレが原因であった。この後2010年の中期から2013年初期の安定期を経て、2013年6月に短期的な流動性リスクが生まれ、システミック・リスクを上昇させた。最近2回にわたるシステミック・リスクの上昇は、2015年中期の株式市場における強烈な波動と同年年末の人民元レートの急速な切り下げを招いた。

中国のシステミック・リスクは何度か短期的な上昇に直面したが、その原因を辿ると、主なリスクの源は単一の市場から起こっていて、多くの金融部門から同時にリスクが現れているわけでも、システミック・リスクが高まったり爆発したり、しているわけでもないのである。しかし注意しなくてはならない点がある。2015年の下半期においてのみ、中国のシステミック・リスクは2度の比較的大きな上昇を見せた。頻度の高さも含めて歴史上稀に見るものであったため、非常に注目された。

国際金融危機は長年の金融監督管理理念を再び構築し、「通貨安定」が「金融安定」を保証できず、「単体の安定」が「システムの安定」を保障できないという共通認識にほぼ一致し、金融安定を保障する訴求がマクロ・ブルーデンス管理の大

第 10 章　結論と政策提案

変革を引き起こした。中国も積極的に世界的なマクロ・ブルデンス管理の改革に
参加をしていて、国内の監督管理についても多くのマクロ・ブルーデンス管理の
ツールを利用し、ある程度でシステミック・リスクの蓄積作用を防止できるよう
になった。しかし、新たな形勢の下で中国はミクロ・ブルーデンス管理の他に「マ
クロの次元」を追加する必要があり、さらに金融の監督管理とマクロ経済政策を
融合させ、中国の国情に合ったマクロ・ブルーデンス管理を用い、システミック・
リスクの発生と蔓延を防止し、金融安定を保障するという目的を実現する。

10.2　政策提案

　【提案1】為替市場改革をさらに進め、人民元為替システムを改善し、市場予測
の管理を強め、為替を長期にわたって一定のレベルで安定させ、最善の通貨政策
の目標に合う為替政策の目標を追求する。

　まず、レート形成メカニズムを改善し、人民元レートの市場化度合いを高め、
弾力性と双方向の波動を豊富にする。人民元レート指数の信頼性を高め、企業と
機構により人民元レート指数の参考と使用を促し、市場が主に人民元とドルのレー
トにばかり注目するといった習慣を転換しなくてはならない。レート変動のやや
大きな振れ幅を許容することで、企業のレートリスク管理と海外に対しより多く
人民元を使用するという意識を高め、金融機構のレートリスク管理ツール及び世
界規模での人民元資産管理業務の革新を促進していく必要がある。

　次に、人民元の為替システムを管理フロートからだんだんフリーフロートに変
えていき、為替政策目標の実現方式を直接関与から間接関与に変えていく必要が
ある。市場の利食い行為はレートの長期的な均衡を取り戻すことにつながるため、
中央銀行は正規的な直接関与をやめるべきではあるが、レートの大きな変動によ
る実体経済に対するマイナスな影響を防止しなくてはならない。中国の管理フロー
ト為替システムを改善することで、中国の実体経済にさらなる成長の空間が生ま
れるのである。レート管理には努力して実現させていかなくてはならない目標が
3つある。1つ目は、レートの水準が基本的に市場の需要供給関係を反映している
状態にし、国際収支の調節や国内外の資源配置を改善するのに十分な作用を発揮
できるようにすることである。2つ目は、人民元レートの大幅な為替変動を避け、

249

金融・経済がより安定した良い環境を作ることである。3つ目は人民元レートの予測を安定させ、市場とのコミュニケーションを強化し、政府の信頼性と政策効力を高めることである。資本口座がだんだん開放されていく条件の中で、主に通貨政策、財政政策、収入政策の有効な使用によって長期的にレートが一定の水準で安定するようにしていく必要性がある。同時に外国為替市場で投機性の衝撃もしくは危機が現れた際には必要な外貨為替市場への関与と資本規制を保持し、技術性管理ツールの運用を強めて果敢かつ有効な措置を取って人民元レートを安定させていく必要がある。これは金融危機の蔓延やシステミック・リスクの発生を防ぐために必要な手段となる。

　最後に、為替政策を実施するプロセスで、必ず国際政策のコミュニケーションと協力を重視しなくてはならない。米国のマクロ政策のあふれ出た効果にきちんと注目をし、米国政府とのコミュニケーションを強め、ドルと人民元の為替協調メカニズムを作っていき、過度なレート変動が双方の金融・経済にもたらすマイナス影響を減らしていく必要がある。さらにユーロ圏と日本のマイナス金利政策に積極的に対応し、SDR通貨構成国家間での通貨政策協力メカニズム作成を訴え、主な通貨同士でのレート戦争を免れるとともに、災いが他国に流れ出ないようにする必要がある。同時に中国の通貨政策と為替政策が新興市場国への影響・効果を考慮し、まず中国国内の需要を優先的に考慮することはもちろん、さらに適当なコミュニケーション・メカニズムを通じて新興市場国の利益・要求を考慮しながら、政策の摩擦を減少させ、双方が利益を得られる協力を実現する必要がある。

【**提案2**】資本口座の開放を盲進してはいけない。クロスボーダー資本の流動による中国国内金融市場の価格とリスク感染への影響を重視し、全口径で資本流動への監視を強化する。中国系銀行はチャンスを捉えて多国籍の経営拠点を拡大する一方で、同時にリスク管理メカニズムを健全にし、外部からの衝撃の増幅装置やシステミック・リスクの導火線にならないようにすべきである。

　資本口座の開放は、為替システム改革と相互協力をし、「前進、コントロール、協調」の原則を守りながら中国経済・金融の発展と国際経済形勢変化の需要に合うようにしていく必要がある。中国国内の金融市場が成熟しておらず、金融監督管理システムが不備で、クロスボーダー資本流動性の衝撃に対応する方法が不十分な場合、急いで資本口座を開放してはならない。短期資本の純流出傾向、クロ

250

第 10 章　結論と政策提案

スボーダー資本移動が中国経済に与える影響を正確に認識する。資本口座に対する慎重な監督管理を一貫して維持し、資本移動による衝撃リスクを許容可能な範囲内に維持する。

　当面の新しい情勢の下で、外国為替市場と資本市場、オンショア市場とオフショア市場の間の連動性は更に強化され、市場リスクの伝染性は増加し、大規模な短期資本移動で引き起こすシステミック・リスクを重視しなくてはならない。資本市場の収益率と為替相場の連動メカニズムを把握・利用し、通貨政策と為替政策の調整を強化し、政府の短期資本流動性の管理能力を向上させる。投機的な資本移動のコストを高めなければならない。資本流出が発生した場合、効果的な対策を立てなければならないため、資本流出の動きを綿密に監視し、可能なすべての経路を監視しなければならない。大量のデータと技術に基づいて、高頻度のデータ統計を増加し、QFII に対する監視と指導を強化しなければならない。

　人民元の SDR 通貨入りは、企業の多国籍投資のためにより良い条件を創造した。中国系銀行はチャンスに乗じて国際化のペースを加速させ、海外に進出する中国企業に全方位的な金融サービスを提供し、彼らが国際市場でしっかりと立ち、ブランドを確立するのを支援すべきである。独自の特徴及び外部環境に基づき、経営発展方向及び戦略を制定・調整し、関連製品とサービスの種類を豊富にし、所得構造の多元化を実現し、国際金融市場において核心的な競争力を高め、中国金融機関の国際的な影響力を増大させる必要がある。海外での経営環境は複雑でリスクが大きく、中国系銀行はリスクに関する企業文化を作り上げ、正しいパフォーマンス管理の概念を築き上げるとともに、国内外業務を改善できるリスク管理のデーターシステムを建設していく必要がある。政治リスクと合法リスクは銀行が海外業務をする際にぶつかる壁で、なるべく早く金融機構の海外業務に関する法律を制定し、健全な海外投資保険のメカニズムを作り上げ、監督部門は銀行の資本充足率と流動監視の基準を引き上げ、他国との金融監視の協力を強めることで中国系銀行の国際化を安定させ、外部リスクによるリスク損失が大きな被害を意味、銀行の安定した経営に損害をもたらし、中国国内金融システムの基礎を揺るがしたり、金融危機の発生などを免れなくてはならない。

　【提案 3】 中国では現在、監督部門が多く存在しすぎており、職権が交錯し、責任も不透明で、監査の厳しさなどが不統一と言った問題が存在する。十分に先進

国の経験を利用し、きちんと金融監督改革の原則を明らかにし、中国に合ったマクロ・ブルーデンス管理の枠組みを構築し、システミック・リスク管理を強化するために制度的な保障を提供する必要がある。

現在の金融監督管理の枠組みの中に「マクロ・ブルーデンス管理」を追加し、その具体的な実施部門を明確にしなければならない。

通貨安定の維持に加え、中央銀行は金融安定の保障と金融監督管理の強化により多くの機能を与えられるべきだ。危機後、主要経済体はシステミック・リスクの防止、金融安定の保障を監督管理システム改革の核心目標とし、中央銀行の金融安定と金融監督管理の機能を強化し、マクロ・ブルーデンス管理とマクロ経済政策の調和をさらに推進した。

機能とメカニズムの面から通貨政策、マクロ・ブルーデンス管理、ミクロ・ブルーデンス管理、および監督行為の４つの関係を整理し、相互での協調を強めていく必要がある。これは各国の金融監督管理システム改革の中でも大事な仕事となっている。具体的には通貨政策、マクロ・ブルーデンス管理、ミクロ・ブルーデンス管理を全て中央銀行の機能にする「大中央銀行モデル」を作り、金融安定監督委員会を設立し、中央銀行の金融監督機能である「委員会＋強化版中央銀行」モデル及び「審査監督＋行為監督」のダブル監督モデルなどを創り上げていくことがその方法である。

全面的に金融データの獲得可能性と正確性を高めていくには、システミック・リスクの監視・分析・評価を全面的かつ迅速に行う必要がある。金融安定理事会、国際金融組織、国際清算銀行、世界銀行及び主要の経済体は皆中央銀行の機能を強化し、法律を改正し、統計システムの改善や統計範囲の拡大などをして、データと情報の獲得可能性を高め、金融情報の共有を促している。

さらに有効な危機処置のメカニズムを作り上げ、金融消費者を保護することに尽力しなくてはならない。主要の経済体の監督管理改革から見ると、FRB と FDIC は共同で米国のシステミック・リスクの処置を担っている。英国の禁輸危機処置当局はイングランド銀行で、金融機構の処置に関する政策を制定している。EU は欧州銀行業連盟を建設することによって銀行業の監督、処置、預金保険メカニズムをまとめている。他にも専門機構を設立し、金融消費者の保護をさらに強めている。例えば、FRB は独立した消費者金融保護局を設立し、統一して消費者の権益を保護する役割を担っている。

第 10 章　結論と政策提案

【提案 4】世界の人民元オフショア市場整備を加速し、人民元の「国際大循環」のルートを築き上げ、積極的に人民元の国際金融機構の中での多方面にわたる使用を促進し、人民元の取引規模を拡大し、人民元の国際金融市場でのネット効果を確立する。

　人民元の国際化が迅速に推進されるチャンスを十分に利用し、人民元のオフショア・マーケットを積極的に発展させ、より多くの投資チャンスを提供し、貿易と投資の需要を常に満足状態にさせる必要がある。人民元資金の自己循環メカニズムを強め、オフショア市場の発展に十分な流動性を提供させなくてはならない。特別な政策を用意し、中国国内市場と国外市場の相互協調を促進し、中国国内市場の価格が国外市場の価格を先導するメカニズムを整備しなくてはならない。

　人民元の循環メカニズムの計画は、香港と上海に多くの新しいチャンスを与えた。この 2 つの都市は、各地の強みと需要に基づいて、積極的に協力をし、互いに助け合いながらより良性の循環メカニズムを形成し、共に人民元の国際化を進めてきた。人民元の「国際大循環」メカニズムを形成するには、現在まず香港を中心とし、上海で人民元の国際資本市場を育て上げながら資本取引の人民元海外循環メカニズムを整備している。広い視点で見ると、大陸、台湾、香港、マカオ大中華通貨圏を建設し、人民元の周辺化を段階性のある戦略の選択肢としていく必要がある。

　欧州の主要な金融センターで人民元オフショア市場を整備することも必要である。中国国内証券、商品取引を、フランクフルト、ルクセンブルク、ロンドンの取引所と協力し、人民元の国際債券、株式、基金、構造型証券などの金融製品を押し出し、人民元で価格を決めた金、石油などの商品も十分に現地のマーケティング経路を十分に利用し、人民元製品の取引を拡大させ、さらに人民元のネット効果を加速させることで人民元オフショア金融市場をより根付かせていく。

　人民元が SDR に加入してから、国際社会の中国に対しての期待は大きく、人民元の国際通貨としての機能に対する需要も高まっている。アジアインフラ投資銀行（AIIB）、シルクロード基金、人民元国際決済システムの研究と効率の良い管理を通じて「一帯一路」の大きなプロジェクトに対しの国際資本の支持を獲得し、人民元をより多く国際的に使用されるよう導く必要がある。これをきっかけに中国はより積極的に国際金融管理に関与し、IMF、世界銀行、国際清算銀行など国際金融組織の政策制定と協議交渉の中でより大きな役割を発揮し、国際金融システム改革での発言力を高めていくべきである。

253

【提案 5】供給側の改革に手をつけ、中国内外で同時に技術進歩を進め、金融サービスの実体経済を守りながらバブル化を防止し、人民元国際化と供給側改革の良好なバランスをとっていく。

供給側の改革は、中国経済成長の新たな原動力で、経済の絶え間ない成長のためには必ず必要な要素である。供給側の改革は、3 つの方面から手をつけていく必要がある。1 つ目は、研究・開発経費に対する投資を増やし、海外買収などによって国内外で同時に技術力を高めることである。供給側改革の核心任務になるのが、弱い部分を補うことである。これについては 2 つの方向から進めていくことができる。中国国内に向けては研究開発費用を投入することによってシステム改革を行い、企業の科学技術発展能力を高めることで全体の生産力を高め、中国製造業の競争力を強める。国外に向けては企業の海外進出を奨励し、先進国の先進製造業において買収を行うことでハイテク産業の供給を強める。2 つ目は、金融構造の調整を重視し、融資のルートを広げ、資金コストを下げ、実体経済のための金融サービス機能を強化することで、金融のバブル化を防止することである。金利のテバレッジをもっと運用して資金供給の関系を調整して、資源配置の経済効率を高める。金融開放とイノベーションを促進し、リスクコントロールが可能な場合には、企業の海外融資を奨励し、海外市場金利の低い優勢を利用し、高負債企業がレバレッジを行い、資金コストを大幅に下げ、企業の活力と競争力を向上させる。金融機関の国際化を加速し、「海外進出」する企業、中国の多国籍企業のために全方位的な金融サービスを提供し、彼らが海外市場を拓展し、国際的な役割において地位と影響力を強化し、貿易活動においてより大きな主導権と発言権を持つよう支援する。3 つ目は金融手段と財政措置の協調と協力を図り、民営企業の直接投資を促進し、国内外 2 つの市場を改善し、生産要素配置をより良くすることである。一方で企業のブランド建設とその管理を強めることが必須で、国内の良質な生活用品、贅沢品の消費需要を満足させ、段々輸入に切り替えていく。もう一方で、海外援助のモデルを合理的に設計し、PPP モデルを有効に使って海外発展を図り、企業の国際生産能力の協力を助け、伝統的な優勢商品の寿命周期を延長させ、全要素の経済効率を高めることが必要になる。

中国は、金融の実体経済へのサービスと、人民元国際化の実体経済へのサービスのための指導思想を必ず守っていかなくてはならない。人民元国際化の大幅な進歩は、国際社会において中国に対する信頼や投資意識を高めるのに役立ち、中国企業が人民元を使用して対外投資をすることによる利便性と安定性をもたらす。

第 10 章　結論と政策提案

さらに主要商品をドルに換算して決済する習慣を変え、中国経済がより安定した物資供給モデル得られるようにすることも可能である。「一帯一路」沿線国の人民元使用に対する意欲の大幅な向上を利用し、中国は中東、中央アジア国家及びロシアとも双方向の原油取引に、人民元を使って行うことが可能である。そして上海国際エネルギーセンターが発表した原油先物価格を、WTI、ブレントに続いてもう 1 つの原油基準価格にして、中国を含めたこれらの国々の原油価格決定権を高める。

国際化する人民元

求められるマクロ・プルーデンス管理 　　　　　定価 2980 円+税

発　行　日	2019 年 10 月 31 日　初版第 1 刷発行
編　著　者	中国人民大学国際通貨研究所
訳　　　者	野村ちひろ
監　訳／出版者	劉偉
発　行　所	グローバル科学文化出版株式会社
	〒 140-0001 東京都品川区北品川 1-9-7 トップルーム品川 1015 号
印　刷／製　本	モリモト印刷株式会社

© 2019 China Renmin University Press

落丁・乱丁は送料当社負担にてお取替えいたします。

ISBN 978-4-86516-029-1　　C0033